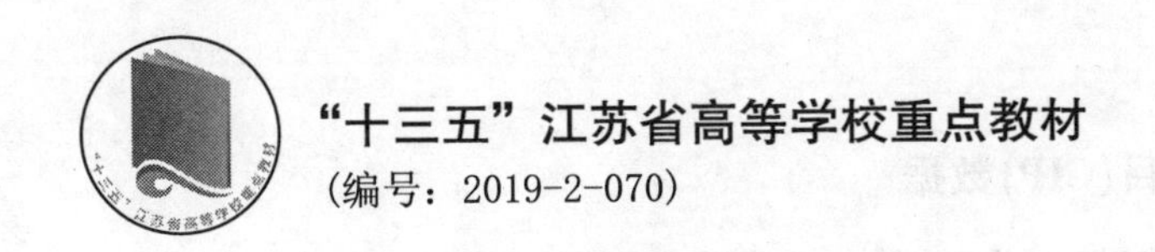

"十三五"江苏省高等学校重点教材
(编号：2019-2-070)

新能源汽车创新创业基础

主　编　仇成群　胡天云

南京大学出版社

图书在版编目(CIP)数据

新能源汽车创新创业基础 / 仇成群，胡天云主编.
—南京：南京大学出版社，2020.8
ISBN 978-7-305-23133-9

Ⅰ.①新… Ⅱ.①仇… ②胡… Ⅲ.①新能源—汽车—高等学校—教材 Ⅳ.①U469.7

中国版本图书馆 CIP 数据核字(2020)第 137324 号

出版发行 南京大学出版社
社　　址 南京市汉口路 22 号　　邮　　编 210093
出 版 人 金鑫荣

书　　名 新能源汽车创新创业基础
主　　编 仇成群　胡天云
责任编辑 刘　飞　　编辑热线 025-83597482

照　　排 南京开卷文化传媒有限公司
印　　刷 常州市武进第三印刷有限公司
开　　本 787×1092　1/16　印张 10.75　字数 255 千
版　　次 2020 年 8 月第 1 版　2020 年 8 月第 1 次印刷
ISBN 978-7-305-23133-9

定　　价 32.00 元
网　　址：http://www.njupco.com
官方微博：http://weibo.com/njupco
微信服务号：njuyuexue
销售咨询热线：(025)83594756

前　言

随着全球经济的发展及工业化、城市化进程的加快，人类在享受现代文明成果的同时，不得不面对日益严重的环境污染和自然资源减少的问题，而汽车作为人类最主要的交通工具在生活中发挥着举足轻重的作用。汽车在带给人们方便、快捷出行的同时，也带来了大量的污染物及温室气体的排放，在全球大气污染中的贡献率位居前列。因此，如何解决日益严重的环境问题和实现自然资源的可持续利用就成为人类进入21世纪以来面对的重要课题和挑战。一场新的能源革命正在进行，以清洁、环境友好和可再生利用为主的新能源体系取代过去的高污染、高消耗、不可再生的能源体系已经成为人类社会发展的主要目标和必然选择。

新能源技术在汽车产业使用和推广中具有重要的意义，并引起了世界各国的高度重视，美国、日本、欧盟等国家和组织纷纷出台了一系列技术规范、标准和政策来鼓励、引导各团队发展新能源汽车及相关产业，促进新能源技术的研发和推广。各主要汽车生产企业也推出了一系列具有先进技术含量和低污染物排放的混合动力、燃料电池和纯电动汽车，新能源汽车及相关产业得到了快速的发展。

与传统汽车相比，混合动力汽车和纯电动汽车可以有效地降低污染物的排放，实现低排放和零排放。可以预见，随着我国新能源产业的发展及其表现出的巨大市场潜力，在电动汽车及相关产业的研发、生产、销售和维护等方面将会出现大量的人才需求，越来越多的高校设立了相关专业，并出版了相关的教材。但现有教材存在侧重面单一、理论叙述过多、实践环节和培训内容较少的问题，难以满足培养应用型人才的需求。本书以电动汽车充电设施的运行和维护技术为重点，通过对电动汽车充电站的直流和交流配电系统、监控系统、计量计费系统、电动汽车充电机的功能和应用、电动汽车动力电池系统的管理和维护、充电设施的管理和运行等几大方面的介绍和阐述，全面介绍了电动汽车充电设施各组成系统的概念、工作原理、操作流程和设备选择、保养和维护及注意事项、电池组管理和维护的工作内容及流程等。书中内容讲解力求简明清晰,通俗易懂,为相关专业学生和培训人员提供更为全面和专业的知识及实践应用参考。

新能源汽车技术涉及诸多学科的基础知识,本书具有以下两大编写特色:一是通俗易懂,深入浅出,从最基础的知识讲起,以讲清楚知识点为原则,尽量避免繁杂的理论公式推导;二是注重介绍各种技术研究发展前沿的信息,了解各类技术的研究现状和创新创业发展方向。

新能源汽车代表了世界汽车产业的发展方向,是未来世界汽车产业的制高点,世界各主要国家和汽车制造厂商的共同战略选择。中国汽车产销售量已连续十年稳居全球第一,新能源汽车销量亦是逐年显著增长。本书可作为机械、电子、电气、交通运输、工业设计和新能源等诸多工程类本科创新创业的首选教材,亦可作为市场营销、商务管理和社会学等专业的公共基础课程的教材。本教材具有严密的科学性和逻辑性,新型创新创业思维方式可为工程技术人员、专业教师提供参考。

本教材由盐城师范学院仇成群副教授、胡天云高级工程师担任主编。本书共分为 7 章,其中仇成群编写第 1—4 章;胡天云、沈法华、赵广成、陈昌彦编写第 5 章;周殿凤、王荣、尤源、刘卫卫、朱成云、童巧英、陆建华、卞月根编写第 6 章;徐峰华、朱瑞、张帅、李嘉雯、魏明露、赵世强、杨星茹、张慧、周叶洋、王国鹏编写第 7 章,最后由仇成群、胡天云总纂定稿。本书的编写先后得到许多院校、企业、单位和教师们的帮助和支持,谨此表示感谢,编写中也参阅了许多专家、学者的书籍和文献资料,在此表示深深的感谢。

由于编写水平有限,书中难免有错漏之处,敬请各位专家、同行、师生和读者批评斧正。

编　者

2020 年 6 月

目 录

第1章 绪 论

宇宙大爆炸观点认为:宇宙是在大约137亿年前,由一个温度极高、密度极大的太初状态演变而来的,并经过不断地膨胀与繁衍达到今天的状态。实际上,不管人类如何假设、推断与验证,茫茫广宇就在那里无始无终、无边无际地自然存在和演化着。银河系在广袤宇宙空间中微不足道,太阳系只是银河系中的沧海一粟,地球的体积是太阳的一百三十万分之一,我们所在的地球与整个宇宙相比,小得出奇,如同太平洋上的一粒灰尘。自然先于人类而存在,人类仅是地球上千万种生物之一。人类本身不仅是自然界的组成部分,而且是自然界进化的客观产物。当具有自我意识思维与主观能动性的人类诞生之后,人类就一刻也没有停止过对自然界以及整个宇宙进行认识、利用,以造福自身。

当今国家之间的发展竞争,越来越转向科技和人才的竞争。从20世纪30年代开始研究中国古代科技的英国科学家李约瑟提出了著名的李约瑟难题:为什么中国有四大发明,工业革命却没有发端于中国?为什么近代自然科学起源于西欧,而不是中国或者其他文明?我国科学家钱学森生前也多次提到:“为什么我们的学校,培养不出杰出的人才?”400年前的今天,提出“知识就是力量”的英国哲学家弗朗西斯·培根向世人庄严宣告:凡不应用新良方者,必将遇到新的邪恶,因为时间是伟大的创新者。

1.1 认识创新

1.1.1 创新的来历与定义

1. 创新的来历

“创新”一词最早出现在《南宋·后妃传》中,意思是创立或创造新东西。新华词典中解释:“创新是抛弃旧的,创立新的。其实,对旧的不完全是抛弃,更确切的应是扬弃。”创新的英文是“Innovation”,起源于拉丁语,它有三层含义:更新、创造新的东西、改变。

创新作为一种理论,形成于20世纪。著名的创新学者美国哈佛大学教授熊彼特,在1912年第一次把创新引入了经济领域。他从经济的角度提出了创新,认为创新是一种生产函数,实现从未有过的组合。管理学家彼得·德鲁克认为:创新是有系统地抛弃昨天,有系统地寻求创新机会，在市场的薄弱之处寻找机会，在新知识的萌芽期寻找机会，在市场的需求和短缺中寻找机会。因此，我们应以企业家的精神组织企业的创新活动。

2. 创新的定义

创新是指人类为了一定的目的，遵循事物发展的规律，对事物的整体或其中的某些部分进行变革，从而使其得以更新与发展的活动。创新思维是指以新颖独创的方法解决问题的思维过程，通过这种思维能突破常规思维的界限，以超常规甚至反常规的方法、视角去思考问题，提出与众不同的解决方案，从而产生新颖的、独到的、有社会意义的思维成果。

与动物相比，人手比不上老虎的利爪；人眼比不上鹰的锐利；人腿跑不过麋鹿与马；游泳不如鱼；夜视不如猫；嗅觉不如狗；繁殖不如昆虫；人耳听不到许多小动物都能感知的超声波……因此，人类如果只依靠这些平常的器官，不用说征服自然，就是人类自身的生存，也会出现很大的困难。但人类却凭自己的力量征服自然，战胜了其他的一切物种，为自己创造了辉煌的文明。人类的神奇力量并非来自肢体器官，而是来自人脑所独有的创新思维能力。人类不断创新，挖一个陷阱，在其口上盖些茅草，最凶猛的野兽便束手就擒；人类造出了许多与动物具有特异性的某部分器官相同功能的机器；人类在头脑中设计出千万种自然界并不存在的奇妙玩意，并将此变成实实在在的东西……正是创新能力让人从食物链中间的位置跃升到顶端。

究竟是什么启动了人类的原始灵性，开启了人类对客观世界进行思索的大门？马克思说："自然界没有创造出任何机器，没有制造出机床、铁路、电报、走锭精纺机等。它们是人类劳动的产物，是变成了人类意志驾驭自然的器官或人类在自然界活动的器官的自然物质，是物化的知识力量。"我们可以毫不犹豫地说："推动人类发展的原动力是深隐在人类大脑这块因自然因素与内在需求相结合而导致高度复杂的自然物质之中的创新意识与创新能力。"

科学家们都毫无疑问地赞同这一说法：人类属于动物王国中的灵长目；同属于灵长目的还有猩猩、猴子及类人猿。好几个研究领域都为这一说法提供了大量证据。解剖学家发现，从总体来看，人类与其他高级动物在骨骼、肌肉和器官构造方面，有不少相似之处。胚胎学家注意到，人类的胚胎在不同的生长阶段，显示出某些低等生物的特征。例如，胚胎十个月时有半圆形的鳃，胚胎两个月时出现发育不全的尾巴。人类学家指出，对人类化石的研究证明，人类是由普通的类人猿进化而来的，其他科学家也发现了许多可表明人类与其他动物之间的联系的类似迹象。例如，猿类血液的化学成分和人类的极其相似；猿类和人类身上有共同的寄生物；猿类和人类学习的方式也很相似。原始人中出现最早的是现已绝种的灵长类。一般认为，它们最早出现在非洲东部和南部的热带草原上，距今约250万年。不过，最近在埃塞俄比亚南部的调查结果表明，这一日期还可往前推，推至距今约400万年。这种灵长类的骨盆和腿与现代人极为相似，只是其脑容量只有人类的三分之一，几乎还不及现存的类人猿的脑容量大。对处于这种发展水平的灵长类来说，非洲大草原是很理想的环境，那里气候温和，即使缺衣少穿，也能很好地生活下去。而且，辽阔的大草原与茂密的森林和荒凉的沙漠不同，那里有水源，也有可供食用的动植物。因此，尽管更新式灵长类动物的工具很简单(只是一端尖锐、一端厚钝的石器，但它们的食物却很丰富，有蛋、蟹、龟、鸟和兔、鼠之类的啮齿动物，还有小羚羊)。

中国作为拥有五千多年历史的文明古国，曾经的科技文化领先于世界各国。早在5 000年前的新石器时代，中国人已经发明了很多今天看来仍然是非常具有智慧的技术，比如说前面提到的丝绸，在今天仍然没有被任何一种其他的纺织品取代；比如漆器，能够使很多器物的表面被漆防护，使得我们的生活用品，包括我们的餐具更加卫生。《韩非子·十过篇》曾说："尧禅天下，虞舜受之，作为食器，流漆墨其上，舜禅天下，而传之于禹。禹作为祭器，墨染其外，朱画其内。"还有直到今天还使用的针灸技术。"麻沸散"的发明，使接受手术的病人不再痛苦。《后汉书·华佗传》载："若疾发结于内，针药所不能及者，乃令先以酒服麻沸散，既醉无所觉，因刳破腹背，抽割积聚（肿块）。"利用某些具有麻醉性能的药品作为麻醉剂，在华佗之前就有人使用。不过，他们或者用于战争，或者用于暗杀等，真正用于动手术治病的却没有。华佗总结了这方面的经验，又观察了人醉酒时的沉睡状态，发明了酒服麻沸散的麻醉术，正式用于医学，从而大大提高了外科手术的技术和疗效，并扩大了手术治疗的范围。我国至少有4 000年的铸造史，较早掌握了铸造技术，如夏朝的铸铜、周朝的铸铁。有实物证据的时间至少是在公元前512年，古代中国人发明了液态生铁冶炼技术，用极其聪明的办法使铁矿石源源不断地变成铁，并且直接铸造成为铁器。这项发明解决了困扰人类千年之久的难题，铁器能够以非常廉价的方式批量生产，使得人类工具的变革真正产生了巨大的社会影响，使铁成为廉价的、通用的、大众能够使用的工具和武器，促进了世界范围内金属工具和兵器的更新，使人类迅速进入铁器时代。

如图1.1所示为西汉时期的铜齿轮，可传递较大的力，现存中国博物馆。

1878年安德烈·雪铁龙(Andre Citroen)出生于法国巴黎，父亲是个珠宝生意人，母亲是波兰人。严格来说，安德烈是个孤儿，因为当他6岁的时候，父亲生意失败自刎，随后母亲也死于伤病。父母双亡让安德烈很早便学会独立，同时年幼的安德烈对机械方面表现出极为浓烈的兴趣。

1900年，血气方刚的安德烈马上便要从巴黎的理工大学毕业，一次偶然的机会，他前往波兰探访外婆，无意中发现一家专门生产传动齿轮的工厂里面陈列着人字形齿轮。如图1.2所示，对机械无比熟悉的安德烈，凭着敏锐的触觉一看便知这种特殊的齿轮比普通齿轮有更多可发扬光大的发掘潜力，于是他当机立断决定买断该人字齿轮的发明专利。1912年安德烈开始用人字形齿轮作为雪铁龙公司的商标。

图1.1 西汉时期的铜齿轮

图1.2 人字齿轮

1977年9月,湖北随州城郊的一个小山包上,铸造于战国时代的曾侯乙编钟得以重见天日。这从世界音乐史、科技史、冶铸史的角度来看,都产生了最高级别的震撼力。那一天,随州城郊擂鼓墩驻军雷达修理所扩建营房,部队施工打的炮眼距古墓顶层仅距80厘米,只要再放一炮,这座藏有千古奇珍的古墓就会永远不复存在。1978年5月22日凌晨5时,墓室积水抽干后,雄伟壮观的曾侯乙编钟露出了它的真面目:重达2 567千克的65个大小编钟整整齐齐地挂在木质钟架上,加上横梁、立柱等构件,用铜量达5吨之多,这在世界乐器史上是绝无仅有的。如图1.3所示。

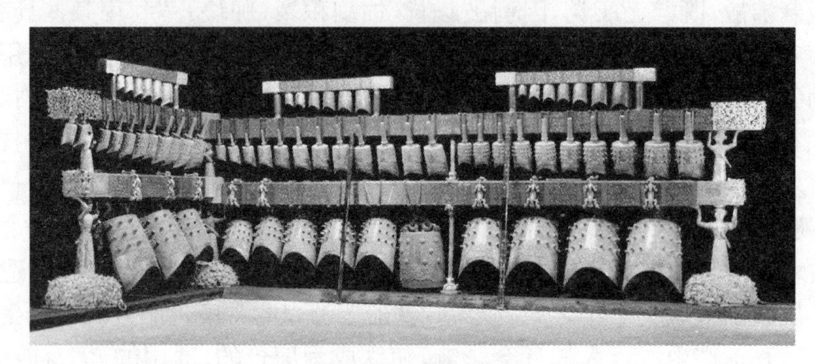

图1.3 曾侯乙编钟

在古代,世界各地都有钟,但它们都没有成为乐器。这是因为,这些钟的截面是正圆形的,声音持续时间太长。唯独中国的编钟,它的截面像两片瓦合在一起,钟体扁圆,边角有棱,声音的衰减较快,所以能编列成组,作为旋律乐器使用。更神奇的是,曾侯乙墓编钟的每一个编钟都能发出两个不同音高的音,这就是过去一直不为人所知的"双音钟"。曾侯乙墓编钟无可辩驳地证明,在2 500年前,中国已经有了七声音阶,有绝对高音的概念,有旋宫转调的能力。编钟的发声原理大体是,编钟的钟体小,音调就高,音量也小;钟体大,音调就低,音量也大,所以铸造时的尺寸和形状,对编钟有重要的影响。青铜是一种合金,主要成分是铜,又加进了少量的锡和铅,各种金属成分的微妙的比例变化,对钟的声学性能、机械性能有重大的影响。青铜中锡含量的增加,能提高青铜的硬度。但含量过高,青铜就会变脆,不耐敲击。铜中加铅,可降低熔点,增加青铜熔铸时的流动性,还可以减弱因加锡导致的脆性,使所铸的钟可承受长时间敲击。但是,含铅量过高,钟的音色又会干涩无韵。而曾侯乙编钟里,铜、锡、铅的含量达到了最合理的比例,可见春秋战国时期,人们已经对合金成分与乐钟性能的关系有精确的认识,正因为如此,铸出的钟才音色优美,经久耐用。如古代中国人发明的瓷器取代了陶器,为人类抹去了石器时代留下的最后一道痕迹,成为我们这个星球上每个家庭必不可少的用品。

公元前300年,古代中国人发明了深井钻探技术,使人类能够获取深藏在地下的财富。直到17世纪,欧洲人才从一个荷兰商人口中得知中国的这种钻井技术。1859年,德里克在美国宾西法尼亚州,用中国的竹缆悬吊铁锤苗岩石的办法钻出第一口油井,他是从在美国修筑铁路的中国劳工那里知道这种技术的。

公元前3世纪,中国在水利工程技术方面出现一个重大发明,这就是有名的灵渠。灵渠把湘江水通过坝引到漓江去,这需要不断地提高水位。这个时候出现了最早的船闸技

术，在当时叫斗门。这项技术使得日后人们在大江大河上筑坝的时候，不再截断航运交通，对世界的水利工程和交通运输产生了非常深远的影响。

此外，我国古代还发明了指南车（用来指示方向的一种具有能自动离合的齿轮系装置的车辆）、铜壶滴漏（自动计时装置）、计里鼓车、地动仪、水碾等装置。但是，中国没有成为近代科学的故乡。12世纪，北宋张择端以高超的技艺完成了《清明上河图》。当我们仔细欣赏这件稀世瑰宝时，会惊异地发现，画中描绘的房屋、桥梁、船舶、车辆日用品和生产工具与20世纪50年代中国许多地方的情景几乎完全相同。800年来，中国人的生存方式没有太大变化。从15世纪开始，中国明显地落后了，当世界进入蒸汽时代、电气时代之时，中国发明家没有入围。1640年，中国和英国劳动生产率相近，约为1∶1。1840年，当英国完成产业革命，在鸦片战争爆发的时刻，中国和英国劳动生产率之比为1∶108。这正是中国在这场战争中失败的深层次原因，是以传统农业、手工业为基础的落后生产力同以先进技术发明为基础的生产力之间不对称的较量。1876年，美国庆祝独立100周年时，在费城举办国际博览会。在这次博览会上，英国展出最新的蒸汽机车，美国展出大功率电动机和发电机，德国展出加工枪炮的精密机床，而我们展出的是纯银打制的27套件耳挖勺和小脚绣花鞋等，这就是时代的差距。

中外历史证明，只有开放，才能使国家获得多方面的新信息，产生认识上的飞跃，创造出新的科技成果。西方的科技正是在这样的背景和基础上迅猛发展起来的。唐代社会各个方面都洋溢着一种开放的广阔气象，它吸纳外来文明，传播自己的文明，完全是一种刚健的形态，使大唐文化有着世界性的地位和影响。唐代与东亚、西亚各国交往的空前盛况在各种史书中记载得十分详尽丰富。唐代文化对日、韩影响极大。它的传递起源于日、韩主动的“要求”，它们主动派遣留学生，主动搬用唐律法、制度、生活模式，甚至文字。但中国历史上的大部分统治者，实行严密封闭的“愚民政策”。行政封闭和思想禁錮使中国与国外缺乏信息交流，中国人信息不灵通，与外界交流少，思维方式处于长期封闭的状态，中国科技落后就不可避免了。

近代以来，西方一些国家之所以发展迅速，成为强国，就是因为他们通过文艺复兴和启蒙运动等思想运动，使人们从封建专制和神学统治中解放出来，观念发生了根本的转变，为创新、为人类智慧和才能的发展铺平了道路。

历史进入了新的一页，在经历了18世纪末的运输和机械化生产革命、19世纪末大规模生产的电气革命，以及20世纪60年代的计算机革命之后，人类发明了互联网，全球迎来“第四次工业革命”，中国首次与发达国家站在同一起跑线上。“中国制造2025规划”与第四次工业革命的碰撞，是机遇也是挑战。2016年，达沃斯论坛创始人施瓦布表示，中国应注重创新，“我发现，中国也在‘十三五’规划中提出了把握住第四次工业革命所需要的一些方面，包括建立创业型和创新型经济等。”能够抓住此次全新的工业革命所带来的机遇，中国就会是明天的赢家。

总之，纵观人类的进步史和中华民族的发展史，不难发现，生机勃勃的发展时期总是充满人文科学和科学技术的创新，发展和进步总是伴随着创新而存在。美国《创新爆炸》一书认为，当今世界一切经济价值、经济增长和经济战略实力均源于创新。哪一个民族和国家善于创新，哪个民族和国家就会发展、会强大；反之，死气沉沉，墨守成规，因循守旧，

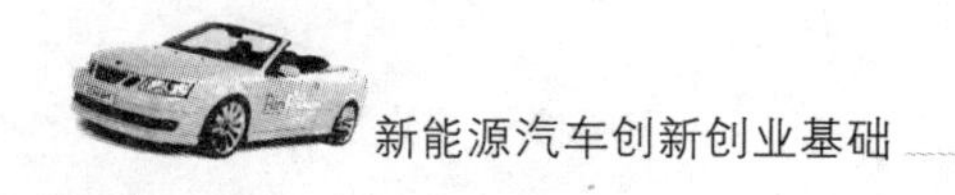

就要落后、挨打。哪一个民族和国家在某一时期善于创新，这个时期就发展、就强大；反之，哪个时期它自满、僵化、教条，创新能力就会衰退，就会走向落后。

1.1.2 创新的特征

创新是由人、新成果、实施过程、更高效益四个要素构成的综合过程，是创新主体为某种目的所进行的创造性的活动，它的特征有以下几个：

1. 明确性

人类的创新活动是一种有特定目的的生产实践。比如，科学家进行纳米材料的研究，目的在于发现纳米世界的奥秘，提高认识纳米材料性能的能力，促进材料工业的发展，提高人类改造自然的能力。

一个产品的创新要以顾客需求为目的。只有始终把自己的服务对象——顾客的需求和市场的需要作为企业创新的终极目标，设身处地地为顾客着想，想方设法使自己的产品和服务能够为顾客带来更多方便、更多价值、更高效率，这样的创新才有生命力。这才是企业创新的正确方向，也是企业成就百年基业、超越竞争对手的不二“法宝”。例如，在一个小饭馆吃饭时，见到该饭馆饮水机上的纯净水桶是一个中间带着椭圆形手柄、容积较通常笨重的纯净水桶小许多的“迷你型”水桶。这种颇具人性化的创新设计，不但小巧、新颖、别致，更重要的是有利于人们尤其是老年人和小孩等力气不大的人更方便、安全地将其放在饮水机上使用。又如，德国一家企业申请了一项可以自动“增长”的童鞋的发明专利，这种鞋子最长可以增长 2 厘米，并且价格与普通鞋子相差无几。这项颇具创新性的鞋子，有效缓解了小孩子脚长得快与鞋子寿命长的矛盾。

2. 价值取向性

价值是客体满足主体需要的属性，是主体根据自身需要对客体所做的评价。创新的目的性使创新活动必然有自己的价值取向。创新活动的成果满足主体需要的程度越大，其价值越大。一般说来，有社会价值的成果，将有利于社会的进步，如伦琴射线与 X 光透视等。

3. 综合新颖性

新颖性，简单的理解就是“前所未有”。用新颖性来判断劳动成果是否是创新成果时有如下两种情况：

(1) 主体能产生出前所未有的成果的特点。科学史上的原创性成果，大多属于这一类。这是真正高水平的创新。

(2) 创新主体能产生出相对于另外的创新主体来说是新思想的特点。例如，相对于现实的个人来说，只要他产生的设想和成果是自身历史上前所未有的，同时又不是按照书本或别人教的方法产生的，而是自己独立思考或研究成功的成果，就算是相对新颖的创新两者没有明显的界线。照相机的发明者爱德华·兰德说：“一个人若能达到发明或思考对自己来说是新的东西，那么就可以说他完成了一项创造性行为”；杜威说：“一个三岁的儿

童发现他能用积木做什么事情，或者一个六岁的儿童发现他能够把五分钱和五分钱加起来为什么成果，即使世界上人人都知道这种事情，他也是一个发明家。”

4. 高风险性

技术创新活动涉及许多相关环节和众多影响因素，从而使得创新的结果呈现随机性，这意味着技术创新带有较大的风险性。美国的一份研究报告曾经断言，美国的每十个专利中，只一个能变成创新。事实上，许多企业的产品开发成功率往往都较小，即使在西方发达国家，如美国，企业产品开发成功率也只有 20%—30%。

技术创新之所以是一项高风险的活动，是因为技术创新需要相应的投入，而且这种投入不只局限于技术的研究开发阶段，还可能延伸到生产经营管理阶段和市场营销阶段，如投生产设备、培训生产工人、开辟营销网络等。这些投入能否顺利实现价值补偿，则受到许多不确定因素的影响，既有来自技术本身的不确定性，也有来自市场、社会、政治等方面的不确性，这就可能使技术创新的投入难以得到回报。

高新技术行业里的核心竞争力不再是高端的设备流水线，而是知识产权。我国许多高科技的行业，虽然产值相当大，但是利润相当低，而且主要核心技术不在企业手里。在芯片等几个行业，国内企业就是组装，组装以后再销售出去。如计算机，我们一台计算机可能仅赚 6 个苹果的钱；许多芭比娃娃几十美元，整个是在国内做的，而我们的企业却可能只赚 3 毛钱；国内的服装产业里 80%的服装是贴牌生产的，外国品牌一纸合同就赚了百分之几十的利润，而我们的企业只赚几元钱；中国 2 亿人打工，但只是制造业的人海战术，产值只占世界制造业的百分之几，而美国是 1 000 万人打工，产值却占了世界的 20%。

1.1.3　创新的基本原理

1. 创新是人脑的一种机能和属性——与生俱来

大脑是创新的源泉。人的一切心理现象或者创新意识、创新精神等都是人脑的一种基本功能，是与人类自身进化而同步形成的客观天赋。

2. 创新是人类自身的本质属性——人人皆有

创新是人的本性，创新是人类的本质，创新是人类与自然交互影响中形成的一种自然禀赋。创新无处不在，无人不有，无时不有。创新就在我们身边。人人都是普罗米修斯。

3. 创新是可以被某种原因激活或教育培训引发的一种潜在的心理品质——潜力巨大

人的潜在创新能力一旦被某种因素激活或教育引导，都可能导致巨大创新能量的发挥。

唐朝诗人卢纶在《塞下曲》中这样描写李广将军：“林暗草惊风，将军夜引弓。平明寻白羽，没在石棱中。”典故是这样的：远远看去烟雾缭绕，一只老虎向李广他们扑来，李广开弓放箭，射向老虎，过了一会儿，其他人上前察看，这哪是老虎啊！是一块石头，一箭过去已把石头射成两半，大家都惊呆了！回去后到处传，有的人不相信，再让李广射石头，结果1箭、2箭……20箭，石头依然射不开。这个典故说明危机可以激发创造力。

1.1.4 思维创新法则

GenCell发明液氨燃料电池；H_2Energy Now提出可以利用无线电波将水中的氢分离出来单独放置；NrgStorEdge开发氢能车辆储能技术；Electriq-Global开发出了电池和压缩氢气的经济型替代品……这些例子，无一不启示我们要敢于创造，勇于创新。著名管理学者彼得·圣吉在《第五项修炼》一书中感慨道：我们有可能就此迷失在一场巨大而复杂的变局中……如何透过局部把握整体？如何在动态中保持平衡？如何在混沌的世纪中超越常规发展创新？

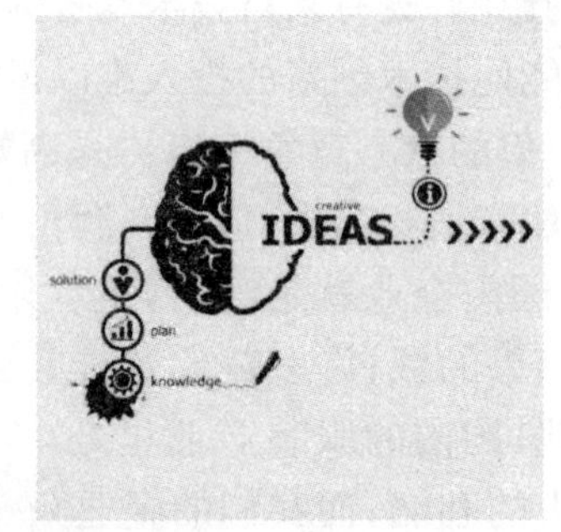

图1.4 思维创新

任何事物，不可能与世间万物没有任何联系、不受其他因素的影响而来到这个世界；它的存在、发展与消亡也不可能孤立地、静悄悄地进行。它总是在一个或小或大、或简单或复杂的系统中存在与发展。

系统是由两个或两个以上的元素相结合的有机整体，系统的整体不等于其局部的简单相加。系统思维是在考虑解决某问题时，不是把它当作一个孤立、分割的问题来处理，而是当作一个有机关联的系统来处理，从系统和要素、要素和要素、系统和环境的相互联系、相互作用中综合地考察认识对象的一种思维方法。系统思维能极大地简化人们对事物的认知，给我们带来整体观。通过学习系统思维，人们可以认识到以往看似截然不同的事物其实存在着千丝万缕的联系，在它们的背后，在更深的层次上，它们有着统一的模式结构——系统。用系统的思维视角去认识事物和分析问题，以往那种让人眼花缭乱、不可捉摸的复杂思维图景，可以在瞬间变得井然有序、简洁清晰。系统思维创新有如下九大法则。

1. 整体法则

战国时期尸佼所著的《尸子》说："见骥一毛，不知其状；见画一色，不知其美。"意思就是，见到马身上的一根毛，不能知道它长得什么样，见到画中的一点色块，不能知晓画的美丽。我们看待事物，不能从局部来看，而应该从整体上来把握。

图 1.5 《尸子》

整体法则即从整体出发，把思考对象看作由若干部分构成的有机整体，从整体与部分、部分与部分、整体与环境的相互联系和作用中认识事物或找到解决问题的恰当方法。系统思维方式的整体性由客观事物的整体性所决定，整体性是系统思维方式的基本特征。

整体性法则是系统方法的首要原则。它把研究对象视为有机整体，探索其组成、结构、功能及运动变化的规律性。它要求我们无论是认识、研究、控制自然对象，还是设计制造人工系统，都必须从系统的整体出发，探索系统内外环境中和内外环境间的辩证关系。整体性对于任何一个系统来说，都是相对稳固的本质特征。我们身体的细胞大约每隔七年就要全部更换一遍，但我们依然故我：保持这同一性的因素不是细胞和个人，而是身体的整体性，正是整体性，告诉了我们系统为什么存在着。所以，整体性是运用一般系统方法最根本的原则。

整体居于主导地位，统率着部分，整体具有部分根本没有的功能；部分在事物的发展过程中处于被支配的地位，部分服从和服务于整体。

目前，一些小煤窑、小化工等"五小"企业，生产工艺落后、管理混乱、资源利用率低、能耗高、事故多。其发展是以污染环境、影响生态、浪费资源和高能耗为代价的是一种"饮鸩止渴"或"竭泽而渔"的发展模式，对社会经济与行业系统的利益与发展极具破坏性，是对系统功能的抵减。只有坚决关闭这些"五小"企业，才有利于系统整体功能的发挥和可持续发展，才符合科学发展观。

图 1.6 巴尔扎克像

巴尔扎克像(图 1.6)由雕塑家罗丹历时 7 年创作，它栩栩如生，光彩照人，的确是雕塑艺术的珍品。可这位大师的巴尔扎克塑像却没有手臂，这是什么原因呢？那天，罗丹很高兴地把他的几个学生叫来，叫他们欣赏刚刚做完的巴尔扎克纪念像，呈现在学生们眼前的巴尔扎克披着宽大的睡袍，双手交叉在胸前，两眼看着前方。他好像是经过了一夜的辛勤笔耕，此时正在眺望着窗外的黎明，在酝酿着一部新的巨著。学生们都被老师的这尊杰作镇住了。三个学生都认为老师雕的手简直太传神了，简直跟真的一样。大师的眉头立即蹙紧了，脸上便显出了一种深深的失望的表情。忽然，他拿起了二把斧子，把刃对准巴尔扎克的手臂，狠狠地砍了两斧。罗丹说："这双手这样完美，它就不再属于这座雕像的整体了，那么就让它独立出来吧！你们千万要记住，作为一件真正的艺术品，任何一部分都不可能比它的整体更加重要！"罗丹的这样一种深刻见解，最后使他的学生们终于明白了老师的用心。自此，这尊无手臂的巴尔扎克像，与罗丹的《思想者》《青铜时代》等一同屹立在世界艺术杰作之林。

系统思维中的"木桶理论"认为，木桶的盛水量取决于最短的那一块木板的长度。李月亮在她的《你受的苦将照亮你的路》中也写道："如果男人有十种主要特质的话，比如外貌、财富、能力、性格品行等，那么这十种特质就是组成一个木桶的十块木板，最长的一块决定了他能多大程度吸引你，而最短的一块决定了他能给你盛装多少幸福。所以你在选择那块长板时，必须留意他最短的短板在哪里，有多短。长板可以不长，但短板绝对不能太短，否则他的桶里装不下多少幸福。在非要扣掉三十分的前提下，最好是平均在每个板子上扣掉三分，让这个桶实现容量的最大值，而不是其他都好，只有块太短，最后什么都装不下。听过太多这样的故事：'他什么都好，就是太小气，我买一条毛巾他都生气，去看望父母多买几个水果都要吵架，我几年都不敢添衣服，家里存款逐年增加，日子却过得跟五保户似的，真不知道攒那些钱有什么用。''他什么都好，就是脾气太暴，常常为一件芝麻大的事就勃然大怒，隔三岔五对我大打出手，打过之后自己也后悔，但过不了几天还是暴怒会动手。'这样的人，他再帅，再有钱，再专一，再幽默，又有什么用？他的短板实在太短，把所有长板的优势都泄掉了。选择伴侣不是比赛评分，要去掉一个最低分。正相反，你应该重点看的正是最高分和最低分，在被最高分吸引之后，必须尽早看清他的最低分，在那块最短的板子尚可接受的前提下，才可以考虑长久的发展。"

系统作为一个整体，它的性质或功能并非其诸要素之性质或功能的简单叠加，而是整体的性质或功能可能大于或小于各要素性质或功能之总和——这正是系统作为一个整体（集合）所产生的"系统（整体）效应"所致。

"三个臭皮匠，赛过诸葛亮"这句充满哲理的俗语警示人们一个源于生活的真谛：三个一般的人而绝非偶尔聚在一起，我行我素的散兵游勇以"群策群力，同舟共济"为信念走到一起的有志者——他们有可能产生 1＋1＞2 的"团队精神"（通力协作，集思广益）效应。

有一个"石头、沙子、水"的故事。一个空杯子，三个分别装满了水、沙子、石头的杯子。如果将一杯石头倒进空杯子里，杯子装满了吗？装满了，装满了石头，但还可以装沙子。待放完沙子，看似满了，其实不然，还可以放水。

同样由水、水泥、沙子和石子搅拌而成的混凝土的体积肯定小于水、水泥、沙子、石子体积之和，其特性与功能也绝非水、水泥、沙子和石子单独存在时所能比拟的。

2. 全局法则

常言"善弈者，谋势；不善弈者，谋子。"这就是说，会下棋的人会整体谋局，看重棋子间

的联系与配合，不会下棋的人则只展及局部，看重个别棋子的得失。谋子不如谋局，可以谋全局来解决局部问题；不谋全局不足谋一域，战略上的问题上不可能通过战术手段来改变。有全局观念是指领导者在具体制定和实施决策的过程中，必须对事物有一个整体的把握，从大局出发，着眼于对自己的发展有利的环节来开展工作。任何事物都存在着全局和局部之分，同时全局和局部又是相对而言的。在一定范围内为全局，在更大范围内则可能成为局部。

图 1.7　弈棋

历史上，善于谋全局而以少胜多、以弱胜强的例子很多。如诸葛亮作《隆中对》，未曾出山，先定天下三分，就是谋局的典范。弱小的刘备集团，按诸葛亮的整体布局谋发展，终于三分天下而取其一的地位。我国春秋末年(公元前 494 年)的吴越之战，越王勾践兵败会稽山，不得不降服而到吴国为吴王夫差做奴仆，因服侍夫差貌极恭谨而被放返故国。回国后，为复仇与强国自立，他进行了全局谋划。对自己，夫妇亲事耕织，天天"卧薪尝胆"，反躬自问"汝忘会稽之耻邪?"对国家，进行了十年的休养生息和军事训练，让国家逐渐恢复强盛。对吴国，他奉献西施、郑且等美女，一面诱使吴王玩乐丧志失去警惕，面刺探情报以做内应。在各项准备俱已成熟时，于公元前 473 年，乘吴国国内空虚，突然发起攻吴之战。吴王夫差仓促应战兵败姑苏山自杀而亡。这是越王勾践 20 余年整体谋划的结果。毛主席的整体谋局也是史册可载的，当中国处在美、苏两大势力的夹缝中，世界弱小国家在国际事务中国小言轻时，毛主席提出三个世界划分的理论，把全世界弱小国家团结起来，形成了一股不可忽视的国际力量，大大增强了包括中国在内的第三世界国家在国际事务中的影响力。

谋全局就是谋求系统的整体功能。1918 年，德国将苏维埃政权的黑海舰队包围在小军港诺沃罗西斯克，70 多艘舰艇和 2 000 多名官兵身陷绝境且当局已无力救援。这种情况下结果只有两个：一是官兵全部战死，舰队落入敌手以资敌用；二是舰队自沉以免资敌，官兵寻机灵活脱险。这时列宁坚定地选择了后者，指示舰队毁舰自沉，而 2 000 多名官兵巧妙地脱离了危险。这种"两害取其轻"的选择，为苏维埃保护了舰队官兵这一珍贵财富且避免了资敌的后果，使德军全歼舰队官兵俘获全部舰只的图谋破灭。一个组织、一个企业在追求自身效益最大化的过程中，最终追求的是整体的合力、凝聚力和最佳整体效益。所以，必须树立以大局为重的全局观念，不斤斤计较个人利益、局部利益和眼前利益，将个人、部门、眼前的追求融入企业的总体目标和长远目标，从自发地遵从到自觉地培养团队精神，最终达到企业的最佳整体和长远效益。

3. 长远法则

先讲一个故事，这是一个献给准备放弃者的故事。一天，我决定放弃我的人生。为此，我到森林里，与上帝做最后一次交谈。"上帝，你能给我一个让我不放弃的理由吗?"我问。他的回答令我大吃一惊："你看看四周，看到那些山蕨和竹子了吗？我播了山蕨和竹子的种子后，给它们光照和水分。山蕨很快就从地面长了出来，茂密的绿叶覆盖了地面。

然而,竹子却什么也没有长出来。第二年,山蕨长得更加茂密。竹子的种子仍然没有长出任何东西。两年过去了,竹子的种子还是没有发芽。然而,到了第五年,地面上冒起了一个细小的萌芽。与山蕨相比,它小到微不足道。但是,仅在6个月之后,竹子就长到100英尺高了。它花了5年时间来长根,竹子的根给了它生存所需的一切。"上帝对我说:"孩子,你这段时间所做的挣扎,实际上就是你长根的时候。不要拿自己与别人对比。现在,你的时机到来了。你会上升得很高!"所以只要我们长远规划,精心耕耘,不必在意现在比别人弱小,明天你就可以俯视别人。

泰戈尔说:"你的负担将变成礼物,你受的苦将照亮你的路。"俗话说:"人无远虑必有近忧",不谋万世者不足以谋一时。系统思维要求我们具有长远思维的能力,通过长期谋划来处理近期事务。

1985年,人们发现,牛津大学有着350年历史的大礼堂出现了严重的安全问题。经检查,大礼堂的20根横梁已经风化腐朽,需要立刻更换。每一根横梁都是由巨大的橡木制成的,而为了保持大礼堂350年来的历史风貌,必须只能用橡木更换。在1985年那个年代,要找到20棵巨大的橡树已经不容易,或者有可能找到,但每一根橡木也许将花费至少25万美元。这令牛津大学一筹莫展。这是,校园园艺所来报告说,350年前,大礼堂的建筑师早已考愿到后人会面临的困境,当年就请园艺工人在学校的土地上种植了一大批橡树,如今,每一棵橡树的尺寸都已远远超过了横梁的需要。这真是个让人肃然起敬的消息!这说明了一名建筑师350年前就有了用心和远见:建筑师的墓园早已荒芜,但建筑师的职责还没有结束。

当我们将很多看似目前无论如何也解决不掉的事情放到时间轴里去思考、去分割、去设计节点,就会发现,遥远的目标就像爬楼梯一样,就是一步一坎而已。将很多目标放进时间长河里思考,我们就会懂得以终为始,以目标为点向现在出发靠拢。古人"千里之行始于足下,不积跬步无以至千里"早已阐述如此观念。

4. 层级原则

世界是一个不同层次性的相互联系的系统。系统的层级原则,是指由于组成系统的诸要素的种种差异而使得系统组织在地位与作用、结构与功能上表现出等级秩序性,形成了具有质的差异的系统等级,即形成了统一系统中的等级差异性。客观事实都是纵向和横向的统一。

任何一个认识客体,它的发展是纵向的,是由若干个子系统构成的系统,它需要该系统中的要素联系起来,形成一个协同整合的统一系统;系统又是相对的,它是另一个更大系统中的子系统,在这个更大系统中起着要素的作用,构成了这个更大系统的基础。

如对物质结构层次的认识:人们认识了分子,从而建立了一般物理学的知识:进而认识了原子,从而建立了原子物理学的知识,再进而认识了原子核,从而建立了核物理学的知识;又进而认识了基本粒子,从而建立了高能物理学的知识。即每深入一个物质结构层次,就创造了一个新的研究领域和一门新的科学知识系统,就一层一层地揭示了物质世界的客观规律,一步一步地加强了对物质世界的认识、利用与改造。

就社会系统而言,每一社会单元、个体、组织及社会事物无不处在系统联系之中,或处

在系统的某一个层次。不同的层次结构特征也决定了社会系统不同的性质和发展水平。如国民经济系统有第一产业(农业)、第二产业(工业)、第三产业(服务业)和知识经济产业等。若第一产业在国民经济中占主导地位,则这个国家只能是不发达的农业国家;若第二产业在国民经济中占主导地位,则这个国家正在进入工业化国家行列;若第三产业在国民经济中占主导地位,则这个国家正进入发达的工业化国家行列;若知识经济产业在国民经济中占有相当的地位,则这个国家就是高度发达了。这就是结构层次状态决定事物的性质。

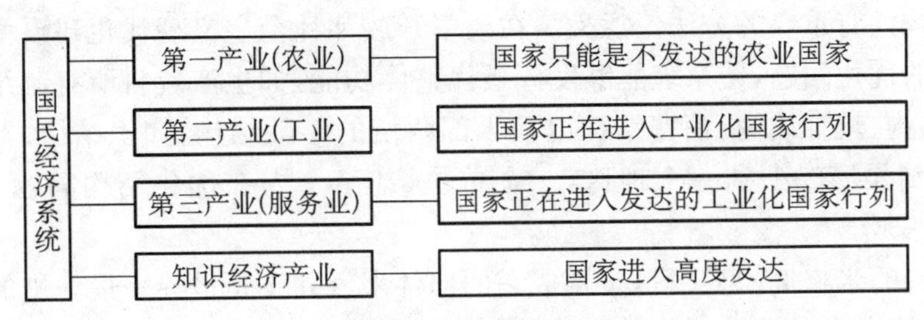

图1.8 国民经济系统

就管理系统而言,我们常说的层级管理,就是按系统的层次性联系,实行等级管理。层次结构合理则管理功能强、效率高。否则,就会出现层次不清、管理混乱的现象。或者管理缺位,有人没事做,有事没人做;有困难的事没人做,有好处的事抢着做。或者管理越位,出现上级直接插手下级事务,影响下级责任心;下级越权决定上级事务,导致管理失控。或者管幅过宽、层次过少,出现一个上级管理很多下级,导致上级忙于应付,疏于调查思考,下级苦于等待,毫无工作效率。或者层次过多,管幅过窄,导致工作通路不畅、层层"旅游",难以落实到位,等等。有研究表明,管理系统的整体结构应该是宝塔形或正立的三角形,而上级对下级的管幅一般以5—10个单元为宜。

系统层级性的思想,还导致了一个专门学科——分类学的产生。分类学是一种分门别类的科学,如生物分类学、植物分类学、动物分类学、图书分类学等。人们最初是从对自然界动、植物的认识与利用,而形成有关分类知识的。动、植物的分类学就是研究物种的鉴定、命名和描述方法,进而根据其形态学、生理学、生态学、地理分布及基因等遗传学特征,把物种科学地划分到某一等级系统中,从而建立起界、门、纲、目、科、属、种等层次分明的物种体系。有了这种体系的知识,世界在我们眼中不再是纷繁无序,而是一个相互联系、丰富多彩、井然有序的自然之网。在这个网中,我们能清晰地了解物种的起源及其演化过程与趋势;能深入地了解物种的共性与个性;能对动、植物进行科学的保护、改造与利用,如改良与繁育动、植物品种,合理利用野生动、植物资源等,从而让大自然物尽其用地为人类造福,让自然物种与人类和谐共存。例如,马与驴属于两个不同的物种,在自然状态下一般不能自由交配,即使刻意让它们交配成功,产生的后代骡也是不可育的,这种现象在生物学上称为生殖隔离。

5. 结构原则

系统结构性指系统内部各要素之间的相互联系、相互作用的方式,它包括要素之间一

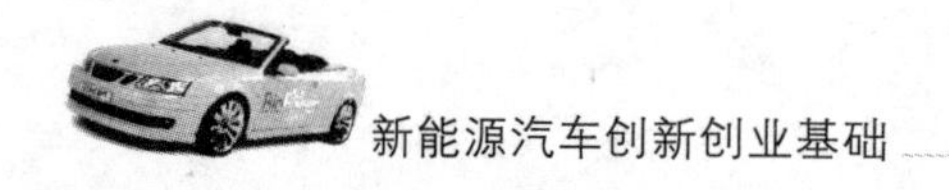

定的比例、一定的秩序和一定的结合形式。系统结构一般分为时间结构、空间结构、时空统一结构和功能结构。系统的性质和功能主要取决于组成系统的要素和要素之间的结构。在一定要素的前提下,什么样的结构就有什么样的功能。

系统思维方式的结构原则,就是把系统科学的结构理论作为思维方式的指导,强调从系统的结构去认识系统的整体功能,并从中寻找系统最优结构,进而获得最佳系统功能。

系统结构是与系统功能紧密相连的,结构是系统功能的内部表征,功能是系统结构的外部表现。系统中结构和功能的关系主要表现为:系统的结构决定系统的功能。

系统结构性有重要的方法论意义。在改革开放和社会主义现代化建设中,要重视研究系统结构的优化问题,使系统能够发挥最优整体功能,如生产资料所有制结构、生产力结构、产业结构、教育结构、消费结构以及干部队伍的年龄结构、知识结构、专业结构等。总之,大到一个国家,小到一个地区,一个单位,甚至个人在优化结构问题上大有文章可做。

苏联制造的米格25型飞机,按构成它的部件来说并不是世界上最先进的,但由于结构优化,其功能在当时是世界领先的。系统思维方式的结构性,在考察要素和结构同功能的关系时,必须在头脑中把思维指向的重点放在结构上;在追求优化结构时,必须全力找出对整个系统起控制作用的中心要素,作为结构的支撑点,形成结构中心网络,在此基础上,再考察中心要素与其他要素的联系,形成系统的优化结构。

图1.9　唐太宗

在一次宴会上,唐太宗(图1.9)对王珐说:“你善于鉴别人才,尤其善于评论。你不妨从房玄龄等人开始,都一做些评论,评一下他们的优缺点,同时和他们互相比较一下,你在哪些地方比他们优秀。”王珐回答说:“孜孜不倦地办公,一心为国操劳,凡所知道的事没有不尽心尽力去做的,在这方面我比不上房玄龄。常常留心于向皇上直言建议,认为皇上能力德行比不上尧舜很丢面子,这方面我比不上魏征。文武全才,既可以在外带兵打仗做将军,又可以进入朝廷搞管理担任宰相,在这方面,我比不上李靖。向皇上报告国家公务,详细明了,宣布皇上的命令或者转达下属官员的汇报,能坚持做到公平公正,在这方面我不如温彦博。处理繁重的事物,解决难题,办事井井有条,这方面我比不上戴胄。至于批评贪官污吏,表扬清正廉署,疾恶如仇,好善喜乐,这方面比起其他几位能人来说,我也有一技之长。”唐太宗非常赞同他的话,而大臣们也认为王珐完全道出了他们的心声,都说这些评论是正确的。

卓越领导之知人善任,人尽其才。唐太宗在《帝范》中说:“智者取其谋,愚者取其力,勇者取其威,怯者取其慎,无智、愚、勇、怯、兼而用之。”这正如古人所说:“用人所长,天下无不用之人;用人所短,天下无可用之人。”

要协调还需让各要素功能互补,即发挥最佳组合效益,这是形成系统整体功能的关键。自然界啄木鸟为树木啄食了害虫,也填饱了自己的肚子;植物给蜜蜂提供了花蜜,蜜蜂也给植物传授了花粉,等等。这都给人以功能互补、协调共存的启发。有一个人们合作共存的故事,是说房间突发大火,被大火围困的两人一瞎一跛,且旁无他人。在这生死关头，两人急中生智，瞎子背起跛子，由跛子指路，瞎子跑步，终于以身体功能互补，合作互救成功。

正如恩格斯(图1.10)在《反杜林论》中所指出的那样："许多人协作，许多力量融合成一个总的力量，用马克思的话说，就造成'新的力量'，这种力量和它的一个个力量的总和有本质的差别。"也就是说，一个连、一个营、一个团的战斗力绝不等于全连、全营、全团官兵战斗力简单相加的总和。一个由众多劳动者实行协作分工的工厂或企业的生产能力，决不等于全工厂、全企业各个劳动者个人生产能力简单相加的总和。

图1.10　马克思、恩格斯

世界发达国家从工业经济到知识经济的变革中，人才系统的结构层次也是变化的。技能型人才与普通劳动者在结构比例上的升与降，促成了美国经济的不断高速发展。这就是结构层次状态决定事物的发展水平。而我国前些年，忽视了人才系统的层次结构，盲目追求知识性、高学历，忽视了职业性、应用型人才的培养，结果导致专业人才与技能人才比例倒挂，即技能型人才奇缺，出现了找一个高级技能型人才比找一个研究生更困难的尴尬局面。而大量研究生、本科生却就业困难或降格求职，这就是教育与人才培养层次结构失调造成的系统功能缺失与资源的浪费。它严重制约了我国国民经济发展的效益、质量与后劲。现在国家已采取措施加强职业技术教育和应用型人才的培养，就是要实现人才系统层次结构的整体优化，使其与经济发展需求相适应，以创造最佳的经济与社会发展效益。可见，系统结构的优化，就是系统效益的优化。

6. 开放与动态原则

任何系统都不是孤立存在的，它总是处在一定的环境中，与环境相互联系，进行物质、能量、信息的交换，这便是系统的开放性。系统的开放性是系统存在和发展的必要条件。系统开放性原则有重要的方法论意义。开放性原则是我国实施改革开放战略的哲学根据。一个国家，如果闭关锁国，拒绝吸收世界先进的物质文明、政治文明和精神文明成果，就谈不上经济的发展和社会的进步。

系统是动态的，系统内部各部分相互联系、相互作用，推动着系统的发生、发展和变化。这种变化主要表现在两个方面：一是系统内部诸要素的结构及其分布位置不是固定不变的，而是随时间不断变化的；二是系统都具有开放的性质，总是与周围环境进行物质、能量、信息的交换活动。动态性原则就是要探索系统的内外联系及系统发展变化的方向、趋势、活动的速度和方式，还要探索系统发展的动力、应用和规律。动态性原则强调系统开放性。

恩格斯提出在事物的发展中，平衡是相对的，不平衡是绝对的。列宁运用不平衡的思维发现了各国的政治经济的发展都是不平衡的，因而提出了社会主义革命可以在一国首先胜利，并在实践中取得了十月革命的伟大胜利。毛泽东用不平衡的思维研究半殖民地半封建的中国，发现多个帝国主义国家间接统治中国，使中国社会的政治经济发展也极不平衡，在各帝国主义操纵的军阀割据的白色政权之间留有统治薄弱的地区，这就在客观上给红色政权的建立和发展提供可能性。

7. 综合原则

当代一切重大的科学技术项目都是综合性的产物，都是综合利用各种不同门类的技术的结果。美国的阿波罗飞船，全部构件共有 300 多万个，调动了 2 万多家企业，120 所大学和实验室的 42 万余名研究人员，历经 11 年的艰苦工作，才把宇航员送到月球并返回地面。阿波罗登月总指挥韦伯谈到有关技术时说："阿波罗飞船中没有一项技术是新发明的，都是现成技术的运用，关键在于综合。"

那么，如何进行综合呢？

第一，需处处做有心人，这样才能找到综合的材料。

图 1.11　雅格布

在 20 世纪 30 年代，正当希特勒扩充军队，加紧准备发动第二次世界大战的关键时刻，英籍作家雅格布写的一本书出版了。在书中他详尽地介绍了希特勒军队各军区的情况。希特勒知道以后，暴跳如雷，立即命令将雅格布绑架到柏林。在审问中，雅格布说他的全部材料都是从德国公开的报纸上得来的。雅格布的回答使在场的德国人目瞪口呆、面面相觑。雅格布究竟是怎样从报纸上得到了希特勒的极其重要的军事秘密的呢？原来，他长期注意从德国报刊上搜集关于希特勒军事情况的报道，就连丧葬讣告和结婚启事之类的材料也不放过。日积月累，他把搜集的大量德军情报，做成卡片，然后认真综合，精心分析，做出判断，终于描绘出一幅德军组织状况的图画。而这幅图画竟然与真实情况基本相符，对此，德军头目怎能不惊恐万状。

雅格布的这一工作就是一种创造，一种创新。他的创造和创新之处就在于他把一些互不相同的材料综合在一起，创造出了新的东西——德军军事设置图。而他之所以能做到这点，就是因为他处处做有心人，处处留心德军军事情况的结果。所以，需进行综合创新，就应注意做有心人，这样才能收集到有关的综合材料。

第二，对收集到的材料，要精心研究，要集各家之长，吸取别人的长处。

如我国常州柴油机厂在赶超日本的基础上，不断地从国外引进最新样机，解剖研究其结构和性能。并与本厂产品逐项逐件进行对比，从而改进和提高，制造出了高质量的柴油机。现在，常州柴油机厂产品远销 64 个国家、地区，并在多次国际投标中夺冠，创汇率逐年增加。原来一直瞧不起该厂，以各种方式婉言谢绝该厂的日本泽马公司，也感到中国常

州柴油机厂不可轻视,并承认其产品的某些质量指标已超过日本同类产品。此后,日本泽马公司多次派员到常州柴油机厂寻求、商谈合作事宜,还主动邀请常州柴油发电机厂厂长访问该厂。如果不是常州柴油发电机厂能集各国之长,超过了日本,那日本的厂商决不会这样尊重常州柴油机厂的。由此说明,综合创新的威力是无穷的。

8. 目标一致性法则

系统目标一致包括要素与系统目标的整体一致。系统目标往往是按结构性指标分解给各要素的,各要素作为自成体的子系统,也会有自身的目的与利益要求。这时就需要小道理服从大道理,让要素目标服从系统目标。就社会系统而言,就是要局部服从整体,下位利益服从上位利益,实现全局一盘棋。所谓心往一处想、劲往一处使,就是以个体的目标利益服从群体的目标利益;所谓知识流、物质流、信息流,都往一处流,就是以局部的需求与利益服务于整体的需求与利益。这都是系统整体优化的表现。否则,一个系统内目标相违,各自为政,无序竞争,人员内讧,就会导致系统秩序混乱,绝无功能效益可言。就工程系统而言,就是要各构成要件的性质功能互相匹配,并和整体需求相统一。否则,要件与要件不相容、不配套,或要件输入输出功能与整体不匹配,整个工程系统就难以产生整体功能甚至可能导致系统崩溃。

下面这个故事说明系统目标不一致可能会使系统内所有生命丧命。有一个猎人,在湖沼旁边张网捕鸟。不久,很多大鸟飞往网中,猎人想收网时没想到鸟的力气很大,带着网一起飞走了。猎人只好跟在后面拼命地追赶。一个农夫看到了,笑话这个猎人:"好一个大傻瓜呀,鸟在天上飞,你在地上追,凭你这两条腿,怎么能追上会飞的鸟呀?"猎人坚定地说:"我一定能追上的,你根本不知道,如果说是一只鸟,可能追不上,但现在是有很多鸟在网子里,一定能追上的。"果然,到了黄昏,所有的鸟儿都想回到自己的家,有的想回森林,有的想回湖边,有的想回巢……是那一群鸟最终跟着网子一起落在地上,被猎人抓获。

系统目标一致也包括系统目标的前后一致,即系统目标确定后,要贯彻始终,不能随意变动,以致"脚踩西瓜皮,滑到哪里是哪里"。如第二次世界大战时期,英国作为盟国的欧洲堡垒,战略物资几近枯竭,不得不依靠庞大的船队从美国运来战略物资以支撑战局,但商船却遭遇德国飞机肆无忌惮的轰炸而损失惨重。为此,英国商船便安装大炮以增强防卫能力。当时有人提出异议,认为商船装上大炮花钱很多但击落敌机很少,不划算。后来发现这是目标搞错了。这种观点不自觉地将防空自卫的护航目标变成了打击飞机的战斗目标;把商船的运输任务变成了战舰的攻击任务。实际上,战争最终还是"打后勤、打装备、打国力"。商船上的大炮尽管打不下多少飞机,但可威慑敌机使其不敢低飞轰炸,有效保护了船队,保护了战略物资供应的生命线,也即保证了战争的最后胜利。这是从根本上符合战争总目标的。相比之下,打下多少飞机就显得无关紧要了。

9. 优化性原则

系统整体要实现耗散最小而效果最高、收益最大的目标,就需要对系统进行优化。

系统形成的过程实际上是差异整合的过程。差异的事物能够整合在一起,它们之间必须有同一性、需要相互支持、优势互补,这是整合的前提和基础。最优化原则是在一定条件下，改进系统的结构、功能和组织，以促使系统目标实现。

我们无论做什么事情，必须选择最佳方法，以达到最优化的目的。过去，水稻收割和打场是分段作业。能不能实现一条龙的流水作业，直接从水稻变成雪白的大米呢？这是一个系统工程，也是一个复杂的过程。东北农业大学的农学家们，经过反复研究，终于发明了"割前脱粒水稻收获机器系统"。这种系统可以化繁为简，田地里的水稻，经此类收割机"过滤"，稻谷就变成了雪白的米粒。有关专家认为，这种割前脱粒收割机收割水稻和传统型联合收割机相比具有最优化的指标，具体表现为步骤少、损失小、破碎率低、成本低。

现代系统思维方法是建立在系统科学基础上的一系列以数学处理为主的方法，包括系统分析、系统辨识和系统工程等。由于电子计算机的发展，现代系统方法可以精确地分析处理系统的各种要素，准确、及时、全面地管理控制更大、更复杂的系统。因此，系统思维方法无论是在重大的工程技术上还是在大型科学研究中，都有着广泛的应用。

总之，人类已经进入系统时代。自20世纪40年代以来，运用系统思维方法作为一种方法论，已在解决许多复杂的大型系统工程中发挥了重要的作用。面对着大科学、大经济时代，认识和掌握系统思维方法，培养和发展系统思维能力，对于创建成功的事业有着不可估量的作用。

从系统思维的特征可以看出，运用系统思维时要注意下列两个问题：

(1) 在思考问题时，要将可能的几种情况和方法，作为一个整体系统来考虑。

(2) 在进行系统思考时，不仅要将思考的各要素作为整体来思考，而且要将系统内的各要素进行最优化的组合。

1.2 新能源汽车概述

1.2.1 新能源汽车概念

2009年6月17日，工业和信息化部(工产业[2009]第44号)公告发布了《新能源汽车生产企业及产品准入管理规则》，对新能源汽车作如下定义：

(1) 新能源汽车是指采用非常规的车用燃料作为动力来源(或使用常规的车用燃料、采用新型车载动力装置)，综合车辆的动力控制和驱动方面的先进技术，形成的技术原理先进、具有新技术、新结构的汽车。

(2) 新能源汽车包括有：混合动力汽车(HEV)、纯电动汽车(BEV，包括太阳能汽车)、燃料电池汽车(FCEV)、氢发动机汽车以及燃气汽车、醇醚汽车等。

根据以上定义，新能源汽车应该具有三个特征：第一是技术原理先进、具有新技术、新结构的汽车；第二是综合了车辆的动力控制和动控方面的先进技术：第三是采用非常规车用燃料作为动力来源，或者使用常规的车用燃料。但是采用了新型车动力装置必须同时具备这三个特征才可以称为新能源汽车。中国新能源汽车产业始于21世纪初。2001年，新能源汽车研究项目被列入国家"十五"期间的"863"重大科技课题，并规划了以汽油车为起点，向氢动力车目标挺进的战略。“十一五”以来，我国提出“节能和新能源汽车”战略，政府高度关注新能源汽车的研发和产业化。

新能源汽车和清洁能源汽车不同。清洁能源是指在生产和使用过程中不产生有害物质排放的能源。清洁能源包括可再生能源(消耗后可得到恢复补充，不产生或极少产生污染物，如海洋能、太阳能、风能、生物能、水能、地热能、氢能等)和非可再生能源(包括使用低污染的化石能源如天然气等和利用清洁能源技术处理过的化石能源，如洁净煤、洁净油等)。因此，采用清洁能源作为动力源的汽车不一定就是新能源汽车。

1.2.2 新能源汽车分类

《新能源汽车生产企业及产品准入管理规则》对新能源汽车也作了分类。明确了混合动力汽车、纯电动汽车、燃料电池电动汽车(FCEV)、氢发动机汽车、其他新能源汽车作为五个重要的类型存在。该管理规则对新能源汽车的定义是开放性的，符合三个特征的汽车都是新能源汽车。所以，新能源汽车的分类都是相对的，不可能有一个非常严谨的分类结果。本书中为了便于教学，根据能源获取的原理不同，将新能源汽车分为纯电动汽车、混合动力电动汽车、太阳能电动汽车、燃料电池电动汽车、气体燃料汽车、生物燃料汽车等六类。

新能源汽车和电动汽车的关系：电动汽车是指以车载电源或其他能源为动力，用电动机动车轮行驶，符合道路交通安全法规各项要求的车辆。电动汽车的关键特征是车轮全部或部分由电动机驱动。尽管新能源汽车和电动汽车的定义不同，由于绝大多数新能源汽车都是通过电动机驱动车轮的，所以，电动汽车涵盖了大部分新能源汽车的类型，以至于在一些资料中将新能源汽车和电动汽车画上了等号。但是，电动汽车只是新能源汽车的几个类型，新能源汽车所包含的范畴一定大于电动汽车。本书主要讨论电动汽车，无特指情况下，本书中的新能源汽车主要是指电动汽车。

1.2.3 新能源汽车的发展历史

从新能源汽车的定义上看，电动汽车是新能源汽车的一种。新能源汽车的种类从最初的纯电动汽车发展到今天多种类型的新能源汽车经历了漫长的过程，在世界汽车发展史上，电动汽车的发明比内燃机汽车还要早。因此，新能源汽车也是最古老的汽车之一。新能源汽车的发展经历了以下几个主要阶段：

1. 1830—1850年——电动汽车的崛起

电动汽车的历史并不比内燃机汽车短，甚至比奥托循环发动机(柴油机)和奔驰发动机(汽油机)还要早，苏格兰商人罗伯特·安德森在1832—1839年(准确时间不明)研发出了电动车。

早在1835年，由荷兰的Si BrandusStratingh教授设计了第一款小型电动车(图1.12)，他的助手克里斯托弗贝克则负责制造。但更具实用价

图1.12 早期的电动汽车

值、更成功的电动车是由美国人托马斯达文波特和苏格兰人罗伯特·戴维森在1842年研制的，他们首次使用的是不可充电电池。

2. 1860—1920年——电动汽车的发展

随着美、法两国的商家在储油性能、容量等技术方面的突破，1881年，法国发明家Gustave Trouve在巴黎举行的国际电力博览会上演示了三轮电动车。1884年，托马斯·帕克将电动车实现量产。1897年，美国费城电车公司研制的纽约电动出租车实现了电动车的商用化。20世纪初，安东尼电气、贝克、底特律电气(安德森电动车公司)、爱迪生、Studebaker和其他公司相继推出电动汽车，电动车的销量全面超越汽油动力汽车，电动车也逐渐成为上流社会喜欢的城市用车。在早期的汽车消费市场上，电动车比内燃机驱动的车辆有着更多优势：无气味、无振荡、无噪声、不用换挡和价格低廉等。因此，电动汽车在当时的汽车发展中占据着重要位置。据统计，到1890年在全世界4 200辆汽车中，有38%为电动汽车，40%为蒸汽车，22%为内燃机汽车。

3. 1920年—20世纪末——电动汽车的停滞期

随着美国得克萨斯州石油的开发和内燃机技术的提高，电动车在1920年之后渐渐地失去了优势。汽车市场逐步被内燃机驱动的汽车所取代。只有在少数城市保留着很少的有轨电车和无轨电车，以及很有限的电瓶车(使用铅酸电池组，用于高尔夫球场、铲车等领域)。电动汽车的发展从此停滞了大半个世纪。随着全球石油资源的开发和利用，以及内燃机驱动汽车的技术不断成熟，人们几乎忘记还有电动汽车的存在，而运用在电动汽车上的技术(如电驱动、电池材料、动力电池组、电池管理等)也处于停滞状态。

4. 20世纪末—今天——电动汽车的复苏及创新期

随着全球石油资源的日益减少、大气环境的严重污染，人们重新认识到电动汽车的重要性。1990年之前，提倡使用电动汽车主要还是以民间为主，如1969年建立的民间学术团体组织——世界电动汽车协会(World Electric Vehicle Association)。到了20世纪90年代，各个主要的汽车生产商开始关注电动汽车的未来发展，并且开始在电动汽车领域投入资金和技术。新能源汽车的概念也应运而生，类型也得到了丰富。在1990年1月的洛杉矶汽车展上，通用汽车的总裁向全球推介Impact纯电动轿车；1992年福特汽车使用钙硫电池的Costar；1996年丰田汽车的RAV41LEV，法国雷诺汽车的Clio；1997年丰田的Prus混合动力轿车相继下线，日产汽车推出了世界上第一辆使用锂离子电池的电动车Prairie Joy EV；1998年本田汽车开始发布、销售混合动力汽车Insight。

与以往的电动车生产厂家所不同，新成立的Tesa汽车公司完全生产纯电动车。2006年推出的Roadster跑车0—60英里加速只要3.9 s，每次充电可行驶400 km。

在2008年北京奥运会期间，中国京华客车厂生产的纯电动公交车进行了一定规模的实际运行。最重要的是，它采用充换电站模式。这一模式展示了未来充换电站逐步取代加油站的趋势。

从21世纪初开始，我国自主品牌汽车企业的新能源汽车的研发和生产也进入了一个蓬勃发展的阶段。国内汽车企业纷纷涉足新能源汽车市场，参与新能源汽车的示范运行。比亚迪、奇瑞、东风、长安、上海汽车、一汽集团等是主要的参与者，目前已经成功研发多款轿车、客车及客车底盘。

比亚迪作为中国自主品牌汽车企业的代表，坚持自主创新，致力于新能源汽车技术的研发和生产，并凭借其在电池和制造业领域所积累的经验和优势，迅速成为国内新能源汽车领域最突出的后起之秀，从事大容量、高性能的电池产品的研发和生产，研发出铁动力电池(ET-Power)，2008年3月推出了双模电动车型F3DM混合动力轿车，纯电动续驶里程达到60 km。2010年9月，首款纯电动客车K9下线，一次充电续驶里程达到300 km。2011年10月，首款纯电动轿车E6先行者上市，一次充电续驶里程达到300 km。2013年12月17日，比亚迪秦正式上市，搭载了双动力双模技术，将大功率驱动电动机与15TID节能动力总成相结合，在混合动力模式下能输出217 W的总功率和47 N·m的总扭矩，0—100 km/h加速时间仅为5.9 s，最高时速可达185 km/h，百公里油耗仅为1.6 L。作为一款插电式混合动力汽车，220 V家用电源即可充电，纯电动续驶里程达到70 km。

1.2.4 新能源汽车发展意义与前景

1. 新能源汽车可使中国实现从汽车大国到汽车强国的转变

虽然当前世界各主要发达国家和有关汽车公司均在加紧研发新能源汽车技术并取得了长足进展，但总体而言，中国仍基本上与之处在同一个起跑线上，差距不过只有3—5年，并不像传统内燃机技术一样存在20年的巨大差距。在商用化和产业化方面更是如此，某些方面还有一定优势。

2. 新能源汽车可继续开辟中国的汽车市场

中国的汽车产业刚刚发展起来，汽车普及率低，因而在汽车动力系统发展战略选择上有更大的自由度，在新能源汽车研发和产业化方面具有比较优势，推广应用新能源汽车的阻力也会小得多。

2014北京国际车展拉开帷幕，全球首发车高达118辆，刷新历届北京车展。其中，新能源首发车多达79辆，占近七成，成为本届车展最大亮点之一。中外车企在本届车展上同台竞技展出新能源汽车最新研发成果，中国品牌车企更是高调宣布其新能源汽车战略，既显现出中外车企未来的发展重点，也表明了中国新能源汽车良好的市场愿景。

本届北京车展上全球首发了5款自主品牌新能源汽车，包括比亚迪唐、纯电腾势、江淮iEV5电动车、帝豪CROSS插电式混合动力概念车和帝豪EC7油电混动车型。比如，比亚迪唐定位是插电式混合动力的SUV，百公里加速只要4.9秒。比亚迪与戴姆勒公司联手打造的第一款纯电动车DENZA腾势也在本届车展上全球首发，并且当年有望上市销售，该款车已进入《北京市示范应用新能源小客车生产企业及产品目录》。江淮iEv5电动车是国内首款完全正向开发的小型5座纯电动轿车，计划年内上市，上市后月销售目标为两千台。

在车展上，一汽等中国品牌车企高调发布了新能源汽车的发展战略，凸显了未来发展的重心和在国内占据新能源汽车市场先机的决心。虽然在北京车展展出的新能源汽车很多还只是概念车，尚未走下展台进入市场，同时，新能源汽车在电池续驶能力和充电桩等配套设施建设等方面还不太完善，但该届车展新能源汽车全球首发规模之大在很大程度上表明，中外车企看好中国新能源汽车的潜在市场。

近年来，国家和地方层面都明确鼓励和扶持新能源汽车的推广使用。2014 年的政府工作报告再次明确提出“推广新能源汽车”，坚持发展新能源汽车的国家战略不变，以纯电驱动为新能源汽车发展和汽车工业转型的主要战略取向不变，规划确定的发展目标不变，政府扶持的政策取向不变等“四个不变”。为了加快推广新能源汽车，多地政府在购车补贴、充电桩建设、新车上牌等方面出台了相关规定。为深入贯彻落实国家《大气污染防治行动计划》和《北京市 2013—2017 年清洁空气行动计划》，切实做好电动汽车推广应用工作，努力实现北京市大气污染防治目标；北京市政府制定《北京市电动汽车推广应用行动计划(2014—2017 年)》，公布了《北京市示范应用新能源小客车生产及产品目录》，共纳入 6 家企业和 7 款产品。上海市也已发布了 7 批共 10 款新能源示范车型。纳入目录的车型，不仅可以享受国家和地方的双重补贴，还可在摇号、上牌等方面享受优惠，如北京专门预留了指标用于新能源汽车摇号，上海则可免费享有沪牌。基础设施方面，多地政府明确表明要加快充电设施的布局。比如，北京将完成 1 000 个公用快充桩布局建设，覆盖中心城区和近郊。国家电网方面也明确表示，允许社会资本投资建设充换电设施。

2010 年 5 月 26 日，国家财政部发布文件《“节能产品惠民工程”节能汽车(1.6 升及以下乘用车)推广实施细则》，旨在推动汽车节能减排工作的进一步推广(图 1.13)。

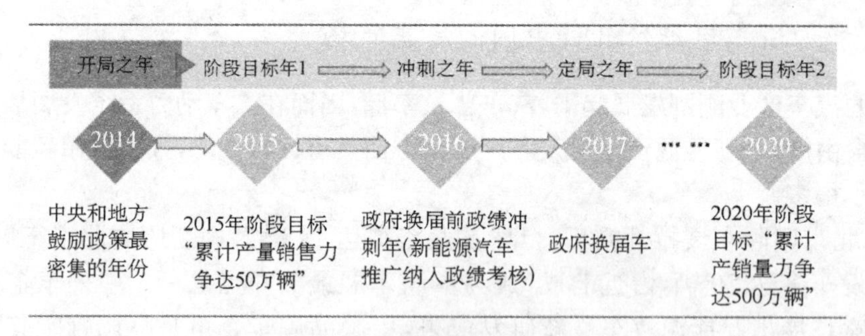

图 1.13　新能源汽车时间表

2012 年，财政部、国家税务总局、工业和信息化部联合下发文件，明确自 2012 年 1 月 1 日起，对节约能源的车船减半征收车船税；对使用新能源的车船免征车船税。

2014 年各有关部门还发布了《关于支持沈阳长春等城市或区域开展新能源汽车推广应用工作的通知》《关于免征新能源汽车车辆购置税的公告》等共 16 项政策，可以说 2014 年新能源汽车“利好不断”，让人有些目不暇接，并且直接影响了新能源汽车市场，截止到 11 月份新能源汽车生产 5.67 万辆，同比增长 5 倍(表 1.1)。

表 1.1　政策重点鼓励充电基础设施的建设

发布时间	政策名称	相关内容
2014 年 11 月	关于新能源汽车充电设施建设奖励的通知	给予充电设施建设奖励，奖励金额与新能源汽车推广数量挂钩，以加快新能源汽车充电设施建设
2015 年 8 月	配电网建设改造行动计划(2015—2020 年)	2020 年满足 1.2 万座充换电站、480 万充电桩接入需求，为 500 万辆电动汽车提供充换电服务
预计近期	电动汽车充电设施发展规划(2015—2020 年)	预计计划到 2020 年计划发展充换电站 1.2 万个，建设充电桩 450 万个
	充电基础设施建设指导意见	预计将按照充电设施建设的投资金额给予一定比例的补贴

2015 年 4 月，财政部、科技部、工业和信息化部和发展改革委联合公布了 2016—2020 年新能源汽车的补贴办法。2015 年被看成是新能源汽车"进入寻常百姓家"的关键年，也是新能源汽车发展最关键的一年，而各地补贴政策的落地对新能源汽车的发展尤为关键。根据不完全统计，截至目前，地方已经出台新能源汽车配套政策 130 项。

2019 年工信部发布《新能源汽车产业发展规划(2021—2035 年)》，提出我国新能源汽车渗透率在 2025 年将达 25%。2020 年 1 月 7 日，特斯拉上海工厂第一批国产 Model 3 新能源汽车正式交付费用。

1.3　创新创业概述

1.3.1　创业的定义

创业是什么?《孟子，梁惠王下》云:"君子创业垂统，为可继也。"现代创业教育之父杰弗里 · A.蒂蒙斯(Jeffry A. Timmons)认为:创业是一种思考、推理和行为方式，这种方式是机会驱动、注重方法与领导相平衡。著名的《全球创业观察(Globe Entrepreneurship Monitor)》更是将创业概哲为"依靠个人、团队或一个现有企业，来建立一个新事业，例如自我就业、一个新的业务组织或一个现有企业的扩张"。创业就是用创业精神，创造你的未来。

在以全球化和技术进步加速为特征的超竞争格局中，越来越缺乏具有创新意识和创业精神的创业式人才来发现机会并开拓新事业，包括但不限于:自主创立企业、在创业企业中工作、为大公司寻求创新发展机会，从事风险投资、银行投资、企业困境重组，甚至从事顾问和社会福利事业等。

对创业式人才的需求，是一种世界性趋势，更是中国发展的必然趋势。中国目前已经是世界第二大经济体，正处在从管理型经济体向创业型经济体的转型阶段。管理型经济体是以资本、劳力、资源为支撑的，这种传统经济发展模式不可持续，所依靠的要素投入驱动已超出了能源资源和环境的承载能力;而创业型经济体的本质是创新，其核心在于超越既有资源限制而追逐机会。创新与创业精神围绕主导技术形成新技术系统、新企业族群和新兴产业集群，构成了特定时期经济增长的技术基础并决定了经济增长的方式。

在社会转型中，社会经济生态也将从“打工经济”向“老板经济”转型。美国处于世界经济创新的领头地位，从20世纪60年代开始，美国新的就业机会中的2/3和经济领域中超过2/3的技术创新是由小型创业企业创造的。创业改变了美国国民经济的构成和产业增长的模式，小型创业企业已成为美国经济成长的重要推动者，也从根本上改变了整个产业，改变了美国的经济和社会结构。当代美国95%的财富是由创业的一代在1980年以后创造的，创业是美国经济增长的秘密武器，美国经济的活力来源于创新创业。

1.3.2 创新引擎

在经济增长方面，联合国经济合作发展组织(OECD)曾估计，在其成员国中，知识型产业(创新产业)创造了超过50%的国内生产总值(OECD，1996)。20世纪80年代，在各主要发达国家经济普遍不景气的情况下，以计算机和现代通信技术为主要内容的高新技术产业依然取得了10%以上的年增长率(OECD，1996)。发达国家的经济增长越来越依靠高新技术产业，高新技术产业已成为经济增长的引擎。近20年来，高新技术产业在发达国家的出口工业和增值工业中所占的比重几乎翻了一番，达到25%；通信、信息和教育等高科技服务行业的出口增长幅度则更大。美国经济中有2/3左右的国民生产总值与电子技术有关。

全球经济“超竞争”格局体现在两个方面，一是技术进步加速，二是技术全球扩散加速。在“超竞争”格局下，经济持续增长依靠的是经济的竞争力。现代经济发展理论突出了经济竞争力中的创新要素，并赋予创新以全新的经济价值。这种由经济创新所创造的经济价值可概括为创新经济。

经济结构中创新经济增长体现在三个方面：新兴产业、中小创新性企业群体和技术全球化扩散。这三者正是创新经济引擎的核心要素。

当前世界经济发展最显著的特点是，在经济周期的波动中，大型企业总是显得笨重和缓慢；与此相反，中小企业在经济波动中却显露出良好的机动性和创新性。技术创新日趋活跃，新的产业和企业不断出现，产品的升级换代加速。以新技术为基础的新兴产业群逐渐成为决定一国经济发展的最重要力量，历史见证了以中小企业创新为发源地的信息网络、生物医药等产业的兴起，中小企业也因此被认为是培育经济竞争力的重要载体，也成为国家竞争力的重要基础。近二十年来，美国出现了驰骋全球的世界顶尖级大公司如微软、Yahoo、苹果等，这些从创新型小企业起步的超级跨国企业成为国家新兴产业全球竞争力的代表。

1.3.3 营销策略

1. 市场营销概念

到目前为止，对于市场营销的定义并没有一个统一规定，但较有权威性的定义包括两种。

第一种是在2004年，美国市场营销协会对其做的表述：市场营销既是一种组织职能，也是为了组织自身及利益相关者的利益而创造、传播、传递客户价值，管理客户关系的一系列过程。

第二种是美国营销专家菲利普·科特勒教授在《营销学管理》(第11版)中所下的定义：营销是个人和集体通过所需所欲之物的一种社会过程。

2. 市场营销策略的意义

随着市场经济飞速发展和市场竞争日趋激烈，市场营销策略越来越受各国企业的重视。市场营销策略不仅仅对企业的生存和发展起到至关重要的作用，而且也深深影响着我们的生活。在如今的市场经济社会，各个企业将市场营销作为发展战略的一部分，营销策略工作的成败决定企业的生死存亡。因此，市场营销工作受到每一个企业的高度重视，尤其是国有企业及大企业。

3. 营销策略的影响因素

(1) 市场机会分析及选择目标市场

现有的商品市场经济竞争日益激烈，企业必须对市场结构有着透彻的了解，细分消费者，调查竞争者的市场定位，瞄准市场机会。目标市场的选择是企业营销战略性的策略，是市场营销研究的重要内容。对市场进行细致的了解后，才能选择企业目标市场，而不至于毫无目的地杀入市场，被市场淘汰。

(2) 环境因素

市场营销环境包含宏观和微观环境。宏观营销环境是间接影响和制约企业营销活动的社会性力量和因素。对宏观营销环境进行分析，能够正确熟悉外部环境，企业才能通过营销策略，改变社会环境，适应其变化。微观营销环境因素存在于企业周围，对企业有着密切的影响。例如，供应商的出场价格以及其资源数量；竞争对手的产品优势、企业各部门的分工、执行与反馈、监督保证关系到企业的营销活动的成败。

(3) 营销活动管理

企业制定营销策略关系到企业的发展，因此，既要分析企业的外部环境因素，也要组合营销策略。对营销活动进行精确管理，才能保障企业营销策略顺利实施。对营销活动进行管理，那么就需要一个市场营销组织进行管理和执行，由其筛选营销组织人员，并对成员进行培训和评估等一系列管理活动。在营销策略实施时，更要制定营销活动规定，保证市场营销策略的实施。

4. 营销策略中的营销方法

在产品和服务营销策略中可以采取很多种方法来进行营销，包括我们常见的利用广告效应来直接进行响应，采用一系列的推销促销活动来进行销售或是采取宣传的方式来推出我们的产品或服务。但是在实施这些方式的前提下是必须要了解顾客、市场和产业之间的需求关系以及所存在竞争的优势与劣势，不然采取这些方法是很难取得成功的。营销策略可以帮助一个产品或服务取得市场的焦点并在市场中具有竞争优势。营销策略中另一个可行的方法就是先确定目标市场。并在最短的时间利用最佳的方式使得自己的产品与服务在这个市场中占据一席之地。另外一个可行的销售方法能否成功取决于几个关键的因素：首先，与这个领域中其他的战略一样，一个成功的营销方案需要得到组织内最高层的认证。同时营销方案在本质上也具有一定的政治色彩，在一些大型企业中可能会通过此协议或是谈判才能确定一个可行的营销方法。另外，营销策略也可能会受到组织文化色彩的影响。

5. 营销策略的途径分析

(1) 产品策略

产品策略主要是指企业用有形和无形产品投放目标市场，以满足消费者需求的意愿来实现其营销目标。产品策略注重产品的质量、品种、式样、规格、品牌、特色、包装和商标等，把产品的功能需求放在首位，开发产品的功能，要求产品具其独特的卖点，以及与产品相关的服务等可控的因素组合和运用。

(2) 定价策略

在目前的市场营销发展中，虽然此非价格的影响因素表现得越来越明显，但是，价格因素仍然是客户考虑的重点，对客户购买与否起着重要的作用。对产品而言，价格因素对销售、利润等各方面都有着影响，涉及生产者、经营者和消费者各方面的利益。定价策略关注产品的基本价格、折扣价格、付款期限、商业信用等，并注重产品的定价方法和定价技巧等可控因素的组合和运用。

(3) 渠道策略分析

对于生产者而言，对产品进行销售的渠道主要是通过一些中间的营销机构进行完成的，而负责产品营销的中间机构主要是通过不同的营销渠道与客户购买达成之后获得产品。

(4) 促销策略

促销活动在不同行业都存在，主要是企业通过特定的方式维护老客户以及发现新客户的活动，通过一些产品信息的传播让客户更好地了解产品，激发客户的购买欲望。

企业要实现制定的目标，营销策略必不可少。策略的制定一定还要考虑客户的需求、分析市场机会、了解自身优势以及劣势、预测可能出现的问题等因素，最终制定出市场营销策略，作为指导企业将既定战略向市场转化的方向和准则。

1.3.4 商业模式

无数企业家、学者、机构都在孜孜以求地寻找独特的，可以让企业产生魔法式变化的商业模式。

在现实商业世界中有一种很有意思的情况，我们看到的许多关于商业模式的讨论和研究其实都是过去式的讨论，即：我们通过某些成功企业的案例来对其商业模式进行研究和梳理，找到其中的过人之处。这是商学院最喜欢做的事情。这种现象，有点像大众对“成功者”的评价。有人戏谑道：“没有成功，再好的战略都是废话；成功了，废话也是一种战略。”我觉得这句话在某种程度上反映了现实。也许就在当下，某些课堂、论坛、研讨会上，有人正在剖析亚马逊、谷歌、阿里巴巴的商业模式，台上人展示着“我比其他人更了解这家公司的成功秘诀"的姿态，台下的人则频频点头，露出向往和羡慕的神情，并自认为学到了一些东西。

但是，这其实只是一种错觉，你不会有太大的收获。这个地球上很难产生第二个亚马逊。每天都有无数人去阿里巴巴学习(这似乎已经变成 个旅游项日了)，回到自己的公司还是照老样子过。这不是因为阿里巴巴的模式没有价值，而是商业模式有点像一个人的性格，有些东西你可以学，有些东西你想学也学不来。

1. 商业模式的设计

一个商业模式诞生后，它就成为了这家企业所独占的东西，就像企业的DNA和血液。其他企业是很难模仿这种模式去创造另外一家拥有相同能力的企业的。对企业来说，商业模式是一个过程，而不是一个静态的东西。我们设计商业模式，不是在获取一个灵光一现的启发，而是根据企业自身的情况，去建立一套属于自己的系统。一棵树很容易栽，但想要获得一片森林却非常困难，而商业模式不是那一棵树，正是用时间浇灌出来的森林。对任何一家企业来说，商业模式的设计和学习就像绘画，你可以通过临摹来练习，但你最终要学会自己去创造，在一张白纸上勾勒你自己的蓝图。绘画有方法和基本功，商业模式设计也有一定的方法。战略咨询机构都有自己标志性的商业模式设计方法和模型，如麦肯锡的7S、BCG的价值三层面以及IBM的CMB(图1.14)。

图1.14 麦肯锡的7S、BCG的价值三层面以及IBM的CMB

(1) 麦肯锡的7S模型：在企业的战略和商业模式设计过程中，要考虑包括结构(Structure)、制度(System)、风格(Style)、员工(Staff)、技能(Skill)、战略(Strategy)、共同的价值观(Shared Values)在内的七个方面。这七个方面协调共生，共同构成了一家企业的商业模式。

(2) BCG的价值三层面：BCG把商业模式分成了价值定位和价值传导两个大的层面，每个层面又包括三个小的具体的模块，需要分别设计和规划。

(3) IBM的CMB：CMB把一家企业所有的业务都从价值链的角度分成许多细小的模块，在每一个细小的模块去发现商业模式设计的价值点和提升点。这是21世纪初流行起来的一种新的商业模式设计方法。

以上三种工具和方法针对的都是成熟企业或者大企业，而创业企业的情况显然有所不同，所以我们需要一种专门面向创业企业的商业模式设计工具。不过，在介绍工具之前，我们还是先简单了解一下初创企业和成熟企业的差异。

2. 初创企业和成熟企业商业模式设计方法的差异

处于不同阶段的企业,在设计商业模式的时候有着不同的侧重点。正如下面的矩阵(图 1.15)所描述的,对企业来说,这是商业模式的创新和选择。

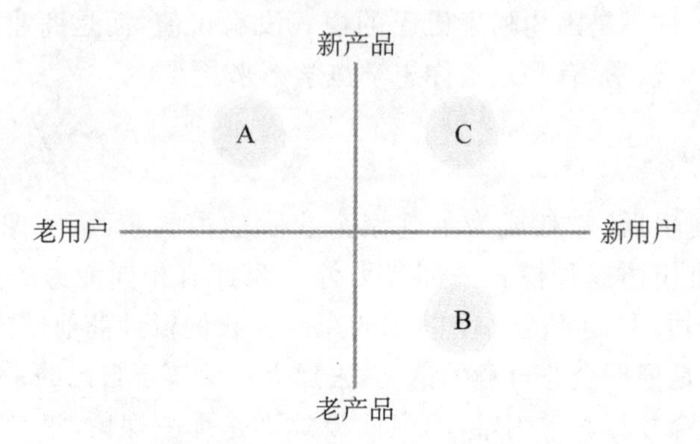

图 1.15 商业模式的创新和选择

(1) 选择 A——老用户-新产品

老用户-新产品是针对现有客户开发出新的产品,不断优化产品的功能。苹果的 iPhone 就是一个很好的例子,从风靡全球的 iPhone 4 一直到今天的 iPhone X。从产品和商业模式的角度来看,选择 A 就是要不断挖掘客户的潜在需求,满足这些需求,并在客户服务和定价方面做出创新和变化。另外一个例子是电信公司,它们常常针对已有客户推出不同的服务组合(也就是我们熟知的"套餐"),以此维系客户。

(2) 选择 B——新用户-老产品

新用户-老产品是企业进入新的市场空间,或者不同的地域——从原来的一线城市进入二线、三线城市,或者基于人群的社会属性(如年龄、职业、性别等)进行延伸——从原来服务与 70 后、80 后的用户转向服务于 90 后、00 后的用户。这里涉及的商业模式创新主要在价值传递方面,即如何用更深入、精准的渠道,将产品的信息传导到新用户群体中。

(3) 选择 C——新用户-新产品

新用户-新产品这个选择对一家成熟企业来说,就是开辟一个新项目,对创业者来说,就是创建一家新公司,即在以前没有客户和产品的基础上开展业务。

这种选择与前面两种选择的差异在于:在前面两种选择中,至少有一个因素是确定的,或者是用户,或者是产品,这个业务已经被市场验证过了。而在第三种选择中,两个因素都是变量,都是不确定的,企业面对的是一个全新的领域。对新创企业来说,要解决几个问题:

第一个重要问题就是产品-市场匹配(Product Market Fit,PMF),即创业者要在早期找到产品和市场的契合点,这包括几层含义:

① 用户的需求是真实的需求,还是伪需求;

② 你的产品或者服务是否是客户真实需要的,是否能真正带来价值;

③ 你是否能从客户那里获得收益(这里的收益不一定指货币收益,客户在你的产品上所花的时间成本也是一种收益,如微信)。

这是创业者在思考创业项目时要考虑的首要问题，它也是商业模式的基础。

我们来看看CB Insights的统计数据。CB insights是硅谷最知名的独立智库，他们对千余家初创企业失败的原因进行分析后发现，导致失败的首要因素是“市场需求不存在”(No Market Need)。对创业者来说，恐怕没有比这更悲惨的事情了，你辛辛苦苦投入大量时间和资金开发出来的产品，却根本没有人想要。

初创企业在考虑自己的商业模式时，第一个要考虑的问题就是产品—市场匹配。这是其他所有问题的基础，如果这一步有问题，就如同把城堡建在了沙丘上，迟早会轰然倒塌。

第二个问题是找到你的独特定位。因为你是一家新公司，人们对你没有任何认知。人们在很多领域的认知都已经被成熟公司宣传的东西所占据。你要找到一个垂直、细小的领域，在这个领域内占据人们的认知。

第三个问题是设立护城河和门槛。你发现了一个新的有价值的领域，恭喜你——不过别高兴得太早。一旦你进入这个领域，随后马上就会有大量的同类公司汹涌而来，它们都将成为你的竞争对手。早期的团购市场，眼下的共享单车市场都是这种情况。如果创业企业能在早期思考和建立起自己的护城河或者门槛，将来面对模仿者或者竞争对手的时候就会从容很多，甚至立于不败之地。当然，在今天的创业市场中，资金也是一种护城河。

综上所述，初创公司和成熟公司在设计商业模式时侧重点是不同的。下面我会详细介绍一个非常适合初创企业使用的商业模式设计工具——精益画布。

3. 创业公司设计商业模式的最佳工具——精益画布(Lean Canvas)

精益画布的发明者叫阿什·莫瑞亚(Ash Maurya)，他是美国的一位连续创业者，也是“精益创业”运动的旗手。他在自己的第一本书《精益创业实战》(Scaling Lean)中详细介绍了这个工具。精益画布只有一页纸，但非常实用。对创业公司来说，它既是对商业模式的描绘和提炼，也是一个非常简洁的商业计划书，还可以指引公司发展方向和路径的战略规划。

“精益画布”的模块构成一共分为九格。图1.16中，每个格子的大小是不同的，这是发明者阿什·莫瑞亚(Ash Maurya)刻意设计成如此以彰显其独特的设计理念。

<table>
<tr>
<td rowspan="2">问题
判处你的客户群面临的三个重要问题

现有的备选方案
判处这些问题现在是如何被解决的</td>
<td>解决方案
列出每个问题潜在的解决方案</td>
<td rowspan="2">独特的价值主张
清楚引人注目的信息，能够将无意的访客转换成感兴趣的客户

高层次概念
相当于×××的×××(列，Youtube相当于视频领域中的Flickr)</td>
<td>门槛优势
不容易被竞争对手复制</td>
<td rowspan="2">客户群细分
列出目标表客户和用户群

早期客户
列出早期理想客户的特征</td>
</tr>
<tr>
<td>关键指标
列出衡量商业模式的关键指标</td>
<td>渠道
列出获取客户的方式</td>
</tr>
<tr>
<td colspan="2">成本分析
理出固定成本和可变成本</td>
<td colspan="3">收入分析
列出收入来源</td>
</tr>
</table>

图1.16　精益画布

这九个格子分别是：① 问题；② 客户群体细分；③ 独特的价值主张；④ 解决方案；⑤ 渠道；⑥ 收入分析；⑦ 成本分析；⑧ 关键指标；⑨ 门槛优势。

我们制作画布的时候，最好也按照上面这个顺序进行填写。

用精益画布设计商业模式的具体步骤非常清楚，因此使用方法也极其简单：你只需要一个一个地填写所有格子，所有格子填好了，一张精益画布也就完成了。下面具体介绍每个格子应该怎么填写。

(1) 问题和客户群体问题

客户群体的匹配通常是整个画布的核心，最好一次性解决它们。

① 列出1—3个最重要的问题。针对每个目标客户群体，阐述他们最需要解决的1—3个问题。

② 列出现有的备选解决方案。除非你想解决的问题是从来没有人涉及过的(其实不太可能)，否则大部分问题都有现成的解决方案。

③ 找出其他的用户角色。找出其他可能会和目标客户进行互动的用户角色。例如：在博客平台上，客户是博客作者，而用户是读者；在搜索引擎上，客户是广告商，而用户是搜索者。

④ 锁定早期用户。在思考前面几个问题的同时，要尽量细分目标客户群体，并进一步细化典型用户的各种特征。你的目标是找出典型的早期用户，而不是主流客户。

(2) 独特的价值主张

独特的价值主张位于精益画布正中间，这是画布中最重要的部分，也是最难写对的一部分。下面是一些设计独特卖点的小技巧。

① 要与众不同，还要有独到之处找出你的产品的不同之处，最好的办法就是直接从你要解决的头号问题出发。如果这个问题确实值得解决，那你就已经成功一大半了。

② 针对早期用户来做设计，你现在还没到针对主要人群做设计的阶段。现阶段的首要任务是找出那些可能成为早期用户的人群，然后针对他们来做设计。

③ 专注最终成效，强调产品带来的好处，而非产品有什么功能。这里有一个很有意思的公式：直白清晰的头条＝客户想要的结果＋限定的时间期限＋做不到怎么办。下面是某比萨店的宣传语，完全符合上述公式："新鲜出炉的比萨30分钟之内送货上门，否则分文不收。"你也可以试试这个公式。

④ 认真选择词汇，并经常使用我们可以看看那些世界级豪华汽车品牌是如何选择一个词来作为品牌之魂的：宝马——性能；奥迪——设计；奔驰——威望。除了强化品牌和宣传之外，使用这些关键词也可以提升搜索引擎排名。

⑤ 回答：什么、谁和为什么。好的独特卖点必须明确地回答头两个问题——即你的产品是什么，客户是谁。下面是发明者阿什·莫瑞亚为精益画布写的独特的价值主张：精益画布把时间用来创业，而不是写商业计划书，一种能让你更快、更有效地阐述你的商业模式的工具。

⑥ 研究优秀案例。要想写出好的独特卖点，最好的方法是研究你喜欢的品牌的独特卖点，访问他们的网站，看看到底为什么他们的独特卖点吸引人，以及哪些方面做得好。

⑦ 写一个简短有力的口号作为练手。下面是一些例子：YouTube——视频界的

Flicker;《异形》电影——太空版《大白鲨》。但千万不要把这种口号和独特的价值主张给搞混了,这只是一种练手方法,目的是让你尽快找到提炼独特的价值主张的感觉。

(3) 解决方案

现在你所想的问题都没有经过验证和测试,所以在经过几次客户访谈之后你可能会重新给这些问题排出轻重缓急,甚至换掉一些问题,因此,不要忙着确定详细的解决方案,只需粗略地想想,针对每个问题,你能提供的最简单的解决方案是什么。

(4) 渠道

无法建立起有效的客户渠道是创业公司失败的主要原因之一。创业公司的首要任务是学习和试验,而不是扩张,所以,刚刚开始的时候任何能把产品推给潜在客户的渠道都可以利用。选择早期渠道的时候,尽量考虑到下面这些问题。

① 免费与付费。没有什么渠道是真正免费的。即便是SEO或者社交媒体,也是需要投入人力和时间的。

② 内联与外联。内联式渠道(Inbound Channel)是使用“拉式策略”让客户自然而然地找到你。外联式渠道(Outbound Channel)则主要是使用“推式策略”让产品“接触”客户。内联式渠道包括博客、SEO、电子书、白皮书以及网络讲堂等;外联式渠道包括SEM、传统媒体或者电视广告、展销会以及直接打电话等。如果你的独特卖点还没有经过市场检验,就没必要在外联式渠道上花钱。

③ 亲力亲为与自动化直销是最为有效的学习手段之一,因为你可以面对面与客户进行交流。先亲力亲为地进行推销,然后再自动化。

④ 亲力亲为与他人代为。别过早地寻求和大公司建立战略合作伙伴关系,虽然借用对方的渠道和信誉上位听起来很不错,但问题是:如果没有切实可行的产品,你又怎么能得到大公司的青睐呢?你必须先亲自上阵销售你的产品,然后才能让别人来帮你销售。

⑤ 做口碑之前先留住客户。虽说口碑营销是一种很有效的手段,但你必须先做出来一个值得让人宣传的产品。

(5) 收入分析和成本分析

这两格是用来分析商业模式的发展性的,但别去预测未来三五年的事情,分析眼前的情况就可以了。

① 收入分析。如果你打算做收费产品,那从一开始就应该收费,原因如下:价格也是产品的组成部分。在你面前有两瓶水,一瓶19元,另一瓶2元,哪瓶水更好呢?大部分人可能都会倾向于认为贵的那瓶水更好。这个例子可能有点简单粗暴,但它背后的道理很简单,也很重要——价格能够改变潜在用户对产品的看法。什么样的价格匹配什么样的客户。什么价位的产品有人买,你的产品定价正好说明了你想服务于哪个目标客户群体。让人掏钱是第一重验证。让客户给你钱是一件非常困难的事情,但也是一种初级形式的产品验证。

② 成本分析。别去费力地预测未来的支出,把重点放在眼前,例如:访谈几十个客户(视需求确定数量)需要多少成本?开发并发布MVP需要多少成本?当前的支出还有哪些,把它们分为固定成本和变动成本。最后,把收入和成本分析结合起来,计算出一个平衡点,估计一下,你需要花多少时间、金钱和精力才能达到这个平衡点。这个信息能帮助

你决定不同商业模式的优先级，即先尝试哪一种模式。

(6) 关键指标

不管你想要做什么产品或者提供什么服务，你总得找出几个关键的指标，用来衡量项目的进展情况——到底是好还是坏，是快还是慢，是值得继续投入还是到此为止。另外，你在融资的时候，也需要向投资者说明项目进展情况，而融资对大部分创业企业来说都是至关重要的。因此，关键指标非常关键。在这里要推荐的是互联网行业常用的“海盗指标”，很多人对它都很熟悉，但我们可以把它转换成另外一种形式——客户工厂(具体介绍请参阅下面的“关于客户工厂”这一小节)。

(7) 门槛优势

这也是非常难填的一格——所以我们把它留到了最后，因为我们自认为是优势的东西，很多时候并不是真正的优势。例如，创业者常常把“首创”称为优势，其实这很可能是劣势，因为你需要独自承担开辟新市场的风险——也许“同行是冤家”，但他们也帮你分担了一部分市场风险。你能数出来的行业巨头，包括丰田、谷歌、微软、苹果、Facebook……它们都不是首创者。有人甚至提出了这样一个观点：“任何可能被山寨的东西都会被山寨。”因此，真正的门槛优势必须是无法轻易被复制或者购买的。符合这个定义的门槛优势包括内部消息(不是“内幕消息”)、“专家级用户”的支持和好评、超级团队、个人权威、大型网络效应、社区、现有客户、SEO 排名……制作第一版画布的时候，你可以把这格空着，但你迟早要回答这个问题，因为它关系到你能否建立一家不被紧随而来的模仿者冲垮的公司。

使用精益画布时要遵循的一些基本原则：

① 迅速起草一张画布。不要在第一版的画布上花费太多时间，最多不超过 15 分钟。

② 有些部分暂时空着也没关系，别总想着一定要琢磨出所谓“正确”的答案，要么马上写下来，要么就留空。使用精益画布的一大优势就是非常灵活，我们可以逐步完善它。

③ 尽量短小精干，画布的空间是有限的——其发明者刻意设计成这样，这就要求你必须把商业模式的精华部分提炼出来。

④ 站在当下的角度来思考，以务实的态度来制作画布，根据目前的发展阶段和掌握的情况来填写内容。

⑤ 以客户为本仅仅是调整一下客户群体，商业模式就发生翻天覆地的变化。因此，寻找原始商业模式时，必须围绕着客户这个核心。

关于市场认可度前面说过，商业模式并不是一个静态的东西，而是一个动态的过程。尤其是创业企业，它们需要将商业模式变成实实在在的行动计划，进而带来可见的成果。因此，我们还需要找到一种工具，用它来衡量我们设计出来的商业模式是不是可行，进展如何，能否达到预期，是否值得继续投入。下面要介绍的市场认可度就是这样一种指标，将它和精益画布结合起来使用效果最佳。创业者向投资人或利益相关者阐述自己的“真知灼见”时，最容易犯的错误就是将重心放在解决方案上，耗费大量时间来谈论产品功能的独特之处或它所涉及的重大技术突破，因为他们不可避免地会对自己的解决方案怀有创造者的偏见。然而，投资者并没有必要去了解这些，他们更在乎的是能够在既定时间内为他们带来投资回报的商业模式，下面这些才是他们真正想了解的。市场机会有多大？

他们不在乎你的客户长什么样，但是在乎你的客户有多少，也就是市场规模。怎么挣钱？他们想知道的是你的成本结构和收入曲线，也就是利润。他们还想知道，如果你成功了，你准备如何应对市场中不可避免的汹涌而来的模仿者和竞争者，也就是你的门槛优势。这里吸引投资者的不是别的，正是市场认可度。我们再回顾一下商业模式的定义：商业模式就是企业如何创造价值、传递价值和获得价值的基本过程（图 1.17）。一个真正可行的商业模式必须满足下面这个方程式中的两个条件：

创造的价值 ＞ 获得的价值回报 ≥ 成本（价值付出）

1 价值方程式　　2 货币方程式

图 1.17　商业模式方程式

你要先为用户创造价值，才可能获得价值回报；而获得价值回报又是优化成本结构的前提。换言之，为用户创造的价值其实是对商业模式的一种投资，当其中的部分价值转化为营业收入时，投资就获得了回报。因此，我们可以给市场认可度下这样一个定义：市场认可度是一个商业模式从用户那里获得的货币化价值。

关于客户工厂市场认可度对衡量商业模式进展状况来说堪称无价之宝，然而它在制订日常计划方面却用处不大。换句话说，通过衡量市场认可度，你可以知道你是不是走在正轨上，但如果你偏离了方向，它并不能告诉你怎样才能重回正轨。因此，我们还得把市场认可度解构成更多的指标，我们需要引入一个新的工具——客户工厂蓝图。为了让市场认可度的概念更加具体化，我们可以将一个商业模式的产出模式想象成一个工厂，这个工厂的任务就是“生产”客户。其工作流程是这样的：不经意的访客从左边输入；在黑盒子内完成价值创造、价值传递并从这些访客身上获得价值回报；右边输出愉悦的客户。

客户工厂蓝图描绘了创造愉悦客户的五个步骤——获取、激活、留客、收入和口碑。

客户工厂蓝图远比漏斗形象具体，这使得它能更轻松地描述复杂概念。

从商业模式到战略执行商业模式勾勒了一家公司的蓝图和核心要素，设计了一个公司如何创造价值、传递价值以及获取价值的过程。这张商业模式的画布，给这个团队、这个公司指明了方向。从这张画布开始，一个想法、一个策略，经过一个团队的协作和努力，慢慢成为现实，成为改变世界的壮举。将想法和蓝图变为现实的过程，正是创业过程中最为艰辛的部分。我们需要组织好一个团队，让大家在共同目标的指引下，协同达成一个个里程碑。

1.3.5　企业管理

1. 企业管理业务职能分支

① 计划管理；② 生产管理；③ 物资管理；④ 质量管理；⑤ 成本管理；⑥ 财务管理；⑦ 劳动人事管理；⑧ 人力资源管理；⑨ 采购管理；⑩ 营销管理。

2. 企业管理职能

① 计划职能；② 组织职能；③ 指挥职能；④ 监督职能；⑤ 调节职能；⑥ 用人职能。

3. 提高企业管理水平的措施

随着市场竞争的日益激烈,企业要想在激烈的市场竞争中立于不败之地,必须不断地提高企业管理水平。企业管理水平的高低决定着企业发展的方向与持续经营的时间,如何提高企业管理水平,是企业应予以高度重视并亟待解决的问题,提升企业管理水平,应重点做好以下几个方面工作:

(1) 做好企业各项基础管理工作

企业管理基础工作的内容主要包括:

① 标准化工作。标准化工作包括技术标准、管理标准和工作标准制订、执行和管理的工作过程。标准化工作要求要具有“新(标准新)、全(标准健全)、高(标准水平高)”的特点。

② 定额工作。定额就是指在一定的生产技术条件下,对于人力、物力、财力的消耗、利用、占用所规定的数量有限。定额工作要求具有实践性,定额源于实践,是对实践的抽象,不是主观臆造;定额工作要求具有权威性,定额是经过一定的审批程序颁发的;定额工作要求具有概括性,定额是对实践的抽象;定额工作要求具有阶段性,实践在发展,定额也要有阶段地适时进行调整。

③ 计量工作。计量工作的核心是获得数据,评价数据,没有实测的和准确可靠的数据,企业的生产和经营管理就失去了科学依据。

④ 信息工作。信息工作是指企业生产经营活动所需资料数据的收集、处理、传递、贮存等管理工作,现代化企业必须健全数据准确和信息灵敏的信息系统,使企业生产经营过程逐步纳入电子计算机管理轨道。

⑤ 完善规章制度工作。要通过建立和健全一套纵横连锁、互相协调的企业内部经济责任制体系。

⑥ 基础教育工作。大力做好提高职工的政治、文化和技术素质。

(2) 强化管理会计职能

管理会计是适应企业内部管理的需要,科学地运用相关技术方法,进行数据搜集、整理、计算和分析,据以对经济活动进行衡量、评价和预测,从而为企业改善经营管理、提高经济效益提供信息服务的一门新兴学科。管理会计的基本职能就是“管理”(确切地说是参与企业管理)。管理的含义是指协调企业所属的人力、物力、财力,以实现企业经营目标的活动。管理内容包括计划、组织,指挥、协调、控制五个方面。管理会计的管理职能以企业经营活动的时间顺序划分,可分为事前、事中和事后管理三个环节。

(3) 完善企业统计制度

统计工作是通过搜集、汇总、计算统计数据来反映事物的面貌与发展规律。它既是实现企业管理现代化的手段,又是企业现代化的一项主要内容。统计信息既反映企业在某一时点上的现状,也能反映企业在一个特定时期内的动态;既反映企业的规模,也能反映企业的结构;既反映企业的速度,也能反映企业的效益与效率;既反映企业一些数量特征,也能反映企业一些质量特性;既反映本企业情况,也能反映与本企业经营相关的方方面面。因此利用统计信息,不仅可以对事物本身进行定量定性分析,而且可以对不同事物进

行有联系的综合性分析，既可横向对比，也可总结历史预测未来。因此，企业必须建立或完善统计工作制度，形成一套合理有效的，有自身特点的企业统计管理模式，提高统计人员的素质，强化统计管理，将具有极其重要的作用和深远的意义。

(4) 实施 ERP 管理系统

ERP 管理系统是为了实现生产计划的合理性、库存的合理管理、设备的充分利用、生产任务的均衡安排等需求应运而生的，它将企业管理由生产管理扩展到经营管理，由企业内部管理扩展到企业外部管理，由物流、资金、信息流管理扩展到客户流、知识流的有效配置、控制和管理。首先，ERP 的实施，是建立在最基础的数目管理的基础上的，它使企业的数据统一、共享，使企业的过程和行为真正成为可度量的、可精确管理的。同时，它改变了成本核算方式，ERP 的实施使成本核算方式由平行结转转变为逐步结转。因此，必须分析各阶段成本的构成因素，变事后算账为事前预测及事中控制和监督。

此外，ERP 的实施，不仅能帮助企业理顺、规划企业的内部资源而且可有效地整合企业的外部资源，使企业间的市场竞争成为企业供应链之间的竞争。同时 ERP 与电子商务的有机结合，对企业开拓国际市场，利用国外各种资源是一个千载难逢的有利时机。总之，实施 ERP 是现代企业管理的重要手段，是企业适应市场经济与市场经济接轨的最好切入点。

(5) 运用情感管理手段，增强协调能力

情感管理就是以真挚的感情，增强管理者与员工的情感联系和思想沟通，满足员工的心理需要，尊重、关心员工，形成和谐融洽的学习和工作氛围，让员工把企业当作自己的家而与企业共存亡的人性化管理。① 应用情感激励：部门领导必须要营造一种相互信任、相互关心、相互体谅、相互支持、互敬互爱、团结融洽的氛围；② 应用领导行为激励：各项工作领导要首先起带头作用，同时教育和帮助他人；③ 应用榜样典型激励：榜样的力量是无穷的，绝大多数员工都是力求上进而不甘落后的，好的一定要表扬；④ 应用奖励惩罚激励：奖励和惩罚必须结合起来，也就是运用正、负激励手段实施考核激励。

因此，在日常工作中我非常注重对内对外、横向与纵向的协调。对内必须严格管理，但要保持稳定，不产生矛盾，比学赶帮；对外坚持原则，保持工作协调。横向同级各单位、部门之间互帮互学、互相支持；纵向上下级领导和公司职能部门之间主动工作，布置工作要雷厉风行。

4. 企业价值链

企业的价值链可分为企业内部价值链和外部价值链。

企业内部的价值链可划分为企业基础设施、企业人力资源管理、新能源汽车开发、新能源汽车材料供应、新能源汽车生产、新能源汽车销售、企业一般管理和后勤服务八个方面。首先，新能源汽车的基础设施包括生产新能源汽车的固定资产和固定资产改扩建的价值活动，由于新能源汽车尚未产业化，新能源汽车的市场需求量和种类未确定，因此基础设施的数量和种类难以估算；其次，新能源汽车产品开发难度大，产品研发流程不成熟，产品研发所需人力物力估算难度大；再次，新能源汽车材料供应商盟不成熟，未形成行业内专门供应商，因此在材料采购上花费成本也难以估算；最后，新能源汽车在生产、销售、一般管理、人力资源管理和后勤服务上与普通汽车大致相同。

企业外部价值链可分为供应商价值链、购买商价值链和行业价值链，由于新能源汽车企业产品直接面对消费者，因此购买商价值链分析作用不明显，而行业价值链一般涉及较多企业，从最初原材料采集到最终产品进入个体消费者，对汽车行业来说，这些企业之间供应关系一般都是固定的，新能源汽车也遵循汽车行业的价值链供应的一般规律，除直接供应商外，不具备较大特殊性。

*1.4 新能源汽车的基本结构

本章节为延伸拓展学习，电子学习资料见二维码

思考题

1. 什么是新能源汽车？
2. 新能源汽车有哪些类型？
3. 混合动力汽车的优劣势有哪些？
4. 纯电动汽车的优劣势有哪些？
5. 燃料电池电动汽车的工作原理是什么？有什么优势？
6. 请查阅相关技术资料，介绍一款新能源汽车。

第2章 新能源汽车电池创新

电源为电动汽车的驱动电动机提供电能，电动机将电源的电能转化为机械能，直接或通过传动装置驱动车轮和工作装置。目前，电动汽车上应用最广泛的是铅酸蓄电池，但随着电动汽车技术的发展，铅酸蓄电池由于比能量较低、充电速度较慢、寿命较短、逐渐被其他蓄电池所取代。正在发展的电源主要有钠硫电池、镍镉电池、锂电池、燃料电池、飞轮电池等，这些新型电源的应用，为电动汽车开辟了广阔的前景。

动力电池成组应用技术是连接电动汽车整车和动力电池研发生产的技术组带和桥梁，因此自从电动汽车诞生以来，如何提高动力电池的功率密度、能量密度、使用寿命及降低成本等一直是电动汽车动力电池应用技术研发的核心。电动汽车动力电池经历了铅酸电池、镍镉电池、钠硫电池等多种类型的探索和发展之后逐渐形成了现在的车用电池体系。目前应用在电动汽车上的电池类型主要有阀控式铅酸电池、镍氢电池和锂离子电池，而锂离子电池凭借其优异的性能，逐渐成为电动汽车的主要能量载体。

2.1 新能源汽车动力电池

2.1.1 动力电池的性能指标

动力电池的能量密度、功率密度、充放电性能、成本、使用寿命和电池一致性等性能指标是影响电动汽车能否真正实现产业化的关键因素。

1. 端电压和电动势

动力电池的端电压是指动力电池正极和负极之间的电位差。动力电池在没有负载情况下的端电压称为开路电压；动力电池接上负载后处于放电状态下的电压称为负载电压，又称为工作电压；电池在充放电结束时都有电压极限值，充电结束时的电压极限值称为充电终止电压；放电结束时的电压极限值称为放电终止电压。

动力电池的电动势等于组成电池的两个电极的平衡电极电位之差。实际上电池中的两个电极并非处于热力学可逆状态，此时电极电位为稳定电极电位而非平衡电极电位，故动力电池的开路电压理论上并不等于动力电池的电动势。一般来说，动力电池的开路电压和其电动势近似相等。

2. 放电电流

动力电池在放电时所输出的电流称为放电电流。放电电流的大小直接影响电池的各项性能指标,因此在表示动力电池的容量或者能量时,必须说明动力电池的放电电流。放电电流通常用放电率表示,放电率分为时率和倍率两种。时率是指以放电时间表示的放电速率,即以一定的放电电流放完额定容量所需的时间,单位为 h,倍率是指动力电池在规定的时间内放出其额定容量时所输出的电流值,在数值上等于额定容量的倍数。

3. 电池容量

电池容量是指充满电的电池在指定条件下放电到终止电压时所输出的电量,单位为电池容量(A·h)。电池容量又分为理论容量、额定容量和实际容量。

理论容量是指假定电池中的活性物质全部参加成流反应,根据法拉第定律计算电极应能放出的电量。理论容量是电池容量的最大极限值。额定容量又称为标称容量,是指在规定的条件下电池应放出的电量。实际容量是指充满电的电池在一定条件下所能输出的电量,等于放电电流和放电时间的乘积。

4. 电池能量密度

电池能量密度是衡量动力电池性能的一项重要指标。能量密度又分为质量能量密度和体积能量密度。质量能量密度是指电池单位质量所能输出的电能,单位为瓦时每千克(W·h/kg)。体积能量密度是指电池单位体积所能输出的电能,单位为瓦时每升(W·h/L)。

电池的质量能量密度影响电动汽车的整车质量和续驶里程,而体积能量密度影响电池的布置空间。

5. 电池功率密度

电池功率密度是评价能量源能否满足电动汽车加速和爬坡性能要求的重要指标。与电池能量密度一样,功率密度又分为质量功率密度和体积功率密度。质量功率密度是指电池单位质量所能输出的功率,单位为瓦每千克(W/kg)。体积功率密度是指电池单位体积所能输出的功率,单位为瓦每升(W/L)。

6. 荷电状态

荷电状态(state of charge,SOC)描述了电池的剩余电量,一般用百分比表示,其值为电池在一定放电倍率下,剩余电量与相同条件下额定容量的比值。

7. 放电深度

放电深度(depth of discharge,DOD)是放电容量与额定容量之比的百分数。

8. 电池循环使用寿命

电池的循环使用寿命是指以电池充电和放电一次为一个循环,按一定的测试标准,当

电池容量降到某一规定值(一般规定为额定值的80%)以前,电池所经历的充放电循环总次数,循环使用寿命是评价电池寿命性能的一项重要指标。

9. 电池一致性

对于同一类型、同一规格和同一型号的电池之间在电压、内阻、容量等参数方面存在的差别称为电池的一致性。电池组的寿命在很大程度上取决于电池组的一致性,由于电动汽车的动力电池都是成组使用,因此电池的一致性是评价电池组性能的关键指标之一。

10. 电池抗滥用能力

电池抗滥用能力是指电池对短路、过充电、过放电、机械振动、撞击、挤压及遭受高温和着火等非正常使用情况的容忍程度。

2.1.2 新能源汽车电池主要种类及性能

锂电池是目前电动车上最常用的电池种类之一,虽然其从1970年诞生至今时间并不算长,但凭借能量密度高、循环使用寿命长等特点迅速占据了电动汽车电池市场的绝大部分江山。如今,在售电动汽车配备的锂电池主要有磷酸铁锂电池及三元锂电池两种,且这两种电池在自身特点上存在显著差异,因此我们有必要对其进行一番细致的讲解与对比。此外,还有钛酸锂电池、石墨烯电池等。

1. 磷酸铁锂电池

图2.1 磷酸铁锂电池

磷酸铁锂电池(图2.1),是指用磷酸铁锂作为正极材料的锂离子电池。锂离子电池的正极材料主要有钴酸锂、锰酸锂、镍酸锂、三元材料、磷酸铁锂等。其中钴酸锂是目前绝大多数锂离子电池使用的正极材料。

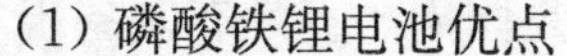

(1) 磷酸铁锂电池优点

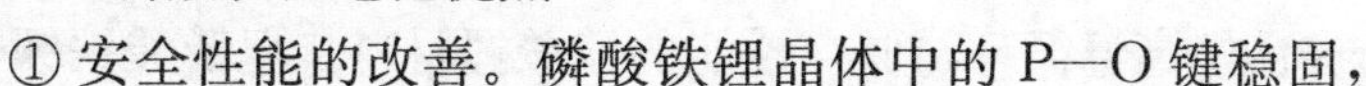

① 安全性能的改善。磷酸铁锂晶体中的P—O键稳固,难以分解,即便在高温或过充时也不会像钴酸锂一样结构崩塌发热或是形成强氧化性物质,因此拥有良好的安全性。有报告指出,实际操作中针刺或短路实验中发现有小部分样品出现燃烧现象,但未出现一例爆炸事件,而过充实验中使用大大超出自身放电电压数倍的高电压充电,发现依然有爆炸现象。虽然如此,其过充安全性较之普通液态电解液钴酸锂电池,已大有改善。

② 寿命的改善。长寿命铅酸电池的循环寿命在300次左右,最高也就500次,而磷酸铁锂动力电池,标准充电(5小时率)使用,可达到2 000次。同质量的铅酸电池是“新半年、旧半年、维护维护又半年”,最多也就1—1.5年时间,而磷酸铁锂电池在同样条件下使用,理论寿命将达到7—8年。综合考虑,性能价格比理论上为铅酸电池的4倍以上。大电流放电可达2C快速充放电,在专用充电器下,1.5C充电40分钟内即可使电池充满,起动电流可达2C,而铅酸电池无此性能。

③ 高温性能好。磷酸铁锂电热峰值可达 350 ℃—500 ℃，而锰酸锂和钴酸锂只在 200 ℃左右。工作温度范围宽广（−20 ℃—75 ℃），有耐高温特性磷酸铁锂电热峰值可达 350 ℃—500 ℃，而锰酸锂和钴酸锂只在 200 ℃左右。

④ 大容量。具有比普通电池（铅酸等）更大的容量，5～1 000 A·h（单体）。

⑤ 无记忆效应。可充电电池在经常处于充满不放完的条件下工作，容量会迅速低于额定容量值，这种现象叫做记忆效应。像镍氢、镍镉电池存在记忆性，而磷酸铁锂电池无此现象，电池无论处于什么状态，可随充随用，无须先放完再充电。

⑥ 重量轻。同等规格容量的磷酸铁锂电池的体积是铅酸电池体积的 2/3，重量是铅酸电池的 1/3。

⑦ 环保。该电池一般被认为是不含任何重金属与稀有金属（镍氢电池需稀有金属），无毒（SGS 认证通过），无污染，符合欧洲 RoHS 规定，为绝对的绿色环保电池。所以锂电池之所以被业界看好，主要是环保考量，因此该电池列入了“十五”期间的“863”国家高科技发展计划，成为国家重点支持和鼓励发展的项目。随着中国加入 WTO，中国电动自行车的出口量将迅速增大，而进入欧美的电动自行车已要求配备无污染电池。

但有专家表示，铅酸电池造成的环境污染，主要发生在企业不规范的生产过程和回收处理环节。同理，锂电池虽属于新能源行业，但它也不能避免重金属污染的问题。金属材料加工中有铅、砷、镉、汞、铬等都有可能会释放到灰尘和水中。电池本身就是一种化学物质，所以有可能会产生两种污染：一是生产工程中的工艺排泄物污染；二是报废以后的电池污染。

(2) 磷酸铁锂电池缺点

一种材料是否具有应用发展潜力，除了关注其优点外，更为关键的是该材料是否具有根本性的缺陷。

国内现在普遍选择磷酸铁锂作为动力型锂离子电池的正极材料，政府、科研机构、企业甚至是证券公司等市场分析员都看好这一材料，将其作为动力型锂离子电池的发展方向。分析其原因，主要有下列两点：首先是受到美国研发方向的影响，美国 Valence 与 A123 公司最早采用磷酸铁锂做锂离子电池的正极材料；其次是国内一直没有制备出可供动力型锂离子电池使用的具有良好高温循环与储存性能的锰酸锂材料。但磷酸铁锂也存在不容忽视的根本性缺陷，归结起来主要有以下几点：

① 在磷酸铁锂制备时的烧结过程中，氧化铁在高温还原性气氛下存在被还原成单质铁的可能性。而单质铁会引起电池的微短路，是电池中最忌讳的物质。这也是日本一直不将该材料作为动力型锂离子电池正极材料的主要原因。

② 磷酸铁锂存在一些性能上的缺陷，如振实密度与压实密度很低，导致锂离子电池的能量密度较低，低温性能较差，即使将其纳米化和碳包覆也没有解决这一问题。美国阿贡国家实验室储能系统中心主任 Don Hillebrand 博士谈到磷酸锂铁电池低温性能时，他用“terrible”来形容，他们对磷酸铁锂型锂离子电池测试结果表明磷酸铁锂电池在低温下（0 ℃以下）无法使电动汽车行驶。尽管也有厂家宣称磷酸铁锂电池在低温下容量保持率还不错，但是那是在放电电流较小和放电截止电压很低的情况下。在这种状况下，设备根本无法启动工作。

③ 材料的制备成本与电池的制造成本较高，电池成品率低，一致性差。磷酸铁锂的纳米化和碳包覆尽管提高了材料的电化学性能，但是也带来了其他问题，如能量密度低、合成成本高、电极加工性能不良以及对环境要求苛刻等问题。尽管磷酸铁锂中的化学元素 Li、Fe 与 P 很丰富，成本也较低，但是制备出的磷酸铁锂产品成本较高，即使去掉前期的研发成本，该材料的工艺成本加上较高的制备电池的成本，会使得最终单位储能电量的成本高昂。

④ 产品一致性差。目前国内还没有一家磷酸铁锂材料厂能够解决这一问题。从材料制备角度来说，磷酸铁锂的合成反应是一个复杂的多相反应，有固相磷酸盐、铁的氧化物以及锂盐，外加碳的前驱体以及还原性气相。在这一复杂的反应过程中，很难保证反应的一致性。

⑤ 知识产权问题。最早的有关磷酸铁锂专利申请在 1993 年 6 月 25 日由 F X MITTERMAIER & SOEHNE OHG (DE)获得，并于同年 8 月 19 日公布申请结果。磷酸铁锂的基础专利被美国德州大学所有，而碳包覆专利被加拿大人所申请。这两个基础性专利是无法绕过去的，如果计算专利使用费，其产品成本将会进一步提高。

另外，从研发和生产锂离子电池的经验来看，日本是锂离子电池最早商业化的国家，并且一直占据着高端锂离子电池市场。美国尽管在一些基础研究上领先，但是到目前为止还没有一家大型锂离子电池生产企业。

因此，日本选择改性锰酸锂作为动力型锂离子电池正极材料更有其道理。即使是在美国，利用磷酸铁锂和锰酸锂作为动力型锂离子电池正极材料的厂家也是各占一半，联邦政府也是同时支持这两种体系的研发。

鉴于磷酸铁锂存在的上述问题，很难作为动力型锂离子电池的正极材料在新能源汽车等领域获得广泛应用。如果能够解决锰酸锂存在的高温循环与储存性能差的难题，凭借其低成本与高倍率性能的优势，在动力型锂离子电池中的应用将有巨大的潜力。

2. 三元锂电池

与磷酸铁锂电池相比，特斯拉 Model S 使用的三元锂电池在重量能量密度上要高出许多，约为 200 W·h/kg，这也就意味着同样重量的三元锂电池比磷酸铁锂电池的续驶里程更长。不过其缺点也显而易见，当自身温度为 250 ℃—350 ℃时，内部化学成分就开始分解。

三元锂电池对电池管理系统提出了极高的要求，需要为每节电池分别加装保险装置，除此之外，由于单体体积很小，所以单车要的电池单体数量非常庞大，以 Model S 为例，7 000 余节 18 650 三元锂电池才能满足一辆车的装配用量，这无疑又为电池管理系统进一步加大了控制难度。

因此，目前市场在售车型中，只有特斯拉一家使用的是三元锂电池。

表 2.1 是蓄电池的参数比较。三元锂电池最大优势在于电池储能密度高，更适合乘用车市场对续驶里程的需求。

表 2.1　蓄电池(电动车用)对比

类型	重量能量密度(W·h/kg)	电池单体标称电压(通常情况)	安全性	理论循环使用寿命(次)	商品化程度	代表车型
铅酸蓄电池	30—50	2V 左右	好	500	已淘汰	—
镍铬电池	50—60	1.2 V	较好	1 500—2 000	已淘汰	—
镍氢电池	70—100	1.2 V	好	1 000	现使用	现款普锐斯
锰酸铁锂电池	100	3.7 V	较好	600—1 000	已淘汰	早期普锐斯
磷酸铁锂电池	100—110	3.2 V	好	1 500—2 000	现使用	腾势
钴酸铁锂电池	170	3.6 V	差	300	已淘汰	特斯拉 Roadster
三元铁锂电池	200	3.8 V	较差	2 000	现使用	特斯拉 Model

广大车主们虽然都已拥有着自己喜爱的电动汽车，但是除了车型和外观这些很直接的不同外，未必清楚自己的爱车和其他车款之间的其他区别。就比如汽车的电池，感觉都差不多，其实它们的差别却很大。

图 2.2　宝马 i3

(1) 宝马 i3 动力电池

宝马 i3(图 2.2)采用了来自三星 SDI 的三元锂电池，电池形态为方形锂电池。方形锂电池的特征为结构强度高，承受机械载荷能力好；电池组能量密度表现一般；工艺复杂，产品良率低，一致性较差。方形电池除了安全，其他方面表现都不算出色，但安全也是这种电池备受传统车企青睐的原因。

宝马 i3 上的动力电池由 8 个电池包组成，每个电池包内置 12 个方形电池单体，由 8 个电池包串联给驱动电机系统供电。在机械结构方面，i3 的 8 个电池包都是可以独立装卸的。这样设计的好处是，当一个电池包被检测出有故障时，可以被单独更换，不需要拆卸整车动力电池系统。此外，i3 车体由“Life”模块＋“Drive”模块组成，后者将悬架、蓄电池组、驱动系统和碰撞防护结构全部纳入，与车体其他结构隔离，进一步提高了汽车的安全性。

在热管理及电控系统上，宝马放弃了自研而选择了德国 Preh 公司的电控系统，该电池管理系统由电子控制元件电池管理单元和电池监控传感器单元构成，宝马表示，该系统可以时刻监测每个电池组的电压温度变化。测得的数据将由电池管理单元(BMU)进行处理以确定各自相应的充电电压，以确保电池处于最佳状态。

(2) 特斯拉 Model S & X 动力电池

特斯拉汽车的动力电池是来自松下的三元锂电池，具体形态为众所周知的 18650/2170(Model 3)圆柱形电池，主要特征为自动化生产工艺成熟，产品良率高，一致性好；电池小、电池组散热面积大；成组工艺复杂，电池组系统可靠性低。特斯拉 Model S 如图 2.3 所示。

最后一点也导致了很多人的认知误区，认为特斯拉没有企业责任，无视三元锂电池的

低可靠性而为了高能量密度强推18650。在特斯拉发展早期，也有许多业内人士因此唱衰特斯拉汽车的安全性。特斯拉CTO J B Straubel曾就这个问题做出回应："相信我，在不久的将来我们会看到18650是最有说服力的。我真的不知道为什么18650会引起那么多争议。我们的电池实际上是深度定制的，我们和松下一起做了大量的定制工作。我们做的是汽车级的电池，按照汽车级的标准严酷测试，绝对不可能在任何笔记本上找到这种电池。"可以这样讲，传统消费电子类18650和特斯拉18650只是在形状和大小上一致，在安全性和性能上还是有一定区别的。

图2.3 特斯拉Model S

此外，特斯拉在电池组和电控技术安全性上的投入也令人印象深刻，这个技术优势从多家传统车企对特斯拉汽车逆向工程上也可以得到证明。以特斯拉为例，在电池组方面，该车的动力电池共由16个模组构成，每个模组有444个Model S P90D电芯、74并、6串，共计7 104个电芯。

P100D在同P90D的电池组外形、尺寸完全一样的情况下，多塞进了10 kW·h的电能进去，除了能量密度提升做出的贡献外，媒体拆解显示，特斯拉重新设计了整个电池组装置，在相同的空间里堆叠了更多的电芯——虽然同样由16个模组构成，但每个模组有516个电芯、86并、6串，共计8 256个电芯。联想到Model 3小得多的车体空间，我们推测，率先应用在P100D上的新型电池组技术很可能是为了给Model 3做技术验证，以便随后给Model 3配置尽可能大的电池组，使之更具竞争力。

在电池热管理系统上，P90D用一个四通转换阀实现了冷却系统的串并联切换。当电池处于低温时，电机冷却回路与电池冷却回路串联，从而使电机为电池加热。当电池处于高温时，电机冷却回路与电池冷却回路并联，两套冷却系统独立散热。汽车可以根据工况选择最优热管理方式。

(3) 雪佛兰Bolt动力电池

雪佛兰Bolt的动力电池与特斯拉一样，属于三元锂电池，但在电池形态上，Bolt选择了由LG化学提供铝塑膜软包锂电池，软包电池的主要特征是安全性能相对较好，不易发生爆炸；能量密度高，延展性好，外形多变；一致性较差，成本较高；承受机械载荷能力差，容易破损和漏液。通用公司在量产前的产品预研上花了很多精力来测试电池的耐用度和安全性，他们建立了一个测试实验室，用以模拟日常行车中电池所需要经受的震动、碰撞等情况，甚至有受到枪击贯穿情况下的稳定情况的测试，以保证在这种极端环境下车辆以及人身安全(雪佛兰Bolt电动版如图2.4所示)。

图2.4 雪佛兰Bolt电动版

采用软包电池的做法也使得电池组管理大大简化(相对于特斯拉),具体来讲,Bolt 的软包电池分成了两个电池组,平铺于车身底部。

在电池热管理系统上,当电池处于低温状态时,通用公司为电池包配备了一个功率为 1.6 kW 的充电加热方式,可以将整体温差控制在 2 ℃以下。当电池处于高温状态时,通用公司采用液冷散热的方式,将液冷线路密集的平铺于软包电池的各个部位,使电池组整体得到一个均匀的冷却效果,避免了整体温差过大的情况出现。

(4) 日产 Leaf 动力电池

图 2.5　加节能日产 Leaf

日产 Leaf 的上代动力电池是来自日产与 NEC 的合资企业 AESC 提供的锰酸锂电池,但新款已经换成由 LG 化学提供的三元锂电池,新款 Leaf 与雪佛兰 Bolt 采用了同样的供应商和电池组。Leaf 电池组采用了完全密封设计。电池组由 192 节 33.1 A・h 的层叠式锰酸锂电池组成。4 节单体电池采用两并两串的连接形式组成模块,48 个模块串联组成电池组(加节能日产 Leaf 如图 2.5 所示)。

在热管理系统上,由于 AESC 作为日产自研的锰酸锂电池的技术优势,该电池经过电极改良设计后降低了内部阻抗,减小了产热率,同时薄层结构使电池内部热量不易产生积聚,因此日产为 Leaf 电池组设计了"被动式电池组热管理系统",就是通过优化电芯和电池组设计去掉了其他电动车专门的降温装置,使其自然降温。当电池处于低温时,Leaf 提供了和雪佛兰 Bolt 类似的加热选件。

3. 钛酸锂电池

钛酸锂电池是一种用作锂离子电池负极材料——钛酸锂,可与锰酸锂、三元材料或磷酸铁锂等正极材料组成 2.4 V 或 1.9 V 的锂离子二次电池。此外,它还可以用作正极,与金属锂或锂合金负极组成 1.5 V 的锂二次电池。钛酸锂电池具有高安全性、高稳定性、长寿命和绿色环保的特点。

钛酸锂电池的组成:

负极:钛酸锂材料。

隔膜:以碳作负极的锂电池隔膜。

电解液:以碳作负极的锂电池电解液。

电池壳:以碳作负极的锂电池壳。

(1) 钛酸锂电池的优点

① 安全稳定性好。传统的碳电极在嵌锂之后一旦过充,电极的表面容易析出金属锂,其与电解液接触发生反应会产生可燃性气体,带来安全隐患。钛酸锂的电势比纯金属锂的电势高,不易产生锂晶枝,放电电压平稳,因此提高了锂电池的安全性能。曾有第三方机构对钛酸锂电池进行测试发现,在针刺、挤压、短路等严苛测试下,钛酸锂电池不冒烟、不起火、不爆炸,安全性远高于其他锂电池。因此也有很多业内人士认为钛酸锂十分

适合用在对电池稳定性要求极高的军工等领域。

② 快充性能优异。与碳负极材料相比，钛酸锂具有较高的锂离子扩散系数，可高倍率充放电。在大大缩短充电时间的同时，对循环寿命的影响较小，热稳定性也较强。据测试，最新技术研发的钛酸锂电池 10 min 左右即可充满，比传统的电池有了质的飞跃。

充电时间太长一直是电动汽车发展过程中难以跨越的障碍。一般采用慢充的纯电动公交车，充电时间至少要 4 h 以上，很多纯电动乘用车的充电时间更是长达 8 h。电动车辆的快速充电是未来的趋势，消费者不愿浪费太多时间在等待充电这个环节。

③ 循环寿命长。电池循环寿命决定整个新能源车的性价比，是未来新能源车脱离补贴政策后的主要竞争点。汽车电池循环寿命的延长，让消费者能够买得起、养得起。

④ 耐宽温性能良好。钛酸锂电池的尖晶石结构具有三维锂离子扩散通道，因此钛酸锂电池在高低温性能上的表现也十分优异。一般电动汽车在－10 ℃时充放电就会出现问题，钛酸锂电池耐宽温性能良好，耐用性强，在－50 ℃—60 ℃均可正常充放电，无论是在冰封的北国，还是在炎热的南方，车辆都不会因电池“休克”而影响工作，消除了用户的后顾之忧。

(2) 钛酸锂电池的缺点

① 相对其他类型的锂离子动力电池能量密度会低一些。

② 胀气问题一直阻碍着钛酸锂电池的应用。

③ 相对其他类型的锂离子动力电池价格偏高。

④ 电池一致性仍存在差异，随着充放电次数的增加电池一致性差异会逐渐增大。

(3) 钛酸锂电池技术开发难点及其发展方向

钛酸锂电池技术有诸多其他锂电池无法比拟的优越性，为何至今为止在中国能源行业乃至世界能源领域应用寥寥呢？原因有以下三个方面：

① 钛酸锂材料生产。钛酸锂材料的生产从原则上说并不复杂。但要用作锂离子电池的负极材料，不但需要讲究材料具有合适的比表面积、粒度、密度和电化学性能等，还必须能够适应于大规模锂电池的生产工艺。钛酸锂材料在很多传统锂电池生产线上无法正常生产的原因之一就是材料的 pH 为 11 或 12，吸湿性极强。这就使得钛酸锂材料在电池制作的前阶段如配料、搅拌、涂布、滚压时由于地点、气候、季节的不同，材料的吸潮量也不同，最终导致产品胀气、质量失控。就如何降低材料的吸潮性这个问题，笔者认为，在钛酸锂材料表面包覆一层薄憎水性材料，同时又不阻挡锂离子与电子的进出应该是一个很值得研究的课题。

② 钛酸锂电池制作。事实上，将常规锂离子电池生产线直接用来生产钛酸锂电池产品并不像仅仅把石墨换成钛酸锂材料那样简单。因为钛酸锂材料对湿度的要求比常规锂离子电池生产要高得多。为了控制湿度，有些制备工艺需要做相应的调整以适应钛酸锂电池产品生产的特殊要求。另外，有些生产设备也需要做相应的改进。如果有条件，最好能专门为钛酸锂电池产品重新设计一条结构紧凑、体积小巧、全封闭式的自动化生产线（钛酸锂电池如图 2.6 所示）。

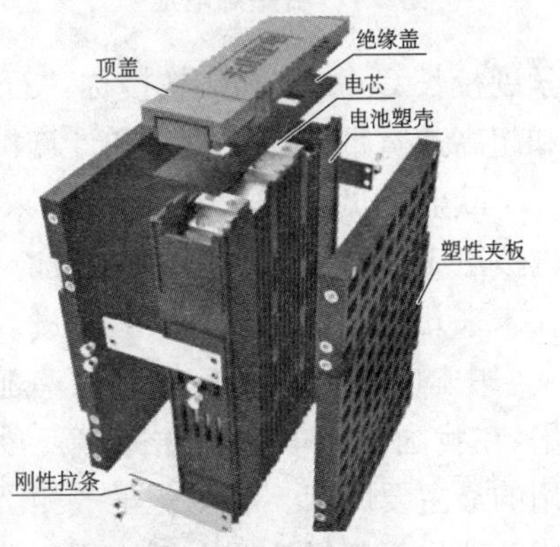

图 2.6　钛酸锂电池

③ 钛酸锂电池组。与常规锂离子电池不同,目前国内外生产的钛酸锂电池在成组投入应用一段时期后,常会看到软包的单体电池内有微量的气体产生。这些气体与新鲜电池合成时产生的气体不同,前者能够通过电池生产工艺去除。但后者则是在电池使用过程中产生的,或者说在目前的工艺条件下很难避免。以软包电池为例,一般钛酸锂电池组是靠两端结实的夹板压力来保持电池极片之间的均匀接触以维持电流密度的均一性,无论产气与否。过多的气体产生显然会影响其性能发挥。这时东芝的铝壳钛酸锂电池就显示出其优越性了,硬壳可以将少量气体保持在电池内而不产生过大的形变。然而,铝壳电池做大之后(如 50 A·h)硬体外壳抵御气压的功效也就减弱了。笔者认为,研究循环时气体产生的化学反应机理应该不失为一个很好的科研题目。

另外,由于钛酸锂电池技术的优越性之一是其高功率性能。虽然电池本身可以承受大电流充放电,但厚的单体电池仍然不适于高功率应用。因为电池太厚会造成大电流产生的热量难以散发。所以对大功率钛酸锂电池来说,尺寸大而薄的软包电池结构仍不失为一个合理的选择。

4. 石墨烯电池

石墨烯电池是利用锂离子在石墨烯表面和电极之间快速大量穿梭运动的特性,开发出的一种新能源电池。

美国俄亥俄州的 Nanotek 仪器公司开发出一种新的石墨烯电池。可把数小时的充电时间压缩至短短不到一分钟。分析人士认为,未来一分钟快充石墨烯电池实现产业化后,将带来电池产业的变革,从而也促使新能源汽车产业的革新。

图 2.7　石墨烯电池

(1) 石墨烯电池发展前景

新型石墨烯电池实验阶段的成功,无疑将成为电池产业的一个新的发展点。电池技术是电动汽车大力推广和发展的最大门槛,而电池产业正处于铅酸电池和传统锂电池发展均遇瓶颈的阶段,石墨烯储能设备的研制成功后,若能批量生产,则将为电池产业乃至电动车产业带来新的变革(石墨烯电池如图 2.7 所示)。

由于其独有的特性,石墨烯被称为"神奇材料",科学家甚至预言其将"彻底改变 21 世纪"。曼彻斯特大学副校长 Colin Bailey 教授称:"石墨烯有可能彻底改变数量庞大的各种应用,从智能手机和超高速宽带到药物输送和计算机芯片。"

欧盟委员会将石墨烯作为"未来新兴旗舰技术项目",设立专项研发计划,未来 10 年内拨出 10 亿欧元经费。英国政府也投资建立国家石墨烯研究所(NGI),力图使这种材料在未来几十年里可以从实验室进入生产线和市场。

中国在石墨烯研究上也具有独特的优势,从生产角度看,作为石墨烯生产原料的石墨,在我国储能丰富,价格低廉。另外,批量化生产和大尺寸生产是阻碍石墨烯大规模商用的最主要因素。利用化学气相沉积法成功制造出了国内首片 15 英寸的单层石墨烯,并成功地将石墨烯透明电极应用于电阻触摸屏上,制备出了 7 英寸石墨烯触摸屏。

中科院重庆绿色智能技术研究院的研究人员展示单层石墨烯产品超强透光性和柔性。

由于石墨烯拥有超乎想象的导电能力，石墨烯电池概念成为突破电池技术瓶颈的救命稻草。尤其国内电动汽车行业但凡有技术突破都与石墨烯电池挂钩。

随着研究的不断深入，技术难题的接连攻克，应用范围也在不断拓宽，相信石墨烯器件时代已为期不远，也可以期待一下这一“21 世纪的神奇材料”会带来怎样的惊喜。

“石墨烯电池或将改革：充电 10 min 跑 1 000 km”报道：西班牙 Graphenano 公司(一家以工业规模生产石墨烯的公司)同科尔瓦多大学合作研究出首例石墨烯聚合材料电池，其储电量是市场最好产品的 3 倍，用此电池提供电力的电动车最多能行驶 1 000 km，而其充电时间不到 8 min。虽然此电池具有各种优良的性能，但其成本并不高。Graphenano 公司相关负责人称，此电池的成本将比锂电池低 77%，完全在消费者承受范围之内。此外，在汽车燃料电池等领域，石墨烯还有望带来革命性进步。

华为石墨烯基电池的突破主要来自三个方面，首先是在电解液中加入特殊添加剂，除去痕量水，避免电解液的高温分解；其次，电池正极选用改性的大单晶三元材料，提高材料的热稳定性。此外，由于采用了新型材料——石墨烯，可以实现锂离子电池与环境间高效散热。

配备石墨烯电池电动汽车已经生产出来了——正道 H600。

该车配备了世界电池前沿科技——石墨烯高效电池，使正道 H600 让人刮目相看。正道集团自主开发的石墨烯超级电池储能密度高达 300 Wh/kg，可以承受 50C 强度的 5 万次快速充放电，充电速度和可充电次数，都是当前主流电池技术的几倍到几十倍。

(2) 缺点分析

在未来的一段时间内，石墨烯电池取代锂电池为电动车供电的可能性不大。石墨烯电池的一些实验数据所表现出来的性能虽然比锂电池要强，但是在其技术上还并未达到成熟的标准。对于市场上的每一件商品，从研发到上市都要经过漫长的一段过程，比如说安全性、稳定性、实用性，只有具备了这些性能，才能够成为满足消费者需要的商品。

目前的石墨烯电池还仅仅是存在于实验室之中，市场上所谓的石墨烯电池十有八九都是假冒伪劣产品，或者是把含有石墨烯的锂电池和铅蓄电池说成石墨烯电池。

在未来的发展中，石墨烯电池的技术很有可能成为锂电池中的一部分。锂电池作为电池发展过程中的结晶，其身上具备很多优点，并且也已经成为现在市场上流通的主流电池。石墨烯电池(图 2.8)虽然有了新的突破，但是考虑到市场的需要，石墨烯不一定能够完全取代锂电池。譬如现在的核电站，虽然说才采用更加清洁的能源，但是核电站也并没有完全取代其他种类的发电站。石墨烯电池也是一样，在未来的发展过程中，更有可能作为一种新的技术融入锂电池之中，而不是取代锂电池。

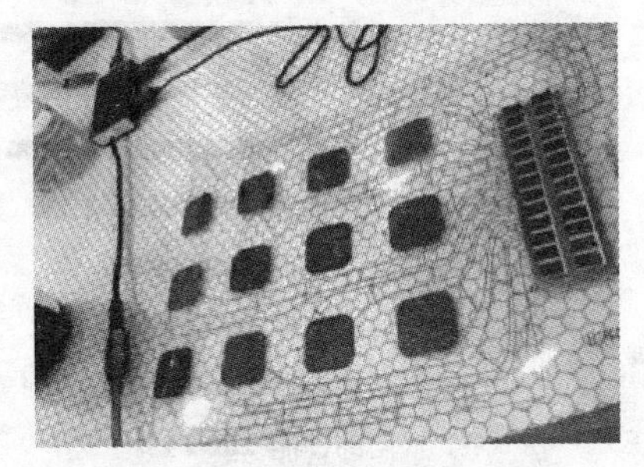

图 2.8　石墨烯电池实验品

2.1.3 主流动力电池性能和出货量

1. 主流动力电池的性能

目前主流的动力电池主要有两类：三元锂电池和磷酸铁锂电池。但目前市面上绝大多数新上市的电动汽车基本都采用三元锂电池，原因很简单：三元锂电池的电池能量密度要远高于磷酸铁锂电池。最新的新能源汽车国家补贴政策中，又对电池能量密度提出了非常严苛的要求：密度 105 W·h/kg，系数也只有 0.6；只有达到 120 W·h/kg，系数才能到 1。目前，磷酸铁锂普遍的能量密度也就在 120 W·h/kg 左右，而三元锂电池的能量密度却可以做到 140 W·h/kg 左右(表 2.2)。

表 2.2 电池能量密度和电耗参数

	电池能量密度 W·h/kg	补贴系数		百公里电耗优于门槛值 Y	补贴系数
电池能量密度	$105 \leqslant X < 120$	0.6	百公里电耗	$0 \leqslant Y < 5\%$	0.5
	$120 \leqslant X < 140$	1		$5\% \leqslant Y < 25\%$	1
	$140 \leqslant X < 160$	1.1		$Y \geqslant 25\%$	1.1
	$X \geqslant 160$	1.2			

从安全性和重复使用寿命两个角度而言，磷酸铁锂电池的性能都是要优于三元锂电池的，只是在续驶面前，国家还是更加倾向于三元锂电池而已。这也就可以解释，为什么纯电动公交大巴上会选择使用磷酸铁锂电池了，毕竟对空间没有那么大的要求，安全和使用寿命才是最关键的两个考虑因素。

2. 动力电池企业出货量排名

目前市面上，动力电池企业很多，根据网上公布 2017 年出货量排名前十的企业分别是：CATL(宁德时代)、比亚迪、沃特玛、国轩高科、北京国能、比克、孚能科技、力神、江苏智航、亿纬锂能，具体出货量占比如图 2.9 所示。

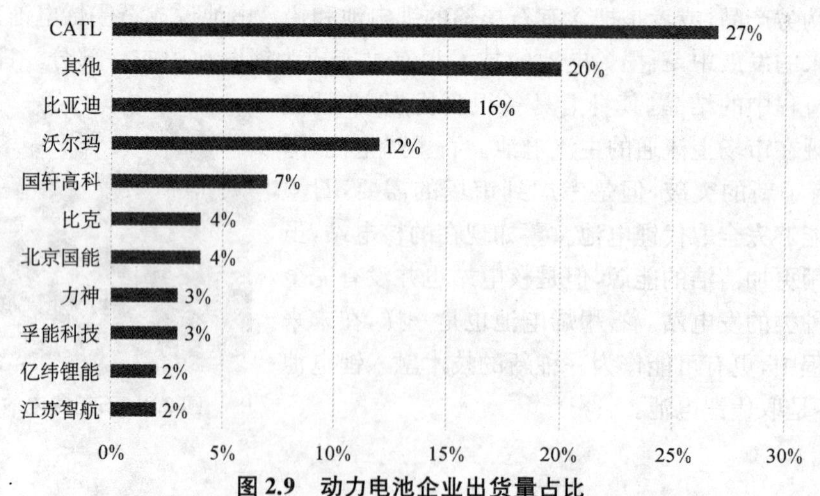

图 2.9 动力电池企业出货量占比

未来，随着纯电动汽车的普及，一旦有了规模效应之后，电池成本会继续下探，从而助推电动汽车的进一步普及。当然，如果有新的电池技术的出现，以上的成本格局也会发生改变。总之，电动汽车充满着商机和风险。

2.2　纯电动汽车电池管理系统

2.2.1　纯电动汽车电池监测系统

纯电动汽车不但有效解决了汽车对石油的依赖和尾气的污染，同时提高了能源的利用率，深受各国政府青睐。

作为新兴产业，其技术尚不成熟，在动力方面尤为突出。其使用寿命短、价格昂贵、续驶里程短、充电时间长、安全性低等问题急需解决。在减小行车阻力的同时对电池提出了更高的要求。就动力电池本身而言，动力电池组由数百乃至上千节 3.6 V 锂电池串并联组成，其充放电一致性难以保证，极易引起单节电池过充或者过放，减小电池容量，缩短电池寿命。有时单节电池完全充放电可达 2 000 次，而电池组却很难达到 500 次以上。此外，电池的荷电状态也备受消费者关注，由于其影响因素较多，很难精确计算。由此，我们提出解决思路：

1. 对单节电池电压、电流进行监测，为电池控制提供依据

采用 LTC6840 芯片监测电压，每片可在 290 μs 内监测 12 节电池串接的电池组的单节电压，测量误差小于 12 mV，能够对单节电池欠压和过压条件监控和控制。利用霍尔电流原件对电流进行采集，其具有非接触性，耗能小，发热量少等优点。由于其对微小电流监测误差较大，与分流器结合使用。

2. 监测电池温度，能进行简单调节，热失控时及时报警

使用贴片式热敏电阻对单节电池、电池组及环境温度进行采集，及时将信息传递给控制系统。当温度偏高时利用风扇降温，温度过低时进行加热。当温度不在理想范围内进行操作提示，必要时能够报警。

3. 将充放电控制在合理区间，避免过充和过放

管理系统控制到每一节电池，及时根据监测信息进行充放电方式的调整，确保电池能够正常使用。电量不足 25%时提示充电操作，此时是进行快充的最佳时期。不足 10%进一步提示，利用导航系统寻找附近充电装置；不足 5%建议就近停车；当充电结束后能自动断电。

4. 对电池的剩余电量进行预测，并推算剩余里程

计算出电池放出的电量，再用总电量减去它，即得剩余电量。由于多次充放电累计误

差较大,充放电 10 次及以上循环后,在条件允许的情况下,进行深度放电,即时矫正电池荷电状态与健康状态。

5. 采用 MCGS 触屏控制,便于使用者操作

电池经长期使用会产生老化,同时受自放电、温度等多种因素影响其显示荷电状态已经偏离了实际值。增加电池维护的充电方式后,电池先进行深度放电,然后进行慢充,以矫正荷电状态,电池容量偏差。同时减少电池组因单节电池荷电状态的不同引起的不一性问题。在汽车启动、爬坡、加速过程中进行放电,有效缓解电池压力,及时回收减速时的能量。在汽车冷或热启动时,可以先利用电容电量进行温度调节。

充分利用历史信息也是增加效率的一种方法,在汽车行驶过程中,对其电池信息进行采集,并有效记录相关信息。根据历史信息,精确查找出问题电池,并对电池荷电状态及健康状态做出及时调整。

2.2.2 动力电池回收

随着电动汽车的逐步产业化,电动汽车动力蓄电池的产量将大幅提高;随之而来的问题是,废旧动力蓄电池该如何回收和处理。电动汽车用动力蓄电池中含有铅、镍、钴、锂等金属材料和电解液,一旦废弃电池不能得到有效地回收处理,不仅造成资源的浪费,对环境的污染也尤为严重。动力蓄电池的回收利用不仅能带来巨大的环境效益,同时也将产生显著的经济效益与社会效益。

1. 各类动力电池回收利用技术

国内外针对动力蓄电池回收利用已经基本具备产业化的条件。目前动力蓄电池的回收利用技术按大类基本分为火法冶炼和湿法冶炼。火法冶炼是通过高温冶炼分离、过滤,获得各种金属盐的粗料,同时回收利用其他相应材料。湿法冶炼是先将蓄电池分类,然后用适当的溶剂进行溶解分离、萃取,获得相应的金属及金属化合物材料。目前国际上对于这两类蓄电池回收利用技术的优缺点尚无全面的评估。

(1) 铅酸电池回收利用技术

发达国家主要采用机械破碎分选和对含硫铅膏进行脱硫等预处理技术,再分别采用火法、湿法、干湿联合法工艺回收铅及其他有价物质。

国内再生铅厂基本都是采用传统的火法冶炼工艺。大部分小再生铅厂还采用原始的反射炉混炼法,都未经过预处理。废铅酸蓄电池手工拆解后,铅板送入反射炉中冶炼再生铅,板栅金属和铅膏混炼,合金成分没有合理利用。

表 2.3 铅酸电池回收利用技术

技术		原理	特点
物理法	火法	通过高温焚烧分解去除有机粘结剂,同时使蓄电池中的金属及其化合物氧化、还原并分解,在其以蒸气形式挥发后,用冷凝等方法将其收集	工艺简单,但能耗大,需要相应对策防止高温产生的废气污染

续 表

技术		原理	特点
物理法	机械破碎浮选法	首先对锂离子蓄电池进行破碎、筛选，以初步获得电极材料粉末，之后对电极材料粉末热处理以去除有机粘结剂，最后通过浮选分离回收锂盐颗粒	对锂、钴的回收率较高，但流程过长、成本较高
	机械研磨法	利用机械研磨使电极材料与研磨料发生反应，从而使锂盐转化为其他盐类	可以有效回收废锂离子蓄电池中的锂盐，还利用了常见的废塑料材料
	有机溶剂溶解法	根据“相似相溶”的原理，采用强极性的有机溶剂溶解，电极上的粘结剂 PVDF，使锂盐从集流体铝箔上脱落	可有效分离锂盐和铝，工艺简化，回收效果好，但有机溶剂成本较高
化学法	沉淀法	对经酸溶体系浸取得到的含钴和锂离子的溶液进行净化除杂等操作，最终将钴以草酸钴、锂以碳酸锂沉淀下来，过滤干燥得到其产品	回收率较高，产品纯度较好，但流程较长，且化学试剂和萃取试剂的大量使用会对环境影响
	萃取法盐析法	通过在溶液中加入其他盐类，使溶液达到过饱和并析出某些溶质成分，从而达到回收有价金属的目的	分段盐析可使不同种类的盐分离，得到不同的产品
生物法		利用具有特殊选择性的微生物代谢过程来实现对钴、锂等元素的浸出	成本低、污染小、可重复利用

采用国际先进无污染再生铅技术的只有几家大型的再生铅企业，采用了“绿色环保再生铅技术”工艺：废蓄电池经切割后，各物料分离彻底，隔板、塑料等没有经破坏性处理因而不含杂物，能得到充分再利用；极板片经分离与分级，板栅与膏泥分别处理；含有硫酸铅、较难熔炼处理的膏泥，进入富氧鼓风炉；板栅合金则直接低温熔铸。

(2) 镍氢电池回收利用技术

目前废旧镍氢蓄电池的回收处理技术主要有火法冶金和湿法冶金两种，正负极材料分开处理的技术适合大型的镍氢蓄电池。

火法冶金以生产镍铁合金为目标，主要利用废旧蓄电池中各元素的沸点差异进行分离、熔炼。一般步骤为：先将废旧镍氢蓄电池破碎、解体、洗涤，以除去电解液，重力分选出有机废弃物后干燥，再放入焙烧炉在 600 ℃—800 ℃下焙烧。经过还原法熔炼可得到以镍铁为主的合金材料，冶炼的镍铁合金材料可根据不同目标进一步冶炼，如将杂质元素氧化以去除锰等元素，冶炼的产品可用于合金钢或铸铁的冶炼。火法冶金工艺方法流程简单、物料通过量大、对所处理的贮氢合金类型没有限制，适合处理较复杂的蓄电池；但得到的合金价值低，贵重金属钴没有被回收，而稀土元素成分也进入了炉渣，资源浪费较大。

湿法冶金处理技术具有可将各种金属元素单独回收且回收率高的优点，但工艺比较复杂，是将蓄电池经过机械粉碎、去碱液、磁力与重力分离方法处理后，含铁物质将被分离出来；然后用酸浸、溶解全部电极敷料，过滤除去不溶物(粘结剂和导电剂石墨等)，再加入相应的药剂，调节溶液酸值(pH)，使稀土元素和铁、锰、铝等金属元素以沉淀形式分离出来，得到钴和镍元素含量较高的酸溶液。湿法冶金是靠创造条件来控制物质在溶液中的稳定性，利用溶剂、借助化学反应(包括氧化、还原、中和、水解和络合反应)，对原料中的金属进行提取和分离的冶金过程，主要步骤如图 2.10 所示。

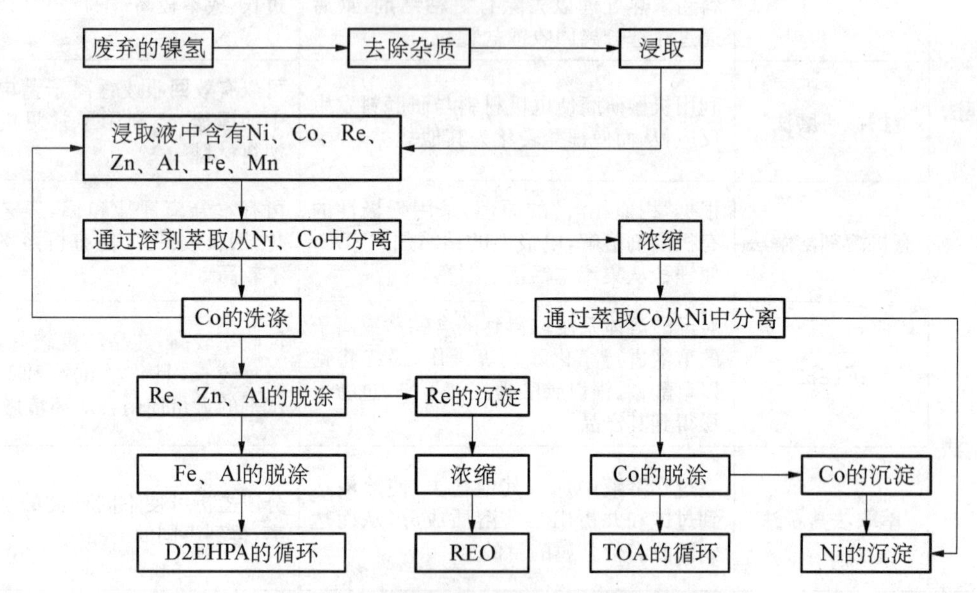

图 2.10 镍氢蓄电池湿法处理工艺流程图

① 靠溶剂溶解废料，使金属离子稳定在溶液中，即浸取；

② 浸取的溶液与残渣分离；

③ 用离子交换、溶液萃取技术或者化学沉淀方法，净化和分离浸取溶液；

④ 从净化液中提取金属或化合物。

电动汽车使用的镍氢蓄电池体型较大，正负极板、隔膜等构件比较容易分离，宜采用正负极材料分开处理的技术。将废旧镍氢蓄电池各组件分离，然后对不同类型的材料采用不同方法分别处理。对于正极 $Ni(OH_2)$ 活性物质，先将其浸在盐酸溶液中，经沉淀处理与电沉积技术处理可有效回收其中的 Ni、Co 等金属；对于负极材料的处理类似于湿法冶金的方法。

(3) 锂离子蓄电池回收利用技术

锂离子蓄电池通常由蓄电池盖、蓄电池壳、正极、负极、电解质、隔膜等部件组成。锂离子蓄电池外层为塑料、铝、铁质外壳包裹，内层分为正极活性物质、负极活性物质、铝或铜箔集流体、黏结剂和聚乙烯或聚丙烯多孔隔膜材料、电解液(聚碳酸酯类有机溶剂)及其溶解的电解质盐(一般为 LiPF)等部分。电动汽车锂离子蓄电池正极活性物质多为钴酸锂或磷酸铁锂等，目前废锂离子蓄电池的回收利用研究主要集中于蓄电池中正极活性物质的回收利用方法。一般来说，锂离子蓄电池回收利用技术主要分为三类：物理法、化学法和生物法。

物理法包括火法、机械破碎浮选法、机械研磨法及有机溶剂溶解法等。物理法往往需要后续化学处理才能进一步得到所需的目标产物。

化学法是先用氢氧化钠、硫酸、双氧水等化学试剂将蓄电池正极中的金属离子浸出，然后通过沉淀、萃取、盐析等方法来分离、提纯钴、锂等金属元素。目前使用较多的浸出体系是硫酸-双氧水的混合体系。此外，电化学法、水热法等也各具特点，广受关注。

生物法具有成本低、污染小、可重复利用的特点，是未来回收废锂离子蓄电池中有用金属元素的主要发展方向之一。

上述方法对废旧锂离子蓄电池中金属的回收达到了较高的效率。但对电解液、电解质等有用物质的回收方法以及工艺过程产生的二次污染和安全性问题还缺乏系统的研究。六氟磷酸锂有强腐蚀性，遇水易发生分解产生氟化氢(HF)；易与强氧化剂发生反应，燃烧产生 P_2O_5；难降解有机溶剂及其分解和水解产物，如DME、甲醇、甲酸等，这些有毒有害物质会对大气、水、土壤造成严重的污染并对生态系统产生危害。废旧锂离子蓄电池中的电解液、电解质盐以及电极废料均具有回收价值，相关回收利用技术还需深入地研究。

(4) 电动汽车废旧动力蓄电池的梯次利用

在电动汽车动力蓄电池进入大量回收阶段后，可以考虑将蓄电池分梯度来利用。第一步淘汰的废旧动力蓄电池，可以作为储能蓄电池来利用，或作为电动场地车等低速电动车的动力源；从储能设备或低速电动车上二次淘汰下来的蓄电池，再进行回收、拆解、再生。

一般情况下，锂离子蓄电池的使用寿命在5年左右。当蓄电池用旧只能充满原有电容量80%，就不再适合于继续在电动汽车上使用，如直接报废进行回收处理，未能实现物尽其用。像碱性小蓄电池在玩具车上不能用后还可用在收音机、遥控器上，从电动汽车上退役的动力蓄电池还可在其他产品上继续发挥它的作用。在蓄电池外观完好、没有破损、各功能元件有效的情况下，可进行二次利用作为太阳能、风能等清洁能源的储能装置(如用于对太阳能路灯的电极板进行充电)，也可以用在公园景区的短距离电动场地车、游览车、高尔夫球车上。

通过梯次利用，不仅可以让动力蓄电池性能得到充分的发挥，有利于节能减排，还可以缓解大量动力蓄电池进入回收阶段给回收工作带来的压力。

2. 废旧动力蓄电池回收利用存在的主要问题及建议

从技术层面分析，废旧动力蓄电池的回收利用本身并不存在太大的技术难点，问题的关键是在回收利用过程中如何实现保护环境和提高资源再生率，而这需要完善的管理制度来保障。

目前，虽然国内废旧铅酸蓄电池的回收利用体系已基本建立，但仍存在回收渠道不规范、环境污染严重、资源再生率低等诸多问题。废旧铅酸电池的回收工作处于一种无序状态，个体商户、维修店、蓄电池零售商和再生铅企业都从源头抢购废旧蓄电池资源，数以万计的个体私营收购者占据了大部分回收量，通过层层倒卖，最后集中送到各类冶炼厂处理。正规专业再生铅企业规模大，工艺设备先进，资源再生率高，环境污染低；而大批环保不达标、技术工艺落后、资源浪费严重的非法小再生铅厂不但没有被淘汰出局，反以其生产成本低、经营手段“灵活”，与大企业展开不公平竞争，扰乱了市场。国内绝大多数小型再生铅厂在收集、拆解、利用过程中，没有真正把废铅酸蓄电池作为危险废物，铅尘、废气、废水、废渣随意处置，严重污染环境、危害人身健康。我国小再生铅厂众多，环保投入少且逃避税费，高价在市场上抢购原料，恶意的资源竞争导致正规再生铅企业资源紧张，开工不足，现有生产能力严重过剩。且由于环保设施投入大、产能利用率低、生产成本和经营费用高等原因，技术、环保水平高的正规专业再生铅企业无法与非法小再生铅厂在成本上进行竞争，形成恶性循环。我国应吸取废旧铅酸蓄电池回收利用管理的经验教训，在电动汽车动力蓄电池大规模产业化之前，尽快构建完善回收利用管理体系。

尽管电动汽车目前在全球尚未大规模市场化，但电动汽车动力蓄电池的回收利用体系已引起各国政府和企业的关注。日本因丰田普锐斯混合动力汽车的产业化时间较长，已经初步建立了“蓄电池生产销售—回收—再生处理”的镍氢动力蓄电池回收利用体系。欧美发达国家目前尚未建立电动汽车动力蓄电池的回收利用体系，但已经开始着手研究。德国环境部已支持相关研究机构和企业开展动力蓄电池回收利用研究项目，目的是研究蓄电池材料的回收利用方法、动力蓄电池回收网络体系建设和蓄电池拆解流程。美国能源部近期资助950万美元给托斯寇(TOXCO)公司，以支持其建立美国第一家锂离子蓄电池回收再利用工厂。日本矿业金属公司和日本著名电池制造商汤浅(GS Yuasa)公司也在计划从废旧的电动汽车用蓄电池中回收锂资源。

电动汽车动力蓄电池的回收利用已经引起了我国行业主管部门的高度重视。2010年公布的《节能与新能源汽车产业规划(征求意见稿)》，在指导思想中提出：加快培育节能与新能源汽车产业链，推进充电设施、蓄电池回收利用、资源开发利用等方面的协同发展；在保障措施中明确提出：制定新能源汽车动力蓄电池回收利用管理办法，设定动力蓄电池回收及再生企业准入条件，明确动力蓄电池收集、存储、运输、再生处理等环节的管理要求，研究制定促进蓄电池再生企业提高技术水平和环保水平的优惠政策。

我国应尽快健全相关法律法规，规范回收体系，明确动力蓄电池生产者、整车制造商、消费者、回收企业、再生企业等不同主体在回收利用体系中应承担的责任和义务，加强执法和宣传力度，制定经济促进政策，完善电动汽车动力蓄电池回收利用体系。在充分发挥市场自身的调节作用的同时，通过适当的宏观管理来引导电动汽车动力蓄电池回收利用行业的健康发展。

2.3 电池创新创业点

我国宏观经济的发展态势以及国家政策及地方政策的出台，整体经济大环境都给我国储能用蓄电池行业的发展带来了非常积极的影响。具体表现为：

(1) 国内经济的高速增长为储能用蓄电池行业的发展奠定了坚实的基础。

(2) 良好的宏观政策环境促进了工业的投资和发展，为储能用蓄电池行业的发展提供了一定的保障。

(3) 国家大力发展和鼓励新能源行业的发展，储能用蓄电池行业是国家政策支持的发展行业，“十二五”规划中，中国蓄电池行业的产业发展主要趋势是加速新能源储能蓄电池的研发与产业化。

(4) 我国已将节能与新能源产业列为战略重点。储能技术是节能与新能源产业的共性关键技术，储能产业的发展直接关系到节能与新能源产业的发展，政策大力扶持，为储能电池的发展提供了良好的环境。

2.3.1 行业发展状况分析

1. 中国储能用蓄电池行业单位规模情况分析

2019年1—11月，我国储能用蓄电池行业规模企业个数达到了720家，同比增长了7.5%。2018年，我国储能用蓄电池行业规模企业个数达到了670家，同比增加了19.6%。

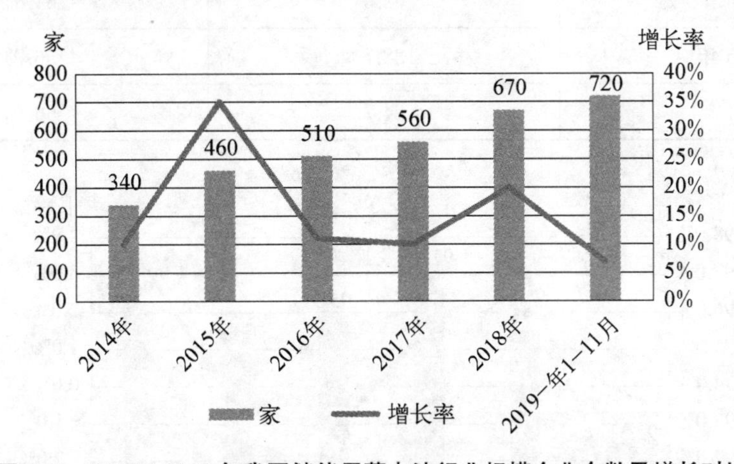

图 2.11 2014—2019 年我国储能用蓄电池行业规模企业个数及增长对比

2. 中国储能用蓄电池行业资产规模状况分析

2019年1—11月，我国储能用蓄电池行业资产合计达到了95.2亿元，同比增长了23.7%。2018年，我国储能用蓄电池行业资产合计达到了89.6亿元，同比增长了14.0%。

表 2.4 2014—2019 年我国储能用蓄电池行业资产合计及增长情况

时间	资产合计(亿元)	同比增长%
2019年1—11月	95.2	23.7%
2018年	89.6	14.0%
2017年	78.6	29.1%
2016年	60.9	31.5%
2015年	46.3	29.0%
2014年	35.9	15.1%

3. 中国储能用蓄电池行业销售情况分析

2010年1—11月，我国储能用蓄电池行业销售收入达到了1 382亿元，同比增长了

27.4%。2009 年，我国储能用蓄电池行业销售收入达到了 1 085 亿元，同比增加了 37.5%。

表 2.5 2014—2019 年我国储能用蓄电池行业销售收入及增长情况

时间	销售收入(亿元)	同比增长%
2019 年 1—11 月	138.2	27.4%
2018 年	108.5	37.5%
2017 年	78.9	26.0%
2016 年	62.6	61.8%
2015 年	38.7	56.7%
2014 年	24.7	56.3%

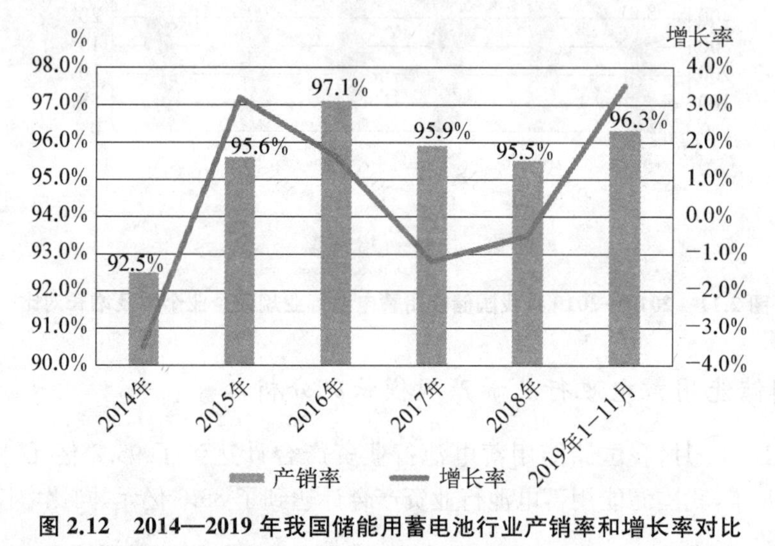

图 2.12 2014—2019 年我国储能用蓄电池行业产销率和增长率对比

2.3.2 行业上下游产业链升级

铅、锂等是储能用蓄电池制造生产中重要的原材料。铅、锂等的供应和价格的变动都会影响到电池的生产、质量、成本等。储能用蓄电池主要应用于储能领域，例如：

(1) 电站的储能：水电发电储能、风能储能、太阳能储能、潮汐储能、生物储能、核电站储能等。

(2) 备用电源储能：机场备用电源储能、地铁和铁路备用电源储能、银行备用电源储能、医疗备用电源储能、金融系统备用电源储能、军用备用电源储能等；

(3) 发电系统储能：太阳能路灯储能、庭院灯储能、移动通信储能、屋顶太阳能储能等。

因此，行业的发展和风能发电、太阳能、备用电源、发电系统等行业的发展有着密切的

关系。在电池行业产业链中，上下游行业的发展相互依赖和制约。

1. 上游产业供应链分析

(1) 我国储能用蓄电池主要原材料资源丰富，产业化发展有保障。储能用蓄电池主要原材料资源包括铅、锂、石墨、稀土等，这些资源在我国都有丰富的矿藏，都位居世界前三位，为动力电池产业化提供了有效保障。

(2) 锂离子电池负极材料已实现国产化，产品性能处于国际先进水平。我国负极材料主要包括天然石墨、人造石墨和 MCMB 中间相碳微球等，产品基本覆盖国内市场，部分产品销量已进入全球前三位。

(3) 磷酸铁锂材料生产企业众多，能满足动力电池的使用。国内有一百多家企业能制造磷酸铁锂材料，能基本满足车用动力电池要求。

(4) 锂离子动力电池隔膜材料已研发出样品，性能有待改进。国内隔膜产品在传统锂离子电池市场已经部分替代进口产品，但动力电池隔膜全部采用进口，国产动力电池隔膜尚在样品开发阶段。

2. 下游产业链分析

储能用蓄电池的应用领域十分广泛，涉及许多产业和行业。

(1) 风能发电产业

风力发电有“蓝天白煤”之称，我国是世界上风力资源较为丰富的国家之一，全国风能资源为 16 亿 kW，可开发利用的风能约 2.5 亿 kW，风能主要分布在两大风带——沿海风带和北部风带。我国风电场装机容量见表 2.6。

表 2.6 风电场装机容量

项目	总装机容量(MW)	蓄电池需求(万 kW·h)	项目	总装机容量(MW)	蓄电池需求(万 kW·h)
2010 年	4 400	4.8	2015 年	36 000	39
2011 年	7 000	7.7	2016 年	76 400	59.3
2012 年	10 000	11	2017 年	126 000	91.9
2013 年	16 000	17	2018 年	189 000	145.2
2014 年	25 000	26	2019 年	285 390	225.1

(2) 太阳能光伏电池行业

我国光伏产业正以每年 30%的速度增长，国内光伏电池生产能力已达 100 MW。在国家各部委立项支持下，目前我国实验室光伏电池的效率已达 21%，可商业化光伏组件效率达 14%—15%，一般商业化电池效率 10%—13%。

2020 年后，预计行业市场会更大。我国太阳能资源丰富，年辐射总量 928—2 333 kW·h/m^2，中值为 1 626 kW·h/m^2。根据统计资料，太阳能年日照时数在 2 200 小时以上的地区约占中国国土面积的三分之二以上，具有良好的开发条件和应用价值，理论储量达每年 17 000 亿吨标准煤。

(3) 电力行业

电力行业是我国重点发展的基础产业，2000—2005 年每年用于西部城乡电网改造和东部后续配套工程的投资也将达 800 亿元。其中电力用蓄电池占电网改造投资的 10%左右，估计每年电力用蓄电池需求量约 80 亿元以上。若以 8 元/A·h 计，需电力用蓄电池(2 V 系列)200 万 kV·A·h。

电力工业"削峰填谷"需用大规模的储能装置，据不完全统计，我国每年 7 000 亿度，需兼顾的大规模蓄电要求。因此，在该领域应有良好的市场前景。

(4) 通信行业

通信行业是铅酸蓄电池的主要用户。特别是阀控式铅酸蓄电池占目前市场需求总量的三分之二。它除与接入网设备配套外，运行维护市场需求量也大幅提升。中、小型密封电池在邮电系统的主要应用领域为用户接入网和通信专网。从 2000 年开始，这一领域的发展呈现出强劲的势头，特别是北京、上海、广东、江苏等经济发达地区和大、中城市，纷纷投入到这一先进的通信网络中，随着信息经济的不断发展，这一领域市场潜力巨大，中国将是世界上最大的通信市场。

(5) UPS 不间断电源行业

UPS 不间断电源系统，主要与计算机及精密仪器配套使用，蓄电池为其核心部分。近年来，随着计算机在我国的普及，UPS 市场也相应被带动起来，且在中国市场发展迅速。

(6) 铁路、道路路灯储能

2004 年国家统计局统计，机车配套、道路路灯等设施年需求蓄电池 1 000 万 kW/h 以上。

2.3.3 市场升级创新

1. 市场发展现状分析

2018 年，我国储能用蓄电池行业市场规模达到了 127.6 亿元，同比增加了 31.8%。2019 年 1—11 月，我国储能用蓄电池行业市场规模达到了 162.1 亿元，同比增长了 42.8%。

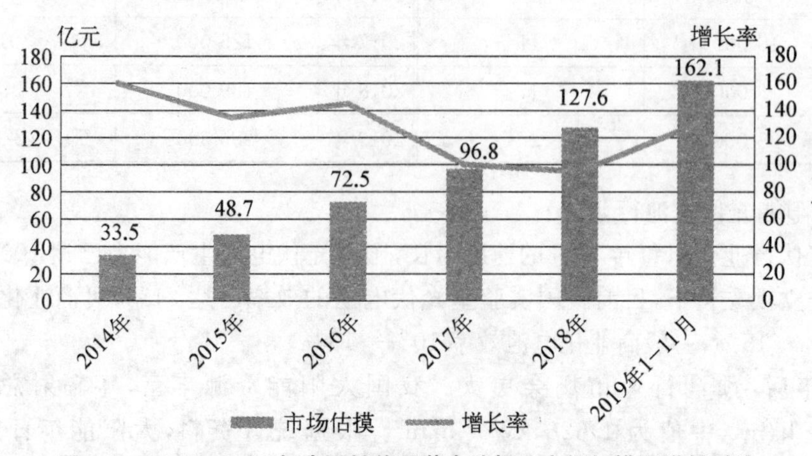

图 2.13　2014—2019 年我国储能用蓄电池恒业市场规模及增长对比

2. 市场前景预测分析

储能用蓄电池作为供太阳能发电设备和风力发电机以及其他可再生能源用于储备能量的产业链核心配套产品，将随着国内外光伏产业的发展迎来新的发展机遇，离网照明系统将为铅蓄储能电池带来更庞大的市场。根据相关预测，有光伏产业广阔空间做支撑，未来数年全球光伏市场将以大约 60%的速度增长，2020 年累计装机将达到 200 GWp，绝大部分为并网光伏发电。

由于欧美各国市场需求的增大，我国光伏产业也呈现快速的发展趋势，最近 5 年的年均增长速度达到 40%以上。目前，国家推出了一系列政策加大扶持力度，这为储能用蓄电池提供了新一轮发展机遇。

*2.4　电动汽车动力电池的分类

本章节为延伸拓展学习，电子学习资料见二维码

1. 简述新能源汽车电池的要求。
2. 对于提高电池效率，你有什么想法？请简述。
3. 对于汽车电池回收方案，你还有什么想法？
4. 对电动公交车，是否有解决充放电一致性的方案？结合所学知识简答。
5. 简述三种动力电池的特性，并简述其优缺点。
6. 铅蓄电池充电终了有何特征？
7. 汽车上常用的铅蓄电池有哪些作用？
8. 新能源汽车电池管理系统设计中会出现哪些问题？该如何解决？

第3章 新能源汽车驱动电机创新

3.1 新能源汽车驱动电机

3.1.1 驱动电机系统简介

新能源汽车具有环保、节约、简单三大优势。在纯电动汽车上体现尤为明显:以电动机代替燃油机,由电机驱动而无需自动变速箱。相对于自动变速箱,电机结构简单、技术成熟、运行可靠。

传统的内燃机高效产生转矩时的转速限制在一个窄的范围内,这就是传统内燃机汽车需要庞大而复杂的变速机构的原因;而电动机可以在相当宽广的速度范围内高效产生转矩,在纯电动车行驶过程中不需要换挡变速装置,操纵方便容易,噪音小。

与混合动力汽车相比,纯电动车使用单一电能源,电控系统相对于汽车内部的机械传动系统更为简单,结构更简化,也减少了机械部件摩擦导致的能量损耗及噪音,节省了汽车内部的空间、重量。电机驱动控制系统是新能源汽车车辆行驶中的主要执行结构,驱动电机及其控制系统是新能源汽车的核心部件(电池、电机、电控)之一,其驱动特性决定了汽车行驶的主要性能指标,它是电动汽车的重要部件。

电动汽车中的燃料电池汽车(FCV)、混合动力汽车(HEV)和纯电动汽车(EV)三大类都要用电动机来驱动车轮行驶,选择合适的电动机是提高各类电动汽车性价比的重要因素,因此研发能同时满足车辆行驶过程中的各项性能要求,并具有坚固耐用、造价低、效能高等特点的电动机驱动系统显得极其重要。

驱动电机系统是新能源车三大核心部件之一。电机驱动控制系统是新能源汽车车辆行驶中的主要执行结构,其驱动特性决定了汽车行驶的主要性能指标,它是电动汽车的重要部件。电动汽车的整个驱动系统包括电动机驱动系统与其机械传动机构两个部分。电机驱动系统主要由电动机、功率转换器、控制器、各种检测传感器以及电源等部分构成。

电动机一般要求具有电动、发电两项功能,按类型可选用直流、交流、永磁无刷或开关磁阻等几种电动机。功率转换器按所选电机类型,有 DC/DC 功率变换器、DC/AC 功率变换器等形式,其作用是按所选电动机驱动电流要求,将蓄电池的直流电转换为相应电压等级的直流、交流或脉冲电源。

电机是应用电磁感应原理运行的旋转电磁机械,用于实现电能向机械能的转换。运行时从电系统吸收电功率,向机械系统输出机械功率。电机驱动系统主要由电机、控制器(逆变器)构成,驱动电机和电机控制器所占的成本之比约为 1∶1,根据设计原理与分类方式的不同,电机的具体构造与成本构成也有所差异。电机的控制系统主要起到调节电机运行状态,使其满足整车不同运行要求的作用。针对不同类型的电机,控制系统的原理与方式有很大差别。

3.1.2 新能源汽车驱动电机种类

驱动电机作为纯电新能源汽车的三大部件之一,是新能源车企最核心的技术。随着动力电池的目标已经向着 300 WK/GK 迈进,目前已涌现出了一大批优秀的电池企业,最知名的就是比亚迪和巴西铁电池工厂。但相应地,驱动电机方面却并没有太过于强势的企业。

目前主流的驱动电机有集中式、轮边式和轮毂式三种形式,且都为永磁同步电机技术,区别只是电机安装在车辆的位置不同。实际上驱动电机技术并不是刚刚开始发展的,新能源汽车跟无轨电车所使用的驱动电机是一样的,无轨电车先后经历了直流电机、异步交流电机、永磁同步电机等阶段,而新能源汽车则是直接进入永磁同步电机阶段。

驱动电机相当于传统车的发动机,将能源转化为驱动力,但考虑到车辆使用时的速度、续驶、耐久等需求,驱动电机至少要满足这样几种基本要求:

(1) 宽调速范围:要求驱动电机在低速时能输出大扭矩,以满足起步时的需求;高速巡航时则需要具有恒定功率输出特性,以满足线性加速。

(2) 高密度轻量化:以满足安装空间和整车布置、重量的限制。

(3) 高效率:节能省电以保证更大的续航里程,毕竟不可能无限堆积电池。

(4) 能量回收:可以在车辆减速时将制动的部分动能回收,从而达到增加续航里程。

(5) 高可靠性与安全性:其机械强度、抗震性、冷却技术、电器系统和控制系统都必须能满足车辆安全性的标准和规定。

(6) 成本能够持续降低。

1. 直流电机

早期开发的电动汽车多采用直流电机,其控制装置简单,成本低。电动汽车最常采用的是他励直流电机和串励直流电机。但由于直流电机存在换向器和电刷,它们之间有机械磨损,需要定期维护。换向器和电刷之间的机械损耗、接触损耗以及电损耗使得直流电机的效率较低。直流电机在现代高性能电动汽车上的应用正在减少,但仍有一些电动汽车在应用,例如,东京大学 UOT 电动汽车,马自达公司 BANGO 电动汽车,意大利菲亚特公司 900E/E2 电动汽车,我国的陆骏电动汽车。

2. 永磁无刷电机

永磁无刷电机可分为两类:一类是具有正弦波电流的永磁同步电机;另一类是具有矩形脉冲波电流的无刷直流电机。两种电机,转子都是永久磁体,电机转子不需要电刷和励磁绕组，通过定子绕组换相产生旋转转矩。

永磁无刷电机可靠性高，输出功率大，与相同转速的其他电机相比具有体积小，质量轻，便于维修，高效率，高功率因数等特点。

转子没有励磁绕组，无铜耗，磁通小，在低负荷时铁耗很小，因此，永磁无刷电机具有高的"功率/质量"比，可以高速运转，同时由于没有转子的磨损且定子绕组是主要的发热源，易于冷却。转子电磁时间常数小，电机动态特性好，极限转速和制动性能都优于其他类型电机。但永磁无刷电机的功率范围较小，一般最大功率为几十千瓦，同时在高温、振动和过高电流作用下，会发生磁性衰退现象，并降低永磁无刷电机的性能。

内嵌永磁体无刷直流电机是一种新型的无刷电机，这种电机在转子铁芯上设有与极数相同的燕尾槽，将永磁体嵌入其内，永磁体与相邻的铁芯凸极构成一个磁极，这种电机同时具备无刷直流电机和串励直流电机的特性。通过调节超前导通角，可以实现恒功率运行，通过优化控制超前角还可以提高电机的效率，从而得到较宽的恒功率运行区以及较高的效率。

丰田汽车公司的 Prius，本田汽车公司的 CIVIC，Nissan 的 Altra，我国一汽集团东风汽车的混合动力轿车、同济大学燃料电池轿车，比亚迪 E6 等采用的都是永磁同步电机。除 Tesla 外，目前市场上主流的电动汽车与混动汽车大多采用了稀土永磁同步电机，稀土永磁同步电机代表了汽车厂商的主流选择。

3. 开关磁阻电机

20 世纪 80 年代，研究者就开始设计用于电动汽车驱动的开关磁阻电机。与传统的交流电机不同，开关磁阻电机为双凸极结构，并且只在定子上安装有集中励磁绕组，转子上既没有永久磁铁，也没有绕组。开关磁阻电机结构简单坚固，可靠性高，质量轻，便于维修，成本低，同时效率可达到 85%—93%，转速可达到 15 000 r/min 以上。但存在噪声和转矩波动问题，在电动汽车上的应用受到限制。

电机主要组成及材料电机主要由定子(固定部分)、转子(旋转部分)构成，定子和转子的主要材料为铁心(通常为硅钢)和绕组组成，在电动汽车中广泛应用的永磁无刷电机由永磁体充当转子，而直流电机还含有电刷和换向器部件。另外还包括电动机附件：端盖、风扇、罩壳、机座和接线盒。

集中式驱动电机与传统车桥最为相似，在驱动车轮时候必须要通过过渡零部件，如减速器、传动轴等。目前大多数低速电动车基本是此类结构，主要是此类结构最为简单，价格也较为低廉。而这些低速电动车普遍省略了变速器，这就带来了一个问题，那就是起步或爬坡时的低扭不足；再就是体积相对较大，传动效率不高等缺点。

因此有不少车型干脆采用双驱动电机的方式以弥补动力不足的问题，这也是新能源汽车中四驱的比例远比传统车高的原因，同时也解释了为什么那些互联网造车的首发车型大多是 SUV 的原因。

目前市场的主流是集中式驱动电机＋传统车桥，这是因为其结构特点，传统车桥只要稍加改装就可以匹配，从而节省研发费用。

4. 轮边式驱动电机

轮边式结构至少需要两台驱动电机，当然也可能更多。两个驱动电机布置在车桥的两侧，通过侧减速器和轮边减速器实现减速增扭来驱动单个车轮。轮边电机可以装配驱动轴，也可以不装配，这是它与集中式驱动电机不同的地方。

但相对集中式驱动电机，轮边式驱动电机对整车底盘布置的意义重大，尤其是在后轴驱动的情况下，传统轿车由于要通过一根长长的传动轴将前方变速器的动力传递到后轮，会因为车身和车轮间的变形运动产生非常多的影响，但轮边驱动电机则可以直接装在车轮边上，因此无需考虑太多的抗扭变形等因素，因此也就可以将底盘做得非常平坦，车身也可以更富有变化。

5. 轮毂式驱动电机

简单地说，轮毂电机就是将所有东西装在轮毂中，如驱动电机、减速器等在轮毂内部直接驱动车轮，其实这是目前最为常见的驱动形式，基本上家家都有的电瓶车后驱动轮都是这种结构。其最大的优点是结构小巧，省去了差速器、半轴以及变数装置。同时因为少了这些结构的机械损失，相应提高了传动效率。

所有轮毂式驱动电机其实并不是什么太陌生的技术，但现实是极少有量产车使用，虽然各家的概念车基本都是以轮毂式为假想基础的。

这是因为其最大的技术难题是协调控制，行驶中哪台电机需要工作、哪台需要停止，在什么时机和工况下工作，这就难了。比如转弯时两侧车轮转动的速度不一样，而轮毂式结构肯定没有差速器来协调两轮的，这就需要电子差速装置来控制，但目前大家的技术都有点不太乐观。

现在影响轮毂电机在电动车上大规模使用的原因很多，除了协调控制问题之外，还有散热、耐冲击、可靠性和成本等因素在制约。

3.1.3　驱动电机主要组成及材料

1. 铁芯材料硅钢

铁芯材料无取向硅钢片是驱动电机的关键材料，其性能影响了驱动电机的驱动特性和服务表现。硅钢一般含 0.5%—4.5% 的硅，严格控制碳、氮（质量分数均小于 50×10^{-6}），有时还需加入高 Al 含量来降低其优异的磁性能的耗损。

电动汽车驱动电机对采用的电工钢片有以下要求：

为提供高扭矩用于启动，电工钢必须有高的磁感；为提高能源转换效率，电工钢在中低磁场下有高磁感和高频下的低铁损；高转速下，要求使用的电工钢具有高强度，特别对于永磁驱动电机，磁极镶嵌于转子中，保证转子的强度至关重要；缩小转子和定子之间的间隙可以有效增大磁通密度，要求电工钢薄片具有良好的冲片性和高的疲劳寿命。电动汽车所用的电工钢片，既是要求磁性能的功能材料，也是要求强度和疲劳性能的结构材料。

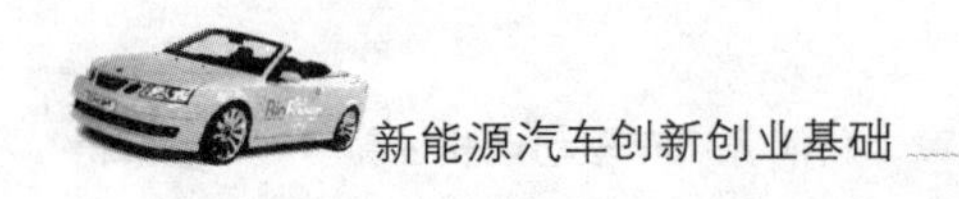

驱动电机要求的电工钢片要较传统无趋向电工钢强度高 200 MPa。由于电工钢的超低碳含量以及冷轧后需进行再结晶退火，一般情况下无法通过相变和位错强化机制进行强化。为了防止磁滞时效，也无法进行间隙原子固溶强化。因此只能通过代位原子固溶强化和析出强化。

日本在新能源汽车方面处于全球领先位置，与其驱动电机配套的无取向硅钢片已经可以工业化生产，且生产技术趋于成熟。而这一关键材料在我国尚不能够工业化生产，依然主要靠进口。目前武钢正在进行高强度无取向电工钢的工业试验，钢铁研究总院已开始在实验室通过模拟薄板坯连铸连轧技术试制高强度无取向电工钢。

2. 永磁材料

高的矫顽力才能保证电机输出所需的磁动势，使电机工作点靠近最大磁能积，充分利用磁钢的能力；高的剩余磁化强度，能确保电机有较高的转速，大的输出扭矩和大功率；高的内禀矫顽力，可保证电机较强的过载、退磁及抗老化、抗低温能力；高的磁能积，表示永磁体在电机中实际运行的工作系数越好。汽车行业对于钕铁硼等永磁材料的需求量将不断增长，永磁材料用于汽车电机具有广阔的发展前景，汽车电机需要永磁材料每辆将超 3 kg。

(1) 铁氧体永磁材料

非金属永磁材料，电机中常用的有 1962 年发现的钡铁氧体($BaO_6 \cdot Fe_2O_3$)，1965 年发现的锶铁氧体($SrO \cdot Fe_2O_3$)，两者磁性能接近。锶铁氧体的 Hc 值略高于钡铁氧体，更适合在电机中应用。其主要优点包括矫顽力高(Hc 范围 128—320 160 kA/m)、价格便宜、不含稀土元素及贵金属成分、比重相对较小(4.6—5.1 g/cm^3)、退磁曲线(或曲线中很大一部分)接近直线，回复线基本与退磁曲线的直线部分重合，不需要进行工作性能稳定处理。其缺点是剩磁感应不大(0.2—0.44 T)、磁能积(BH)最大仅为 6.4—40 kJ/m^3；环境温度对磁性能的影响较大、剩磁温度系数 αBr 为 −0.18%—0.20%/K^{-1}，αHjc 的温度系数为 0.4%—0.6%/K^{-1}，易碎。需要特别注意的是 αHjc 为正值，其矫顽力随温度的升高而增大，随温度的降低而减小，所以必须进行最低环境温度下的最大去磁工作点的校核计算，以防止在低温时产生不可逆退磁。该材料一般适合设计成扁平状。铁氧体原料为 FeO_3 和金属盐类(碳酸盐、硫酸盐等)及添加剂(高岭土)等。经处理，再混合、预压、预热、粉碎成一定粒度，在 0.7T 以上磁场中取向，然后在 1 200—1 240 ℃下烧结 1—2 小时成型。

(2) 铝镍钴合金

铝镍钴合金是由铝镍铁合金发展来的，目前我国能制造的铝镍钴合金的型号主要有 LNG34、LNG52、LNGJ32、LNGJ56 等。由于铝镍钴这种永磁材料主要特点是高 BH、低 Hc，其相对磁导率在 3 以上，所以在具体应用时，其磁极须做成长柱体或长棒体，以尽量减少退磁场作用。铝镍钴磁体本身矫顽力低，所以在使用过程中应严格禁止任何铁器接触铝镍钴永磁材料，以避免造成永磁体局部退磁而使磁路中磁通分布发生畸变。

铝镍钴磁体的优点是温度系数小，而且因温度变化而发生的永磁特性的退化也较小，但该材料硬而脆，加工困难。

铝镍钴永磁体用在电机中，必须装配好以后充磁。此类电机定子、转子拆开后重装，还必须再充磁，否则力矩和功率会大大降低。其原因是矫顽力低，拆开时永磁体严重退磁。

(3) 钐钴

钐钴稀土永磁是20世纪60年代出现的一种新型金属磁性材料。钐钴具有优良的磁性能，其剩磁可以达到0.85—1.14 T，矫顽力可以达到480—800 kA/m，最大磁能积达到120—210 kJ/m³。钐钴的退磁曲线基本为一条直线，回复线与退磁曲线重合，抗去磁能力很强；温度系数较低，居里温度高，磁稳定性优良，使用温度高。钐钴永磁材料非常适合用于制造高性能的永磁电机，但由于含有较多的战略性金属钴和非常稀少的金属钐，因此原料非常昂贵，只在要求电机具有高性能和高可靠性的特殊场合才考虑使用。

(4) 钕铁硼

钕铁硼于1983年研制成功。磁能积最大可达400 kJ/m³，是铁氧体的12倍，是铝镍钴的8倍，是钐钴的2倍，剩磁和矫顽力很高。钕在稀土中含量是钐的十几倍，资源丰富，铁、硼价格便宜，不含战略物资钴，因此钕铁硼永磁材料的价格比稀土钴永磁材料便宜很多。

钕铁硼永磁材料的缺点是居里温度较低(310—410 ℃)；温度系数较高，αBr可达$-0.13\%/K^{-1}$，αHjc可达-0.6%—$0.7\%/K^{-1}$，因而在高温下使用时磁损失较大。由于含有大量的铁和钕，所以容易锈蚀。使用普通的钕铁硼永磁材料，必须要校核永磁材料的最大去磁工作点，以增强其可靠性。

钕铁硼由于磁能积高，可以提高气隙磁通密度，减少电机线圈匝数，使电机的上升时间加快，伺服性能好。钕铁硼容易氧化，应提高密度以减少残留气隙来提高抗腐蚀能力，同时在表面涂敷保护层。

我国拥有世界80%以上蕴藏量的钕矿资源，因此在价格上具有得天独厚的优势，高性能钕铁硼永磁材料性价比大幅提升，使质优、价廉的钕铁硼永磁直流电动机在产业化生产中得到了广泛的应用，同时也促进永磁无刷直流电动机的性能与结构迅速发展。

3. 电刷和换向器材料

直流电机是在交流电机的基础上，通过换向器和电刷对电枢绕组电流的换向来实现的。因此电刷是直流电机的重要组成部分，是直流电机用于导入导出电流的重要的滑动接触件，起到过渡和中转的作用。

在直流电机中石墨类电刷使用较为普遍，石墨类电刷主要有三种，即石墨电刷、电化石墨电刷、金属石墨电刷。石墨电刷电阻高，电阻率在80 Ω · mm²/m以上，但硬度较低，常用于换向并不困难的中小型电机。电化石墨电刷电阻率居中，常适用于高速换向困难的电机。金属石墨电阻率较小，耐磨性较差，常用于速度不太高的低压大电流电机。换向器的材料是铜合金，如镉铜、银铜等。

目前，电动车主要采用无刷电机。无刷电机与有刷直流电动机相比具有以下两方面的优势：

(1) 寿命长、免维护、可靠性高。在有刷直流电动机中，由于电机转速较高，电刷和换向器磨损较快，一般工作1 000小时左右就需更换电刷。另外，其减速齿轮箱的技术难度较大，特别是传动齿轮的润滑问题，是目前有刷方案中比较大的难题。所以有刷电机就存在噪声大、效率低、易产生故障等问题。因此无刷电机的优势明显。

(2) 效率高、节能。因无刷直流电动机没有机械换向的摩擦损耗及齿轮箱的消耗，以及调速电路损耗,效率通常可高于85%,但考虑到实际设计中的最高性价比,为减少材料消耗,一般设计为76%。而有刷直流电动机的效率由于齿轮箱和超越离合器的消耗,通常在70%左右。

4. 电机外壳

汽车电机在工作过程中放出大量的热,传热系数是对电机外壳最重要的一个要求。电机在制作过程中,涉及部件之间的焊接,焊接接头质量对电机外壳的质量影响很大。另外,由于电机外壳材料经常处在风吹雨淋、反复热循环和周期振动等工作条件下,同时电机外壳受到流动冷却液一定的腐蚀,因此还要求电机外壳材料耐腐蚀性能强,并有良好的疲劳性能。

目前使用最多的是铜和铝合金材料制成的自循环水冷却电机外壳。

5. 绕组线材料

电动汽车电机绕组线主要采用铜漆包线,漆包线由导体和绝缘层两部分组成,裸线经退火软化后,再经过多次涂漆,烘焙而成。漆包线要具备机械性能、化学性能、电性能、热性能四大性能。

3.1.4 电机材料的测试

1. 硅钢测试

(1) 磁学性能:测试铁损值、磁感应强度。依据标准GB/T 13789单片电工钢片(带)磁性能测量方法或GB/T 3655电工钢片(带)磁、电和物理性能测量方法。

(2) 力学性能:抗拉强度、伸长率。依据标准GB/T 228金属材料拉伸试验。

(3) 工艺特性:叠装系数,弯曲次数。分别依据标准GB/T 19289、GB/T 2522和GB/T 235检测。

(4) 组织结构测试:利用X射线衍射(XRD)和电子背散射衍射技术(EBSD)测试硅钢取向,利用扫描电镜测试、透射电镜测试和力学性能测试对硅钢固溶强化研究提供实验支持。

(5) 化学成分测试:采用辉光放电质谱法(GDMS)和碳硫试验仪测试硅钢中C、N等杂质的含量。

2. 永磁材料测试

(1) 磁性能:测试永磁体的退磁曲线和回复线。可得到材料的剩磁、矫顽力、内禀矫顽力、磁能积、回复磁导率等一系列参数。可采用退磁曲线测试仪、磁滞回线测试仪,依GB/T 3217进行测试。测试永磁体磁性能温度系数,依据GB/T 24270—2009测试。

(2) 力学性能:永磁体的拉伸性能、断裂韧性、高周疲劳性能测试。环境实验:永磁体的耐腐蚀试验。

(3) 化学成分测试:采用电感耦合等离子体原子发射光谱法(ICP-AES)测定永磁体中元素的含量,采用GDMS法测试永磁体中的杂质含量。

(4) 组织结构测试：采用XRD和EBSD测试磁体晶体取向。采用SEM和TEM对磁体的主体相、晶界析出相和析出相的微区成分、尺寸、分布等进行分析测试，为磁体改进和开发新磁体提供依据。采用SEM测试磁体的防护涂层的微区成分、厚度等信息。

3. 电刷和换向器材料测试

(1) 电性能：测试导电率、接触电压降、电流密度。依据IEC60413测试。
(2) 力学性能：测试硬度、摩擦系数和耐磨性(50小时磨损)，依据IEC60413测试。

4. 电机壳体材料测试

(1) 力学性能：断裂韧性测试、焊接强度测试。
(2) 环境实验：耐高温试验，耐腐蚀试验。
(3) 热学性能：导热系数测试。
(4) 无损检测：铸造壳体和焊缝的宏观组织缺陷检测。

5. 漆包线检测

漆包线检测方法标准主要有GB/T 4909、GB/T 4074、GB/T 5584、GB/T 3953、GB/T 3952、GB/T 6108。

漆包线的产品标准：GB/T 6109、GB/T 7095。
(1) 机械性能测试：伸长率测试、回弹角实验、拉伸力测试、弯曲力测试、耐刮性实验。
(2) 耐热性能测试：热老化试验、热冲击试验、耐热软化击穿试验。
(3) 电气试验：直流电阻、击穿电压、漆膜连续性、针孔试验。
(4) 耐化学试验：测试耐酸、耐碱、耐盐雾、耐潮湿、耐油、耐冷媒、耐辐射性能。

3.1.5 新能源汽车主流电机试验

1. 实验目的

(1) 掌握单片机通用I/O口的使用。
(2) 掌握使用单片机定时器产生占空比可调的PWM波。
(3) 掌握使用单片机定时器2的捕获功能实现电机转速测量的方法。

2. 硬件原理图

电机控制实验箱的原理框图如图3.1所示。

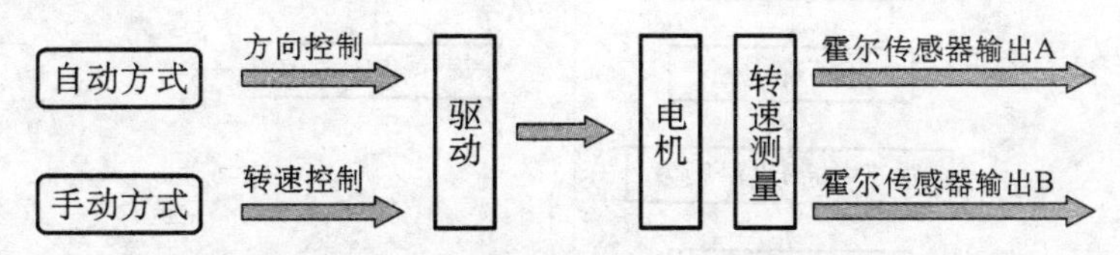

图3.1　电机控制实验箱的原理框图

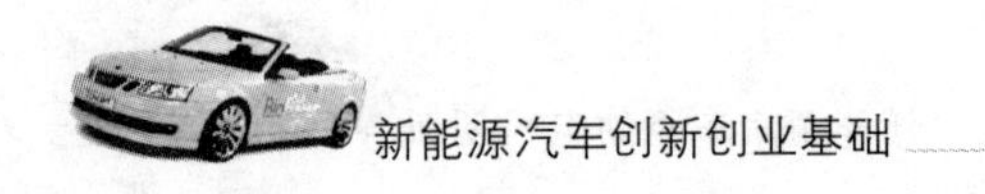

3. 实验装置接口说明

表 3.1　电机实验箱 DB9 插头引脚信号特性

DB9 引脚号	颜色	标号	信号特性	信号类型	信号方向（对试验箱而言）
1	棕	DIR	方向控制	数字量	输入
2	红	PWM	转速控制	数字量	输入
3	橙				
4	黄	GND	电源地	地	
5	绿	OUTA	霍尔器件 A 输出	数字量	输出
6	蓝	OUTB	霍尔器件 B 输出	数字量	输出
7	灰				
8	白				
9	黑				

4. 开发环境

程序开发调试软件为 Keil C，下载软件为 S51 ISP。

5. 实验要求

通过实验箱上的键盘输入调整 PWM 波的占空比，具体要求如下：
当按键为 0 时，其占空比为 20%，LED1 显示值为 0；
当按键为 1 时，其占空比为 40%，LED1 显示值为 1；
当按键为 2 时，其占空比为 60%，LED1 显示值为 2；
当按键为 3 时，其占空比为 80%，LED1 显示值为 3。
将测量到的电机转速显示到实验箱的数码管 LED3 - LED6 上，转速单位为“转/分”。

6. 软件流程图

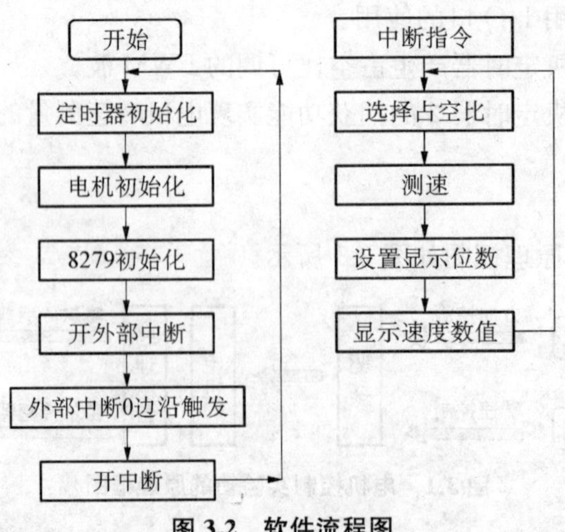

图 3.2　软件流程图

7. 实验步骤

(1) 硬件1连接。

(2) 程序开发调试软件为Kcil C,下载软件为S51 ISP,先通过单片机控制电机,改变占空比,使用示波器测量转速。

(3) 硬件2连接,将测得转速显示在数码管上。

8. 实验结论

掌握单片机通用I/O口的使用,掌握使用单片机定时器产生占空比可调的PWM波,对改变PWM波的占空比的计算方法有了深入练习,了解了使用单片机定时器2的捕获功能实现电机转速测量的方法。

3.2　新能源汽车驱动电机系统应用

3.2.1　新能源汽车电机的基本要求

(1) 电机结构紧凑、尺寸小,封装尺寸有限,必须根据具体产品进行特殊设计。

(2) 重量轻。应尽量采用铝合金外壳,同时转速要高,以减轻整车的质量,增加电机与车体的适配性,扩大车体可利用空间,从而提高乘坐的舒适性。

(3) 可靠性高、失效模式可控,以保证乘车者的安全。

(4) 提供精确的力矩控制,动态性能较好。

(5) 效率高,功率密度较高。要保证在较宽的转速和转矩范围内都有很高的效率,以降低功率损耗,提高一次充电的续驶里程。

(6) 成本低,以降低车辆生产的整体费用。

(7) 调速范围宽。应包括恒转矩区和恒功率区,低速运行输出的恒定转矩大,以满足汽车快速启动、加速、负荷爬坡等要求;高速运行输出恒定功率,有较大的调速范围,以满足平坦的路面、超车等高速行驶的要求。

(8) 瞬时功率大,过载能力强。要保证汽车具有4—5倍的过载能力,以满足短时内加速行驶与最大爬坡的要求。

(9) 环境适应性好。要适应汽车本身行驶的不同区域环境,即使在较恶劣的环境中也能够正常工作,具有良好的耐高温、耐潮湿性能。

(10) 制动再生效率高。在汽车减速时,能够实现反馈制动,将能量回收并反馈回电池,使得电动汽车具有最佳能量利用率。

(11) 结构简单,价格低廉,适合大批量生产,运行时噪声低,维修方便。

(12) 与一般工业用电机不同,用于汽车的驱动电机应具有调速范围宽、起动转矩大、后备功率高、效率高的特性。未来我国电动汽车用驱动电机系统将朝着永磁化、数字化和集成化方向发展。

3.2.2 异步电动机在新能源汽车中的应用

1. 异步电动机介绍

异步电动机又称感应电动机，即转子置于旋转磁场中，在旋转磁场的作用下，获得一个转动力矩，因而转子转动。转子是可转动的导体，通常多呈鼠笼状。定子是电动机中不转动的部分，主要任务是产生一个旋转磁场。旋转磁场并不是用机械方法来实现。而是以交流电通于数对电磁铁中，使其磁极性质循环改变，故相当于一个旋转的磁场。这种电动机并不像直流电动机有电刷或集电环，依据所用交流电的种类有单相电动机和三相电动机。

2. 异步电动机的特点

异步电动机的优点：结构紧凑、坚固耐用；运行可靠、维护方便；价格低廉，体积小、质量轻；环境适应性好；转矩脉动低，噪声低。交流异步电动机成本低且可靠性高，逆变器即便损坏而产生短路时也不会产生反电动势，所以不会出现急刹车的可能性。

因此，广泛应用于大型高速的电动汽车中，三相笼型异步电动机的功率容量覆盖面很广，从零点几瓦到几千瓦。它可以采用空气冷却或液体冷却方式，冷却自由度高，对环境的适应性好，并且能够实现再生制动。与同样功率的直流电动机相比较，效率较高，重量约要轻一半左右。

异步电动机的缺点：功率因数低，运行时必须从电网吸收无功电流来建立磁场；控制复杂，易受电机参数及负载变化的影响；转子不易散热；调速性能差；调速范围窄。

新能源汽车专用的电动机，通过从电池中获取有限的能量产生动作，所以要求其在各种环境下的效率都要很好。因而，在性能上要求比一般工业用的电动机更加严格。适合作为电动汽车专用的电机需要满足几个特性：由高速化而生的小型轻量化（坚固性）、高效性（一次充电后的续驶里程长）、低速大转矩情况下的大范围内的恒定输出特性、寿命长以及高可靠性、低噪声性和成本低廉。但是现实中全部满足以上几个特性的电机还未被开发出来。目前更适于新能源汽车的电机是交流异步电机和 PM 电动机。

3. 异步电动机的控制系统

由于交流三相感应电机不能直接使用直流电，因此需要逆变装置进行转换控制。新能源汽车减速或制动时，电机处在发电制动状态，给蓄电池充电，实现机械能转换为电能。在新能源汽车上，由功率半导体器件构成的 PWM 功率逆变器把蓄电池电源提供的直流电变换为频率和幅值都可以调节的交流电。

三相异步电动机逆变器的控制方法主要有 V/f 恒定控制法、转差率控制法、矢量控制法和直接转矩控制法（DTC）。20 世纪 90 年代以前主要使用前两种控制方式，但是因转速控制范围小，转矩特性不理想，而对于需频繁起动、加减速的电动车并不适合。目前，后两种控制方式正处于主流的地位。

4. 异步电动机的应用现状

在美国，异步电动机应用得较多，这也被认为是和路况有关。在美国，高速公路已经具有一定的规模，除了大城市外，汽车一般以一定的高速持续行驶，所以能够实现高速运转且效率较高的异步电动机得到广泛应用。在我国，随着高速公路规模的发展，交流异步电动机在新能源汽车上的应用也会越来越广泛。

3.2.3 永磁无刷电动机在新能源汽车中的应用

随着近些年来电力电子技术、微电子技术、微型计算机技术、稀土永磁材料、传感器技术与电机控制理论的快速发展，交流驱动技术逐渐趋于成熟。

相比于现有串励或者并励有刷直流电机驱动系统，永磁无刷电机拥有功率密度大、体积小、效率高、结构简单牢固、易于维护等优点，且采用永磁无刷电机作为驱动元件的电动汽车驱动系统运行和维护成本较低；采用全数字化和模块化结构设计，使得驱动器接口灵活，控制能力更强，操作更加舒适；应用能量回馈制动技术，可以减少刹车片的磨损，同时又增加汽车续驶里程。

因此，基于电动汽车市场发展需要和技术现状，设计开发可靠、低成本、性能优良的全数字化电动汽车永磁无刷电机驱动系统，对于电动汽车产业的发展有着重要意义。

1. 永磁同步电动机简介

在电机内建立进行机电能量转换所必需的气隙磁场有两种方法：一种是在电机绕组内通电流产生磁场，这种方法既需要有专门的绕组和相应的装置，又需要不断供给能量以维持电流流动，例如普通的直流电机和同步电机。另一种是由永磁体来产生磁场，这种方法既可简化电机结构，又可节约能量。由永磁体产生磁场的电机就是永磁电机。

它利用永磁体建立励磁磁场的同步电动机，其定子产生旋转磁场，转子用永磁材料制成。同步发电机为了实现能量的转换，需要有一个直流磁场而产生这个磁场的直流电流，称为发电机的励磁电流。根据励磁电流的供给方式，凡是从其他电源获得励磁电流的发电机，称为他励发电机；从发电机本身获得励磁电源的，称为自励发电机。

2. 永磁同步电动机的特点

永磁同步电动机的优点：功率因数大，效率高，功率密度大；结构简单、便于维护，使用寿命较长、可靠性高；调速性能好，精度高；具有良好的瞬时特性，转动惯量低，响应速度快；频率高，输出转矩大，极限转速和制动性能优于其他类型的电机；采用电子功率器件作为换向装置，驱动灵活，可控性强；形状和尺寸灵活多样，便于进行外形设计；采用稀土永磁材料后电机的体积小、质量轻。

永磁同步电动机的缺点：电机造价较高；在恒功率模式下，操纵较为复杂，控制系统成本较高；弱磁能力差，调速范围有限；功率范围较小，受磁材料工艺的影响和限制，最大功率仅为几十千瓦；低速时额定电流较大，损耗大，效率较低；永磁材料在受到振动、高温和过载电流作用时，其导磁性能可能会下降或发生退磁现象，将降低永磁电动机的性能，严重时还会损坏电动机，所以在使用中必须严格控制，使其不发生过载。永磁材料磁场不可变，要想增大电机的功率，其体积会很大；抗腐蚀性差；不易装配。

3. 永磁电机作为驱动电机的优越性

(1) 功率密度大，起动力矩大。永磁电机气隙磁密度可大大提高，电机指标可实现最佳设计，使得电机体积缩小、重量减轻，同容量的稀土永磁电机体积、重量、所用材料可以减轻 30%左右。永磁驱动电机起动转矩大，在汽车启动时能提供有效的启动转矩，满足汽车的运行需求。

(2) 力能指标好。Y 系列电机在 60%的负荷下工作时，效率下降 15%，功率因数下降 30%，力能指标下降 40%。而永磁电机的效率和功率因数下降甚微，当电机只有 20%负荷时，其力能指标仍为满负荷的 80%以上。同时永磁无刷同步电机的恒转矩区比较长，一直延伸到电机最高转速的 50%左右，这对提高汽车的低速动力性能有很大帮助。

(3) 高效节能。在转子上嵌入稀土永磁材料后，在正常工作时转子与定子磁场同步运行，转子绕组无感生电流，不存在转子电阻和磁滞损耗，提高了电机效率。永磁电机不但可减小电阻损耗，还能有效地提高功率因数。如在 25%—120%额定负载范围内永磁同步电机均可保持较高的效率和功率因素。

(4) 结构简单、可靠性高。用永磁材料励磁，可将原励磁电机中励磁线圈由一块或多块永磁体替代，零部件大量减少，在结构上大大简化，改善了电机的工艺性，而且电机运行的机械可靠性大为增强，寿命增加。转子绕组中不存在电阻损耗，定子绕组中几乎不存在无功电流，电机温升低，这样也可以使整车冷却系统的负荷降低，进一步提高整车运行的效率。

4. 永磁同步电机的控制系统

永磁电机的控制技术与感应电机类似，控制策略上主要集中在提高低速转矩特性和高速恒功率特性上。目前，永磁同步电机低速时常采用矢量控制，包括气隙磁场定向、转子磁链定向、定子磁链定向等；而在高速运行时，永磁同步电机通常采用弱磁控制。

5. 永磁电机应用现状

稀土永磁电机的设计理论、计算方法、检测技术和制造工艺正不断地完善和发展，永磁材料的性能和可靠性正不断地提高。电力电子技术、大规模集成电路和计算机技术的快速发展也对永磁驱动电机的发展起到了积极的促进作用。随着未来混合动力汽车和纯电动汽车的快速发展，永磁驱动电机将迎来一个快速发展的时期，其发展趋势也将呈现以下特点：高功率密度、高转矩密度、高可控性、高效率、高性能、高价格比等，以满足混合动力汽车和纯电动汽车的实际需求。

3.2.4 开关磁阻电动机在新能源汽车中的应用

1. 开关磁阻电动机简介

开关磁阻电动机(Switched Reluctance Drive, SRD)是继变频调速系统、无刷直流电

动机调速系统之后发展起来的最新一代无级调速系统，是集现代微电子技术、数字技术、电力电子技术、红外光电技术及现代电磁理论、设计和制作技术为一体的光、机、电一体化高新技术。它具有直流、交流两类调速系统的优点。

开关磁阻电机是覆盖功率范围 10 W—5 MW 的各种高低速驱动调速系统。开关磁阻电机存在许多潜在的领域，在各种需要调速和高效率的场合均能得到广泛使用（电动车驱动、通用工业、家用电器、纺织机械、电力传动系统等各个领域）。

开关磁阻电动机工作原理：开关磁阻电动机的运行遵循“磁阻最小原理”——磁通总要沿磁阻最小的路径闭合。具有一定形状的铁心在移动到最小磁阻位置时，必使自己的主轴线与磁场的轴线重合。

2. 开关磁阻电机特点

它的结构比其他任何一种电动机都要简单，在电动机的转子上没有滑环、绕组和永磁体等，只是在定子上有简单的集中绕组，绕组的端部较短，没有相间跨接线，维护修理容易。因而可靠性好，转速可达 15 000 r/min。效率可达 85%—93%，比交流感应电动机要高。损耗主要在定子，电机易于冷却；转子元永磁体，易于实现各种特殊要求的转矩-速度特性，而且在很广的范围内保持高效率，更能达到电动汽车动力性能要求。

开关磁阻电机还具有在较宽转速和转矩范围内高效运行、控制灵活、可四象运行、响应速度快、成本较低等优点。工艺性好，适用于高速，环境适应性强；电机转矩的方向与绕组电流的方向无关，适用于频繁启停以及正反向转换运行；启动电流小，转矩大；可控参数多，调速性能好；具有较强的再生制动能力；定子和转子的材料均采用硅钢片，易于获取和回收利用。

但开关磁阻电机有转矩波动大，需要位置检测器，系统非线性特性，磁场为跳跃性旋转，控制系统复杂；对直流电源会产生很大的脉冲电流等缺点。位置检测器是开关磁阻电动机的关键器件，其性能对开关磁阻电动机的控制操作有重要影响。由于开关磁阻电动机为双凸极结构，不可避免地存在转矩波动，噪声是开关磁阻电动机最主要的缺点。

但近年来的研究表明，采用合理的设计、制造和控制技术，开关磁阻电动机的噪声完全可以得到良好的抑制。另外，由于开关磁阻电动机输出转矩波动较大，功率变换器的直流电流波动也较大，所以在直流母线上需要装置一个较大的滤波电容器。

3. 开关磁阻电动机的控制系统

开关磁阻电动机驱动系统的核心是开关磁阻电动机（SRM），它涉及电动机、电力电子、微机、控制、光电转换、角度测量等多学科知识，结构比较复杂，控制系统要求也比较独特，感应电动机和永磁同步电动机的控制方法通常难以满足系统的控制要求。目前电动汽车应用较少，它的主要研究方向是模型研究。

由于开关磁阻电机具有明显的非线性特性，系统难于建模，所以一般的线性控制方式不适用于开关磁阻电机系统。目前主要利用模糊逻辑控制、神经网络控制等。

它的控制系统包括功率变换器、控制器和位置传感器及速度检测器等部分。

(1) 功率变换器

开关磁阻电动机的励磁绕组,无论通过正向电流或反向电流,其转矩方向不变,功率变换器电路较简单,不会出现直通故障,可靠性好,易于实现系统的软启动和四象限运行,具有较强的再生制动能力。成本比交流三相感应电动机的逆变器控制系统要低。

(2) 控制器

控制器由微处理器、数字逻辑电路等元件组成。微处理器根据驾驶员输入的命令,同时对位置检测器、电流检测器所反馈的电动机转子位置,进行分析、处理,并在瞬间做出决策,发出一系列执行命令,以控制开关磁阻电动机适应电动汽车在不同条件下运行。控制器性能好坏和调节的灵活性,取决于微处理器的软件和硬件的性能配合关系。

(3) 位置检测器

开关磁阻电动机需要高精度的位置检测器,为控制系统提供电动机转子的位置、转速和电流的变化信号,并要求有较高的开关频率以降低开关磁阻电动机的噪声。

3.2.5 直流电动机在新能源汽车中的应用

直流电机可分为永磁式直流电机和绕组励磁式电机两种。一般小功率采用前者,大功率采用后者,下面主要讨论后者。

1. 直流电动机简介

直流电机是将直流电能转化成机械能(直流电动机)或将机械能转化为直流电能(直流发电机)的旋转电机。

直流电机的结构应由定子和转子两大部分组成。直流电机运行时静止不动的部分称为定子,定子的主要作用是产生磁场,由机座、主磁极、换向极、端盖、轴承和电刷装置等组成。运行时转动的部分称为转子,其主要作用是产生电磁转矩和感应电动势,是直流电机进行能量转换的枢纽,所以通常又称为电枢,由转轴、电枢铁心、电枢绕组、换向器和风扇等组成。

有刷直流电动机被广泛应用于要求转速可调、调速性能好,以及频繁启动、制动和反转的场合。

2. 直流电动机的特点

直流电动机的优点:结构简单;具有优良的电磁转矩控制特性,可实现基速以下恒转矩、基速以上恒功率,可满足汽车对动力源低速高转矩、高速低转矩的要求;可频繁快速启动、制动和反转;调速平滑、无级、精确、方便,范围广;抗过载能力强,能够承受频繁的冲击负载;控制方法简单,只需要用电压控制,不需要检测磁极位置。

直流电动机的缺点:设有电刷和换向器,高速和大负荷运行时换向器表面易产生电火花,同时换向器维护困难,很难向大容量、高速度发展,此外电火花会产生电磁干扰;不宜在多尘、潮湿、易燃易爆的环境中使用;价格高、体积和质量大。其中电火花产生的电磁干扰,对高度电子化的电动汽车来说将是致命的。随着电子技术和控制理论的发展,相对于其他驱动系统而言,直流电机在电动汽车中的应用已处于劣势,目前已逐渐被淘汰。

3. 直流电机的控制系统

直流电机控制系统主要由斩波器和中央控制器构成，根据直流电机输出转矩的需要，利用斩波器来控制电机的输入电压、电流，以保证驱动直流电机的运行。

3.3　驱动电机创新创业点

3.3.1　国家政策下的驱动电机市场

从行业配套来看，新能源乘用车主要使用的是交流感应电机和永磁同步电机。其中，永磁同步电机使用较多，因其转速区间和效率都相对较高，但是需要使用昂贵的系统永磁材料钕铁硼；部分欧美车系采用交流感应电机，主要因为稀土资源匮乏，同时出于降低电机成本考虑，其劣势主要是转速区间小，效率低，需要性能更高的调速器以匹配性能。

随着新能源汽车市场的迅猛发展，驱动电机市场空间潜力巨大，吸引了众多企业和资本的进入。整体来看，我国驱动电机取得较大进展，已经自主开发出满足各类新能源汽车需求的产品，部分主要性能指标已达到相同功率等级的国际先进水平。但是在峰值转速、功率密度及效率方面与国外仍存在一定的差距。

当下世界范围内各个国家依然将煤炭和石油等资源当作发展能源。为了应对石油资源紧张问题，新能源汽车相继诞生，在一定程度上可以减轻资源紧缺状况。尽管新能源汽车中的电机驱动控制技术研究获得一定成效，但还存在各种问题，想要提高电机驱动技术水平，需要进行深入研究，提高新能源汽车安全性，促进电机驱动控制和新能源汽车类型向匹配。

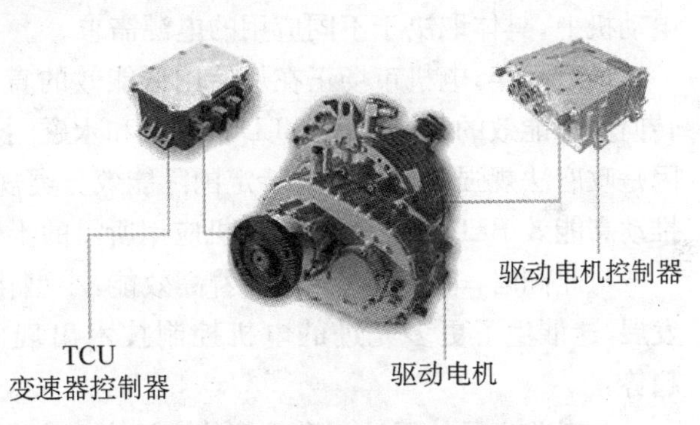

图 3.3　驱动电机及相关装置

截至目前，我国汽车保有量约 2.5 亿辆，新能源汽车的保有量 350 万辆，占比只有 1.4%。2019 年的 1—7 月，我国新能源汽车的产销分别完成 70.1 万辆和 69.9 万辆，同比增长 39%和 10.9%。随着能源结构的调整，以及国家政策的大力支持，我国新能源汽车行业呈现蓬勃发展的态势。新能源汽车的性能高低由动力电池、驱动电机和电机控制器三大部件决定，驱动电机是新能源汽车的动力来源，是核心部件之一。随着我国新能源汽车市场的快速发展，驱动电机市场迅速扩大。国家发布的《“十三五”国家战略性新兴产业发展规划》明确提出，到 2020 年，新能源汽车实现当年产销 200 万辆以上，累计产销超过 500 万辆。在政策的大力推动下，我国新能源汽车市场占比呈快速上升的态势，预计到 2020 年，我国新能源汽车驱动电机市场规模将达到 310 亿元。

我国新能源汽车驱动电机市场发展前景广阔。在新能源汽车驱动电机制造领域，我国本土企业技术与国外先进技术相差不大，基本处于同一起跑线，在此发展机遇下，我国驱动电机行业未来市场空间巨大。

3.3.2 驱动电机产品升级创新

1. 电机驱动技术的进步

图 3.4 驱动电机内部设计

电机驱动技术为全球无数的制造和生产线提供可靠的动力保障。随着时间的推移，这一领域最大的发展之一就是变频器，可以为工业领域的交流感应电动机提供可靠的速度和转矩控制。新型变频器能够控制永磁交流同步电机，从而增加了其功能的多样性。伺服和步进驱动器在各种类型的伺服和步进电机的转矩和位置控制方面取得了显著的性能改进。它们以各自较低的功率范围对应用场景进行补充。

硬件和软件创新是这些电机驱动发展的推动力。主要的硬件开发，包括电源开关晶体管和微处理器。软件创新包括新的软件工具的开发，这些工具可以完成以前不可能实现的复杂控制算法。随着可用性的提高，软件还使电动机驱动变得对用户更加友好。

特别是大幅减少了变频器的规格尺寸和重量。大体积的机柜让位于紧凑的电子外壳，这些外壳可以安装在电动机附近，以适合特定的制造工厂布局，有的甚至可以安装在电动机上，具体取决于不同应用的电源需求。

最近两年，电机市场正在从使用低能效的直流电机、步进电机、通用或交流感应电机转向更高能效的无刷直流（BLDC）电机和永磁同步电机（PMSM），这一趋势构成的部分原因是政府法规强制使用符合特定国际能效分类规范（IE1、IE2 及 IE3）的电机，另外还在于推动高能效 BLDC 或 PMSM 电机应用所需的半导体产品价格的快速下降。

与此同时，电机一直都在朝着高效能，小型化，低成本，高兼容性，结构简单化的方向发展，这催生了更多先进的电机控制技术出现，从而不断改变着电机控制市场的发展趋势。

安森美半导体系统方案部智能电源方案分部功率器件产品营销经理 Rakesh Parekh 表示，客户的策略趋向使用更高集成度的控制方案，这些方案比传统分立器件方案更有助降低总体物料单（BOM）成本、减少方案占位面积，并使系统方案更轻、更高能效及更可靠。

这一趋势是半导体技术进步的直接结果，技术使半导体产品尺寸更小，及功能集成度更高。这种方法简化系统方案，提升可靠性，省去线缆问题，而且降低噪声。许多半导体公司都在研究紧凑、智能、更轻及更可靠的下一代半导体产品。

图 3.5 半导体技术的进步

随着半导体技术的发展和数字控制的普及，变频控制技术得到了广泛的应用，这是因为它实现了对存量最大并成本低廉的交流感应电机的速度控制

及力矩控制，变频控制使我们有机会不断地改进控制策略和提升系统效率以达到更节能的效果。

2. 功率开关设备和微处理器

调节输入电流/电压波形以进行电机控制的功率开关晶体管是电机驱动装置的核心。在早期的驱动中，可控硅整流器(一种固态开关)和栅极关断晶闸管(功率半导体)起着电源开关的作用。它们代表着技术的成熟，并且仅在某些大功率驱动器应用中才能看到有限的应用。

图 3.6 供应大功率直流高频开关电源

图 3.7 微处理器

随着计算机和数字技术的迅猛发展，电机驱动逐渐转移到基于数字微处理器(MPU)的设计中，这种设计至今仍然占据着主导地位。新出现的一种新型半导体——绝缘栅双极晶体管(IGBT)，已成为当今电机驱动的主要功率开关器件。IGBT 结合了金属氧化物半导体场效应晶体管(MOSFET)输入和双极晶体管输出的最佳特性。其他功能还包括，因绝缘栅带来的快速切换功能和更低的损耗。例如，IGBT 的进步带来了更快的开关速度和在更高电压下运行的能力。

微处理器和数字信号处理器(DSP)的功能在不断提高。更高的计算速度可以更快地响应负载动态，并可以与运动系统的其他部分进行近乎实时的通信。内存可以将更多容量压缩到微芯片中，从而在软件和硬件中实现更复杂的运动控制算法。

3. 控制复杂度

多功能交流变频器提供三种主要的电机控制方法。开环控制是第一个且最简单的方法。它提供合理的速度调节，并且无需反馈装置即可运行。磁通矢量控制(FVC)处于变频器性能的最高水平，并具有多种变化。磁场定向 FVC 通过对产生磁通量和转矩产生电流分量的独立控制来模拟直流电机和交流电机的特性，从而获得对电机转矩和功率的最佳控制。FVC 使用反馈设备(通常是编码器)来获取电机轴位置和速度信息。控制算法依赖复杂的电机模型，并实现单独的速度和转矩环路。全矢量控制可以在低速(有时甚至接近零转速)时提供高扭矩。

图 3.8 通用磁通矢量控制变频器

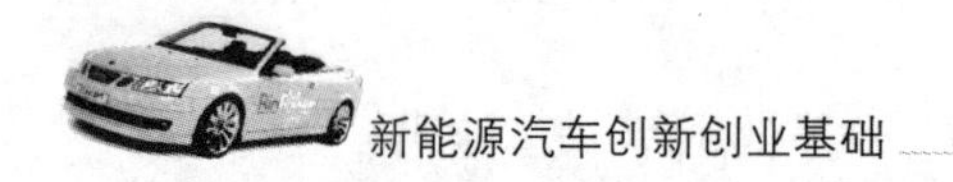

在上述两个极端之间的是无传感器矢量控制(也称为开环矢量控制,SVC),这是另一种替代方案,可提高开环控制变频器的低速转矩、速度调节和启动转矩能力。尽管 SVC 变频器无需反馈装置即可工作,但它们可以使用电机电流和电压信号估算转矩电流、励磁电流以及它们之间的矢量关系,以实现对电机的精确控制。较新的变频器能够提供上述所有控制类型,甚至包括在某些应用中很有用的开环控制。

4. 软件的影响

在运动控制器和变频器应用中所使用的 MPU、数字信号处理器和微芯片,其性能在不断提高,使得更高的执行速度和巨大的内存增长成为可能。在同一个变频器中,可以集成上面提到的多种电机控制拓扑,经济上也更合理。一个简单的软件参数变更,即可更改控制模式。

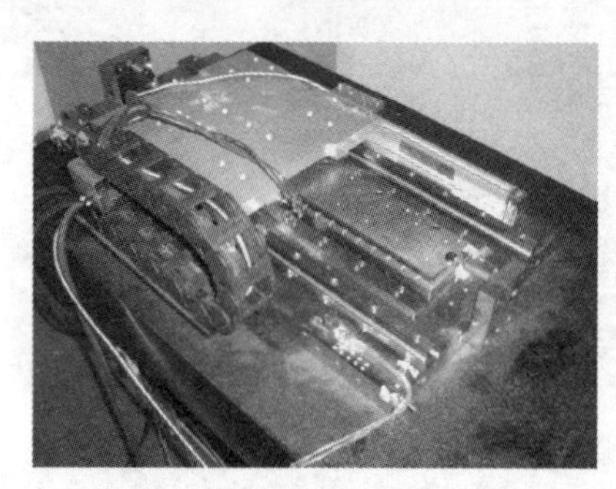
图 3.9　直线电机运动控制平台

通过适当软件进行的计算机仿真,可以在构建硬件之前进行虚拟原型机测试,以评估不同的运动控制系统设计。

运动控制软件的另一个好处是可以帮助设置变频器和电机,尤其是伺服驱动器。仿真是软件创新的另一个领域,它允许在构建硬件之前,用软件对运动控制系统进行"虚拟原型机"。

5. 机电一体化

传统上,机械和电子系统是物理上分开的单元。20 世纪 90 年代中期,当电机和控制集成大规模出现时,运动控制领域也发生了巨大的变化。许多制造商推出了一系列产品:首先是将交流感应电机和变频器集成,即所谓的集成电机。然后,类似的组合单元,还可包含伺服和步进电机及其各自的控制器。

机电一体化的主要示例是将电机和变频器组件组合到一个封装中。集成步进电动机的分解图展示了该技术,也适用于其他类型的电机。

为电机配置机载电子控制装置可为用户带来各种好处,例如:较低的安装成本,无需在电动机和变频器之间进行长距离布线,减少相关导管架,系统组件更少,诊断和维护更容易,控制架构也更简单。但是,集成电动机的成功率低于预期,主要问题出在感应电动机和变频器领域。尽管如此,这些感应电动机/变频器组合仍有一定的市场,最大功率可达 22 kW,可用于混合动力控制架构。

3.3.3　售后维护和维修

1. 新能源汽车驱动电机的日常维护与保养

日常保养涵盖清理与保持洁净、紧固、验查、添补。驱动电机在做日常保养的过程中,首先就要对其进行清理与洁净,将驱动电机的表层、驱动电机的线路等处进行清理与洁净,然后对其进行紧固,拧紧驱动电机的固定零件,紧固驱动电机的附属零件的线束等,再

有就是对其进行查验，查验驱动电机表层有没有破裂、损坏和生锈腐蚀，查验线束有无断路与短路的线路上的故障，最后需要进行的是添补，驱动电机的冷却过程是通过冷却液来进行的，所以需要及时添补冷却液。即使电动汽车与常规汽车的驱动方法具有一定的差异性，但是仍然需要做出日常的保养以及维护。

图 3.10 驱动电机

电动汽车与常规汽车保养之间存在的最大差异性体现在，常规汽车注重对汽车燃油发动机的系统进行保养，要进行定期的更换机油和机油过滤等燃油发动机零部件，但是电动汽车注重于对电池组与驱动电机的日常维护与保养。电动汽车的电池组和驱动电机取代了常规汽车的燃油发动机来实现汽车的行驶，变速箱和常规的汽车的变速箱稍有差别，但是汽车底盘与电器方面和常规汽车基本相同。

图 3.11 燃油发动机

图 3.12 新能源汽车的电池组

为保证汽车可以最良好的状态运行，电动汽车务必要像常规汽车做定期的维护和养护，例如一年或者是行驶两万千米以后更换变速箱油与空调滤芯，两年亦或者是四万千米更换汽车防冻液与刹车油；进行保养时都要对底盘进行查验，检查灯光以及轮胎等最基本的部分。因为电动汽车的驱动依靠的是驱动电机，因此电动汽车并不具有发动机的机油、三种过滤、传动带等一般保养，一般只要针对驱动的电池组与驱动电机作出其必要的查验，同时对其进行必要的清洁就可以了，所以不难看出对电动汽车进行保养的确相较于常规汽车的保养更为简易。

保养的过程要明确电动汽车保养一般涵盖哪些内容，一般保养内容是制动系统、空调系统、充电系统、底盘部分查验、车身部分检查、动力系统与电池系统查验、冷却系统查验、转向系统查验、附加项目等，总计大约有 50 项。在对新能源汽车进行汽车保养时，高压线束的检查是非常重要的。此过程针对的是查验高压线束的导电性与绝缘性两个方面的主要特性。类似于常规汽车的燃油系统，高压线束的性能联系着一辆电动汽车的驾驶安全问题。查验是通过使用万用表来进行的，查验时是把连接动力电池的电路和电源控制器断开，再使用探测针一个一个作出查验，若处在标准的测试值以内就认为是符合标准。

2. 新能源汽车驱动电机的定期维护与保养

新能源汽车的保养通常分为 A 级与 B 级，要交替地进行两个级别的保养。A 级保养指的是要对整车进行全方位的保养，当汽车的行驶里程满一万千米后进行首次保养；每行驶两万千米进行一次保养，是针对主要的项目做查验与保养，行驶里程满两万千米后进行首次，之后相隔两万千米进行一次。无论是A级保养还是B级保养，务必要依照行驶的里程数与行驶的时间来择定。保养的项目依照汽车在正常行驶状况下确定，而常常处在较差环境下的汽车，部分保养项目就需要提前来做。

3. 驱动电机常见故障和故障维修方法

(1) 驱动电机超过正常的运行速度会有几种故障产生：第一种，电动汽车整体承担的载荷骤然下降，驱动电机的扭矩控制系统失去作用效果，这种故障的维修方法是可以进行重新供电，然后故障便不会再次发生，不需要对其进行处理。第二种，电动汽车的驱动电机低压信号线的连接部位产生松动亦或是产生掉落，此种情况的维修方法是查验信号线的连接部位。第三种，控制器出现故障，此种情况可以划分为硬件方面出现了故障，此种故障的维修方法是将控制器进行更换。

图 3.13　修理驱动电机的过程

(2) 驱动电机运行温度低于正常的运行温度。驱动电机控制器的温度传感器能够自动检测到电动汽车的驱动电机绕组运行温度处于100%—140%。当检测到温度超过140%时，电动汽车的驱动电机会便会停止运行。此类故障的维修方法：查验驱动电机主体是不是因为长时间的过载工作而致使其产生损坏，然后对驱动电机进行更换。

(3) 旋转变压器发生故障。表现一般为驱动电机不能进行启动或者是转矩输出小于正常值。当确认控制器旋变线和驱动电机链接正常的状况下，对旋转变压器和控制器旋变解码电路作出检查，使用万用表显示旋转变压器的绕组电阻，如果无穷大，就是出现了损坏，需要对旋转变压器进行更换，如果显示为正常值，便能够断定控制器内部旋变解码电路出现了故障，需对制器主控板进行更换。

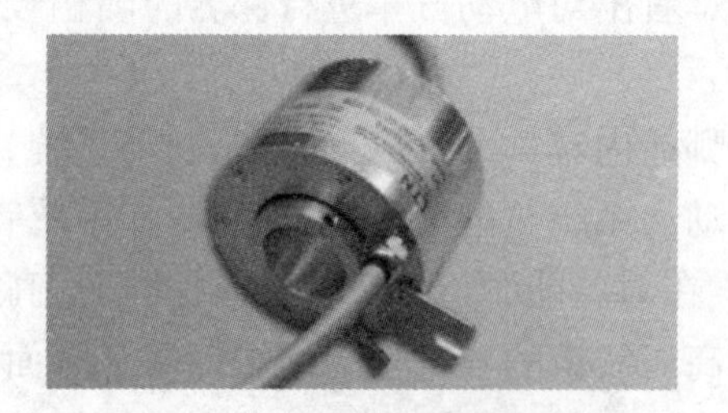

图 3.14　旋转变压器

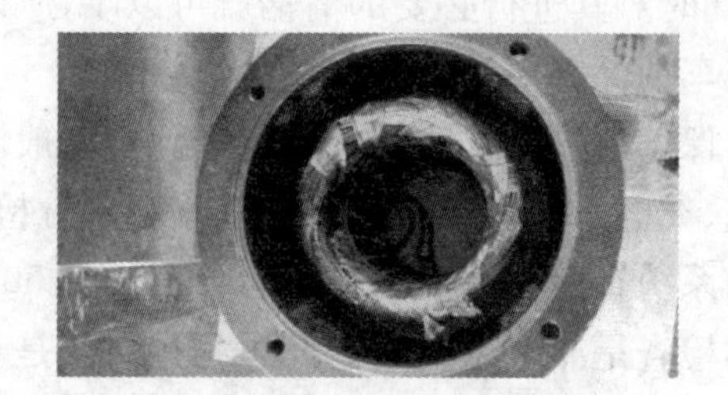

图 3.15　缺相烧毁的电机

(4) 驱动电机缺相。故障的一般表现为驱动电机有时转动、有时不转动或者发生颤抖，产生很强的噪音和产热现象。这种故障包括与励磁故障，一般是驱动电机的一个相的霍尔元件损坏，霍尔元件是一个磁体控制的传感器，它能够监测到磁场的增强和减弱，经过控制器依据霍尔元件收集到的信号做出控制，控制器的三相输出，使驱动电机能够正常

运行，如果某一个霍尔元件发生损坏而停止运行，会致使驱动电机缺相。检测的方式为检测霍尔元件输出引线对于霍尔地线与对于霍尔电源的引线的电阻，进行比较断定是哪个霍尔元件发生故障。维修方式如下，同时对三只霍尔元件，来确保驱动电机准确换相。

新能源汽车项目属于国家进行帮扶的主要对象，因为电动汽车具备传递简易，耗能较低，能量利用率高，变速器简易，没有必要使用优质的润滑油，并且易保养等多种突出特点，一直得到了良好的发展。只是它的市场占有并没有满足预估的目标，造成这种结果的原因有续航里程与驱动不够稳定等。因此，务必要增强驱动电机与驱动电机控制器的稳定性以及安全性和操控性、智能化等多个方面的综合性能，才会有较于燃油汽车更为突出的优点，使之处于汽车产业的中心位置。

*3.4 仿生创新原理与主要方法

本章节为延伸拓展学习，电子学习资料见二维码

1. 可变速电子驱动有哪些优点？
2. 请对永磁电机作为驱动电机的优越性和缺点做简要分析。
3. 新能源汽车的主流电机有哪三种？哪一个性能最为优越？请做简要分析。
4. 从技术演变趋势看，你觉得将来驱动电机会向哪个方向发展？
5. 电动汽车电机有哪些要求？为什么？
6. 请简述驱动电机的维修服务趋势及职业发展需求。

第4章 新能源汽车电控系统创新

4.1 电控系统技术

4.1.1 电控系统概述

1. 电控系统喷射系统

发动机电控燃油喷射装置是根据各传感器测得的空气流量、进气温度、发动机转速及工作温度等参数，适时调整供油量，保证发动机始终在最佳工作状态，提高发动机的综合性能。分为单点喷射(SPI)、多点喷射(MI)和缸内直接喷射三种形式。缸内直喷是当前电控燃油喷射中的前沿技术，其喷油器安装在气缸盖上，工作时直接将汽油喷入气缸内进行混合燃烧。直喷技术的实现大大降低了汽油机的油耗，进一步提高了汽油机的热效率。

2. 电子点火控制系统

由微处理机、传感器及其接口、热行器等构成。该装置根据传感器测得的发动机参数进行运算，输出最大的功率和转矩，降低油耗和排放。目前出现了一种无分电器微机控制点火系统(DLI)，由 ECU 内部控制各缸配电。点火线圈产生的高压电不需经过分电器分配，直接就送至火花塞发生点火，可消除分火头与分电器盖边电极的火花放电现象，减少电磁干扰。

3. 怠速控制系统

怠速性能差将导致油耗增加，排污严重，因此现代轿车中一般都设有怠速控制系统。主要执行元件是怠速控制阀(ISC)。ECU 根据从各传感器的输入信号所决定的目标转速与发动机的实际转速比较得出的差值来确定转速并保持在最佳状态附近。怠速控制系统中的执行器——怠速控制阀的发展速度较快，其类型包含步进电机转电磁阀型、占空比型和开关控制型等。

4. 排气再循环电控系统

此系统是目前降低废气中氧化氮含量的一种有效措施。主要执行元件是数控式EGR阀。ECU根据发动机的转速、节气门开度、冷却水温等信号，计算最佳再循环排气率，通过真空调节阀将ECU输出的电信号转换为气压变化，控制EGR阀的开度来实现。真空调节阀一般是电磁式的。ECU还通过压力传感器测量再循环排气率信号来进行反馈控制，一般是独立式压力或压差传感器，现在出现了与EGR阀共为一体的EGR位置传感器，提高了控制精度。

5. 增压电控系统

发动机中增压系统的安装目的是为了提高进气效率。电控增压系统的研制开发使增压技术又跨上了一个新台阶。目前，应用较普遍的是电控废气涡轮增压系统。增压技术所带来的一个不可忽视的负面影响就是燃烧爆震倾向增加了，为此，专门用爆震传感器对点火系统进行反馈控制(即爆震控制)。

6. 故障自诊断系统

此系统是现代轿车发动机电控系统的ECU中的故障自诊断系统，可自行监测、诊断发动机控制系统各部分的故障。当各控制系统出现故障时，仪表板上的故障指示灯闪烁报警，同时将故障信息以代码的形式保存在微机的存储器中，维修时可以通过故障指示灯间断闪烁来显示，也可以通过专用的检测仪器以数字的形式显示故障代码，通过手册可查出故障原因。

7. 故障保险系统及故障备用控制系统

当自诊断系统检测出传感器及其电路故障后，ECU中的故障保险系统自动启动，由程序设定的取代故障部分输入的非正常信号直接控制。当微机或主要传感器出现故障时，ECU即将主控权由微机切换至故障备用系统中，由其代微机工作，保证轿车“缓慢回家”以便修理。

8. 进气涡流电控系统

电控进气涡流技术在某些轿车(特别是采用稀燃技术的轿车)上应用较多。其结构是在进气I附近增设一涡流控制阀，通过ECU采集转速、节气门开度、冷却水温等信号，并加以处理后控制其旋转角度，引导气流偏转产生涡流，调节涡流比，实现涡流控制，促进汽油蒸发以及与空气的均匀混合，提高燃烧效率。

9. 可变进气控制系统

可变进气控制系统从增加进气量、提高进气效率的角度出发提高发动机动力性和经济性。有两种类型：可变流通面积控制方式通过ECU控制安装在进气管道中的控制阀的旋转角度来改其进气流通截面，满足不同工作对进气量的需求；可变流通长度控制方式由

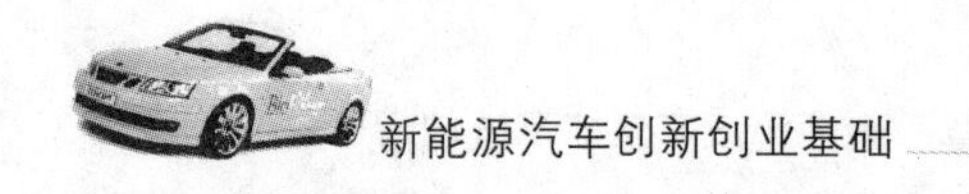

ECU 控制进气道中的控制阀来调整进气管的长度。

10. 进气温度预热控制系统

进气温度预热控制系统通过调节低温启动时的进气温度来促进汽油蒸发，改善排放性能。预热方式主要有排气管预热、水温预热和正温度元件(PTC)预热三种形式。

11. 燃油蒸发电控系统

广泛应用的是活性炭罐蒸发电控装置。停车期间，利用活性炭罐吸收汽油蒸气，防止向大气扩散；发动机运行后，ECU 控制活性炭罐与进气管之间的导通，利用进气真空度将活性炭罐中吸附的汽油蒸气吸入进气管，这样可有效防止汽油蒸气的外逸，降低 HC 的排放污染。

12. 曲轴箱强制通风电控系统

曲轴箱强制通风电控系统由 ECU 根据节气门位置信号、转速信号等控制强制通风阀，从而实现曲轴箱内气体与进气管之间的导通，将气缸中经活塞环间隙渗入曲轴箱内的气体再次循环进进气管中，以减少该部分气体直接排向大气造成的污染。

13. 空气喷射系统

空气喷射由 ECU 控制二次空气喷射气道的导通，将空气引入催化转换器中，实现对 NOx、CO、HC 的转变，目前与催化转换器配合使用。随着研究的深入，出现了许多新技术。如停缸控制可根据负荷的不同要求，停止部分气缸的燃油供给与点火控制，减少浪费，提高发动机率；再如加速踏板电控系统，可避免机械式加速踏板因为磨损而产生的误差，增加控制精度。

4.1.2 底盘综合控制技术

底盘综合控制系统包括电控自动变速器、防抱死制动系统(ABS)与驱动防滑系统(ASR)、电子转向助力系统(EPS)、自适应悬挂系统(ASS)、巡行控制系统(CCS)等。

1. 电控自动变速器(ECAT)

一般来说，汽车驱动轮所需的转速和转矩，与发动机所能提供的转速和转矩有较大差别，因而需要传动系统来改变从发动机到驱动轮之间的传动比，将发动机的动力传至驱动轮，以便能够适应外界负载与道路条件变化的需要。此外，停车、倒车等也靠传动系统来实现，适时地协调发动机与传动系统的工作状况，充分地发挥动力传动系统的潜力，使其达到最佳的匹配，这是变速控制系统的根本任务。ECAT 可以根据发动机的载荷、转速、车速、制动器工作状态及驾驶员所控制的各种参数，经计算、判断后自动地改变变速杆的位置，按照换挡特性精确地控制变速比，从而实现变速器换挡的最佳控制，得到最佳挡位和最佳换挡时间。该装置具有传动效率高、低油耗、换挡舒适性好、行驶平稳性好以及变速器使用寿命长等优点。采用电子技术特别是微电子技术控制变速系统，已经成为当前

汽车实现自动变速功能的主要方法。

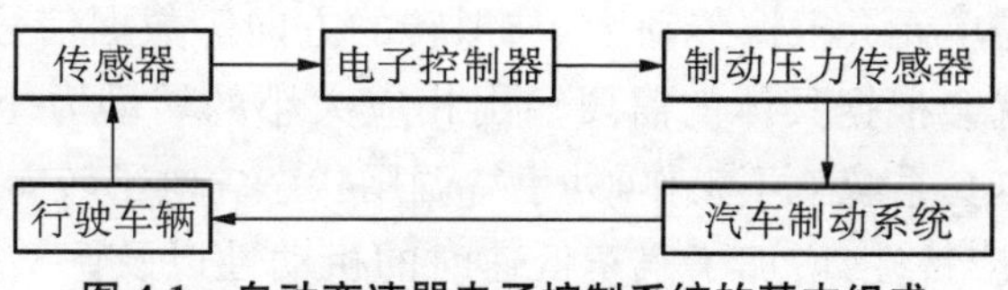

图 4.1　自动变速器电子控制系统的基本组成

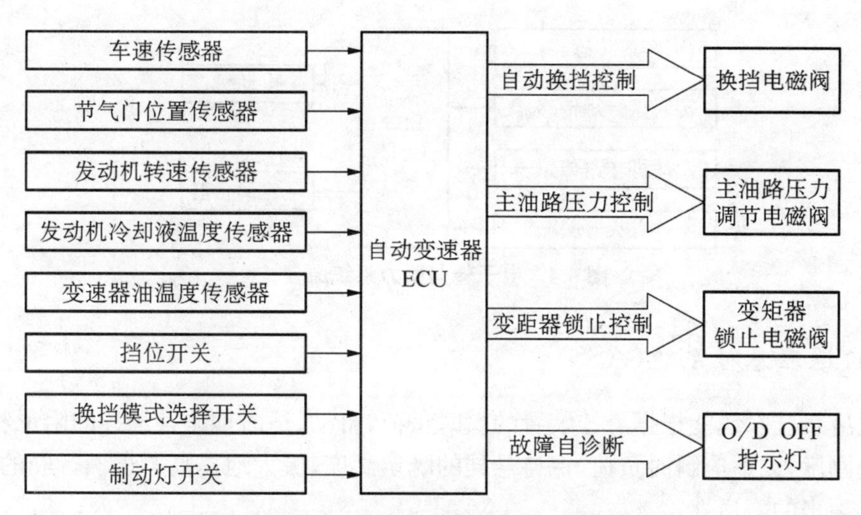

图 4.2　电子变速器电子控制系统的基本组成

2. 防抱死制动系统(ABS)与驱动防滑系统(ASR)

汽车防抱死制动系统可以感知制动轮每一瞬时的运动状态，通过控制防止汽车制动时车轮的抱死来保证车轮与地面达到最佳滑动率，从而使汽车在各种路面上制动时，车轮与地面都能达到纵向的峰值附着系数和较大的侧向附着系数，以保证车辆制动时不发生抱死拖滑、失去转向能力等危险情况，可使汽车在制动时维持方向稳定性和缩短制动距离，有效地提高了行车的安全性。它是应用在汽车安全上的最有价值的一项应用。

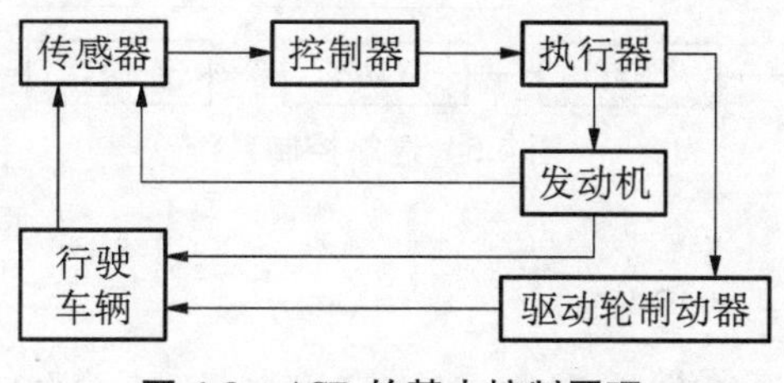

图 4.3　ASR 的基本控制原理

3. 电子转向助力系统(EPS)

电子转向助力系统采用电动机与电子控制技术对转向进行控制，利用电动机产生的动力协助驾车者进行动力转向，系统不直接消耗发动机的动力。EPS 一般是由转矩(转向)传感器、电子控制单元、电动机、减速器、机械转向器以及蓄电池电源等构成。汽车在转向时，转矩（转向）传感器会感知转向盘的力矩和拟转动的方向，这些信号会通过数据总线发给电控单元，电控单元会根据传动力矩、拟转的方向等数据信号，向电动机控制器发出动作指令，电动机就会根据具体的需要输出相应大小的转动力矩，从而产生了助力转向。如果不转向，则本套系统就不工作，处于待调用状态。电子转向助力系统提高了汽车的转向能力和转向响应特性，增加了汽车低速时的机动性以及调整行驶时的稳定性。目前国内中高档轿车应用助力转向较多。

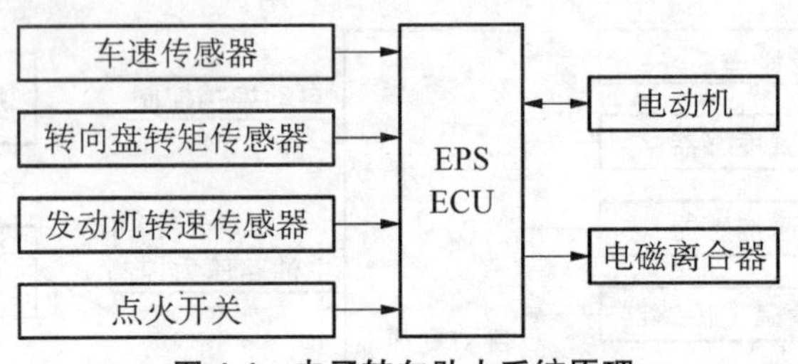

图 4.4　电子转向助力系统原理

4. 自适应悬挂系统（ASS）

自适应悬挂系统能根据悬挂装置的瞬时负荷，自动、适时地调整悬挂的阻尼特性及悬架弹簧的刚度，以适应瞬时负荷，保持悬挂的既定高度，极大地提高了车辆行驶的稳定性、操纵性和乘坐的舒适性。

5. 巡行控制系统（CCS）

巡航控制又称恒速行驶系统，是让驾驶员无需操作油门踏板就能保证汽车以某一固定的预选车速行驶的控制系统。

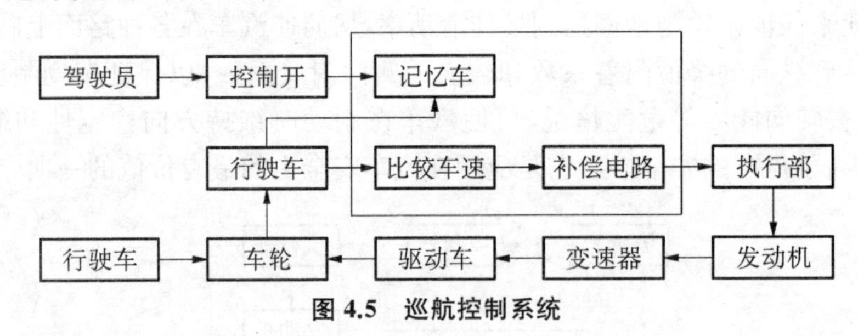

图 4.5　巡航控制系统

6. 车身安全系统

车身电子安全系统包括车身系统内的电子设备，主要有自适应前照灯系统、汽车夜视系统、安全气囊、碰撞警示与预防系统、轮胎压力监测系统、自动调节座椅系统、安全带控制系统等，它使得驾驶人员和乘客乘坐更加舒适、方便。

7. 信息通信系统

信息通信系统包括汽车导航与定位系统、语音系统、信息系统、通信系统等。

8. 汽车导航系统与定位系统(NTIS)

该系统可在城市或公路网范围内，定向选择最佳行驶路线，并能在屏幕上显示地图，表示汽车行驶中的位置，以及到达目的地的方向和距离。这实质是汽车行驶向智能化方向，最终就可成为无人驾驶汽车。

主要功能：① 实时位置测定；② 显示汽车行驶中的位置；③ 根据到达目的地，定向选择最佳行驶路线。

9. 电控转向系统

汽车转向系是用来改变或恢复汽车行驶方向的机构。转向系可按转向能源的不同分为机械转向系和动力转向系两大类。

动力转向器是在驾驶员控制下，对转向传动装置或转向器中某一传动件施加不同方向的作用力，以助驾驶员施力不足的装置。

动力转向系统的汽车转向所需的能量，在正常情况下，小部分是驾驶员提供的体能，而大部分是发动电机、油泵或气泵所提供的能量。

动力转向器的类型按传能介质的不同，动力转向器有电动式、液压式和气压式三种。其中液压动力转向器已在各类各级汽车上获得广泛应用。

10. 机械转向系统

机械转向系以驾驶员的体力作为转向能源，其中所有传力件都是机械的。

机械转向系由三大部分组成：① 转向操纵机构；② 转向器；③ 转向传动机构。

11. 电动式转向系统

(1) 组成：① 传感器：转矩、转向角、车速传感器组成；② ECU；③ 执行机构：电动机、减速机构。

(2) 控制功能：回正控制、阻尼转矩控制、转矩补偿控制、停止助力转矩控制、限制助力转矩控制。

12. 电控式四轮转向系统——4WS

目前的轿车转向分为前轮转向(WS)和四轮转向(4WS)，前者普遍使用，后者是近年出现的一种新技术，主要应用在一些比较高级和新型轿车上。

四轮转向是指后轮也和前轮相似，具有一定的转向功能，不仅可以与前轮同方向转向，也可以与前轮反方向转向，其主要目的是增强轿车在高速行驶或者在侧向风力作用下的操纵稳定性，改善低速时的操纵轻便性，在轿车高速行驶时便于由一个车道向另一个车道的移动调整，以及缩小调头时的转弯半径。

按照前后轮的偏转角和车速之间的关系分为两种类型：

(1) 转角传感型：指前轮和后轮的偏转角度之间存在一定的因变关系，即后轮可以按前轮偏转方向做同向偏转，也可以做反向偏转。

(2) 车速传感型:根据事先设计的程序规定当车速达到某一预定值时(通常为 35—40 km/h),后轮能与前轮同方向偏转;当低于某一预定值时,则与前轮反方向偏转。

目前的四轮转向轿车既有采用转角传感型,也有采用车速传感型,还有两者兼而用之的。例如马自达 929 型轿车的四轮转向就是具有两种类型的特点。

四轮转向系统工作原理:如果转向盘转动,四轮转向控制单元就会对车辆速度传感器、转向角传感器(主前轮、副前轮、主后轮、副后轮)以及后轮转速传感器的信息进行分析,并计算出适当的后轮转向角。

13. 汽车电子稳定程序系统

在汽车行驶过程中,ESP 系统通过不同传感器实时监控驾驶者转弯方向、车速、油门开度、制动力以及车身倾斜度和侧倾速度,以此判断汽车正常安全行驶和驾驶者操纵汽车意图的差距;然后通过调整发动机的转速和车轮上面的制动力分布,修正过度转向或转向不足,帮助驾驶员保持对车辆的控制。

(1) ESP 特点

① 实时监控:ESP 能够实时监控驾驶者的操控动作、路面反应、汽车运动状态,并不断向发动机和制动系统发出指令。

② 主动干预:ABS 等安全技术主要是对驾驶者的动作起干预作用。ESP 则可以通过主动调控发动机的转速,并调整每个轮子的驱动力和制动力来修正汽车的过度转向和转向不足。

③ 事先提醒:当驾驶者操作不当或路面异常时,ESP 会用警告灯警示驾驶者。

ESP 系统在提高汽车行驶稳定性方面效果显著。全球汽车主要生产商认为,ESP 比安全气囊更能保证车内人员的安全。

(2) ESP 功用

ESP 能够同时精确测量四个车轮的制动力。在车辆不按转向意图行驶时,车辆可以被拉回到正确的行驶轨迹上。

(3) ESP 系统主要组成部分

① 传感器:检测汽车状态和司机的操作。

② ECU:判断汽车侧滑状态和计算恢复安全状态所留的旋转动量。

③ 执行器:根据计算结果来控制每个车轮制动力和发动机输出功率。

④ 信息显示:告知驾驶员汽车失稳状态。

4.1.3 电子点火控制技术

1. 点火控制技术发展概况

1931 年,美国人在分电器上安装真空与离心装置来自动调节点火提前角。此后,真空点火提前装置和离心点火提前装置就成了汽油发动机分电器的不可或缺的组成部件。随着人们对汽车节能和排放控制要求的进一步提高,这种传统的真空与离心点火提前调节方式的不适应性也日渐显现。1976 年,美国通用汽车公司首次用微处理器控制点火时

刻。这种点火控制技术满足了现代汽车发动机对点火时刻控制高精度的要求，因而在汽车上得到了迅速的推广应用。

早期的电子点火控制系统仍然采用配电器进行点火高压分配，这种传统的高压配电方式存在着点火能量损失大、点火系统高压回路故障率高等不足。随后又出现了采用电子高压配电方式的电子点火控制系统，这种全电子点火控制装置无分电器，有的甚至无高压导线。全电子点火控制系统使点火性能得到了进一步的提高，已在汽车上得到了广泛应用。

2. 电子点火控制系统分类

(1) 按高压配电方式不同分类

① 机械高压配电方式电子点火控制系统仍采用传统的高压配电方式，即采用配电器将点火线圈产生的高压分配至各缸火花塞。这种电子点火控制系统仍有分电器，但分电器只起电作用，无点火提前调节功能。机械高压配电方式在现代汽车上的使用已越来越少。

② 电子高压配电方式无需分电器，由电子控制器通过相应的逻辑电路进行高压分配，这种全电子点火控制系统又有分组同时点火方式和单独点火方式两种形式。

③ 分组同时点火方式是将各缸火花塞两两分组，每次点火都是同组的两缸火花塞同时进行。其中一缸是有效点火，成对的另一缸为排气行程，是无效点火。由于排气行程缸内的品度高、压力低，因而其跳火电压很低，能量的损失很小。这种无分电器的分组同时点火方式点火控制系统在汽车上的使用已较为广泛。

④ 单独点火方式是每缸火花塞都单独配有一个点火线圈，通常将点火线圈直接安装在火花塞的上方，因而无需高压导线。这种无分电器又无高压导线的点火控制系统具有较多的优点，在汽车上的使用将会逐渐增多。

(2) 按是否有发动机爆燃情况反馈控制分类

① 开环控制方式电子点火控制系统中无爆燃传感器，控制器只是根据各相关传感器的电信号对点火提前角进行控制。这种控制方式为避免发动机爆燃，点火提前角控制需适当偏小一些，因而不能充分地发挥发动机的功率。

② 闭环控制方式电子点火控制系统中设有发动机爆燃传感器，电子控制器可根据发动机爆燃传感器反馈的发动机爆燃情况进行点火提前角修正控制。因此，这种闭环控制方式可使点火提前角控制更接近爆燃区，因而可更有效地提高发动机的效率。目前的电子点火控制系统大都采用闭环控制方式。

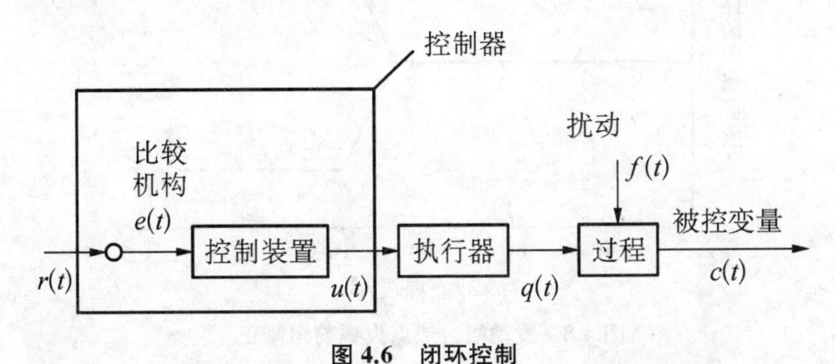

图 4.6 闭环控制

3. 电子点火控制技术的特点

(1) 电子点火控制系统的特点

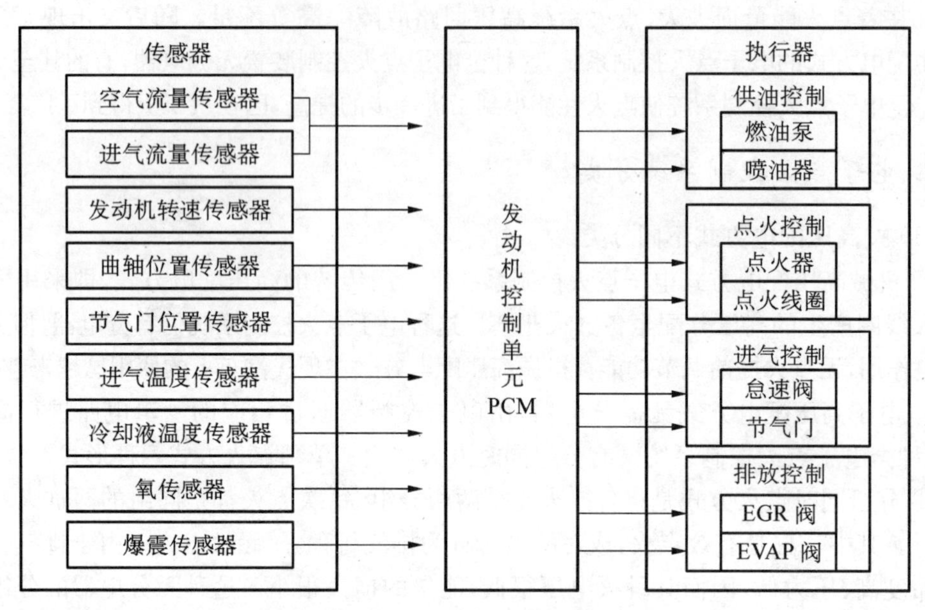

图 4.7 电子点火控制系统

电子点火控制系统是以微处理器为控制核心的电子控制器。根据各有关传感器的电信号确定最佳的点火时间并进行实时调整，这种点火提前角控制方式具有如下优点：

① 可实现最佳点火时间控制。电子控制点火系统可根据发动机转速与负荷的变化实现非线性控制，使发动机在各种工况下都能处于最佳的点火状态。

② 可针对各种影响因素修正点火时间。电子控制要在此基础上度量进气压力、混合气浓度等传感器的信号，及时对点火提前角进行修正，使发动机在各种情况下都能处于最佳点火工作状态。

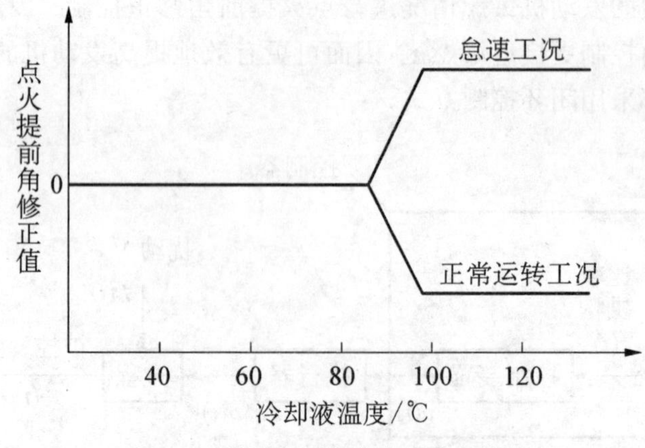

图 4.8 发动机过热点火提前角修正

③ 可与其他电子控制系统实现协调控制。电子点火控制系统可与发动机怠速控制系统、汽油喷射控制系统、自动变速器控制系统等其他电子控制系统进行信息交流，点火控制系统可根据其他电子控制系统的相关信号，迅速改变点火提前角，以使发动机的运转和汽车的运行更加平稳。

(2) 电子高配电方式的无分电器点火控制系统的特点

① 点火能量损失小。传统的高配电方式工作时，配电器分火与旁电极之间的跳火具有较高电阻的高压导线均会损失部分点火能量，电子高压配电避免了这部分能量损失，从而提高了有效的点火能量。

② 点火系统的故障率较低。配电器在高压下工作，分电器盖、分火头及高压导线等的漏电、烧损是电子点火装置较为多见的故障。采用电子高压配电则避免或减少了这些故障可能，从而提高了点火系统的工作可靠性。

③ 点火能量与初级电压更加稳定。由于增加了点火线圈(或初级绕组)的数量，每个点火线圈初级绕组的可通电时间增加了2—6倍。因此，确保了发动机在高转速下点火线圈初级绕组有充足的通电时间，从而使发动机在高速时仍有足够高的点火能量和次级电压。

(3) 机械式点火提前调节的不足

分电器中的真空点火提前装置和离心点火提前装置的点火提前调节特性。这种机械式点火提前角调节方式主要有以下不足：

① 点火提前角调节达不到实际需要。理论和实践证明，发动机的最佳点火时间应能够使发动机的燃烧临近燃爆(但不产生爆燃)，因此发动机的最佳点火提前角随发动机转速和负荷的变化是一个不规则的曲面，而真空、离心点火提前调节器的线性调节不可能在发动机转速、负荷变化的范围内将点火提前角都调整到最佳的值。以某一负荷下的转速变化对点火提前角的调整要求为例，初始点火提前角是以发动机转速范围内不产生爆燃为前提，这样，就只能使发动机在某些工况下接近于最佳点火，而在其他工况下实际上是点火过迟。由于真空、离心点火提前调节装置使发动机在许多工况下偏离最佳点火时刻，使得发动机的功率不能充分发挥，油耗和排污较高。

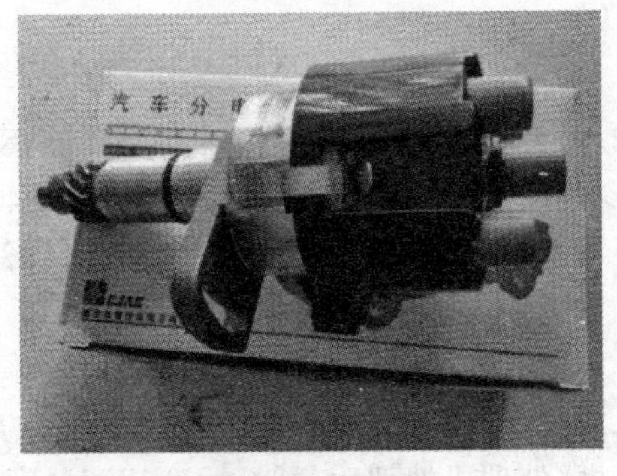

图4.9　分离器

图4.10　点火器

表 4.1　点火提前角的基本内容

<table>
<tr><td rowspan="2">启动时点火提前角控制</td><td colspan="2">初始点火提前角控制</td></tr>
<tr><td colspan="2">非初始点火提前角控制</td></tr>
<tr><td rowspan="10">启动后点火提前角控制</td><td rowspan="2">基本点火提前角控制</td><td>怠速运行基本点火提前角控制</td></tr>
<tr><td>正常运行基本点火提前角控制</td></tr>
<tr><td rowspan="8">修正点火提前角控制</td><td>暖机修正量控制</td></tr>
<tr><td>稳定怠速修正量控制</td></tr>
<tr><td>空燃比反馈修正量控制</td></tr>
<tr><td>过热修正量控制</td></tr>
<tr><td>爆燃修正量控制</td></tr>
<tr><td>最大提前和推迟控制</td></tr>
<tr><td>其他点火修正控制</td></tr>
</table>

② 对温度等其他影响燃烧的因素不能起调节作用。发动机工作时,发动机的温度、进气压力及进气温度、混合气浓度等因素均会对燃烧速度产生影响,这些因素起变化时,点火提前角也需要作出适当的调整。此外,发动机在起动、怠速工况时,也应与正常工作时有不同的点火提前角。但是,真空、离心点火提前调节装置只在发动机转速和负荷改变时起调节作用,对上述情况均不可能作出适当的反应,而使得发动机在许多情况下都处于点火提前角不适当的工作状态。

4.1.4　汽车信息通信技术

汽车信息通信技术主要包括汽车导航与定位(TIS)、语音系统(VS)、信息系统(IS)、通信系统(CS)等。

1. 汽车导航与定位系统

该系统可在城市或公路网范围内,定向选择最佳行驶路线,并能在屏幕上显示地图,表示汽车行驶中的位置,以及到达目的地的方向和距离,是一项汽车行驶智能化控制技术。

2. 语音系统

语音报警是在汽车燃油温度、冷却液温度、油压、充电、尾灯、前照灯、排气温度、制动液量手制动、车门未关严等出现不正常现象或自诊断系统测出有故障时,计算机经过逻辑判断后输出信息报警。语音控制是用驾驶员的声音来指挥和控制汽车的某个部件、设备进行动作。

3. 信息系统

该系统将发动机的工况和其他信息参数,通过微处理机处理后,可显示冷却液温度、油压、车速、发动机转速、瞬时耗油量、平均耗油量、平均车速、行驶里程、车外温度等信息,根据驾驶员的需要,可随时调出对驾驶员有用的信息。

4. 通信系统

汽车由于有了支持无线电话网络、宽带数字信号、互联网络以及其他新兴的无线通信技术，实现行驶过程中车与路之间、车与车之间、车与飞机等交通工具之间的通话外，还可通过卫星与国际电话网相联的国际间电话通信，实现网络信息交换、图像传输等，使人们能够随时随地获取信息和服务。在美国、日本、欧洲等发达国家较普及。

4.1.5　汽车电控技术发展趋势

随着电子技术、计算机技术和信息技术的应用与发展，汽车电控技术的发展趋势向提高控制精度、控制范围、智能化、网络化等方面发展。

1. 集成化

随着嵌入式系统、局域网控制和数据总线技术的成熟，汽车电子控制系统的集成成为汽车技术发展的方向。将发动机管理系统和自动变速器控制系统，集成为动力传动系统的综合控制；将制动防抱死控制系统、牵引力控制系统和驱动防滑控制系统综合在一起进行制动控制；通过中央底盘控制器，将制动、悬架、转向动力传动等控制系统通过总线进行连接，控制器通过复杂的控制运算，将车辆行驶性能控制到最佳水平，形成一体化底盘控制系统。

2. 智能化

汽车智能化相关的技术问题已受到汽车制造商的高度重视。如依赖于电子技术的“自动驾驶仪”的构想，与电子、卫星定位等多个交叉学科相结合的智能交通系统(ITS)的开发等。根据驾驶员提供的目标资料，向驾驶员提供距离最短而且绕开车辆密度相对集中处的最佳行驶路线。从全球定位卫星获取沿途天气、车流量、交通事故、交通堵塞等各种情况，自动筛选出最佳行车路线。智能化传感技术和计算机技术的发展，加快了汽车的智能化进程。

3. 网络化

随着电控器件在汽车上越来越多的应用，车载电子设备间的数据通信显得尤为重要。以分布式控制系统为基础，构造汽车车载电子网络系统是十分必要的。大量数据的快速交换、高可靠性及低成本是对汽车电子网络系统的要求。

4.2　安全控制系统

4.2.1　汽车电子安全技术概述

汽车电子安全系统包括自适应前照灯系统(AFS)、汽车夜视系统(NVS)、安全气囊(SRS)、碰撞警示与预防系统(CWAS)、轮胎压力监测系统(TPWS)、自动调节座椅系统

(AAS)、安全带控制系统等。随着电子安全技术的发展,不断提高了驾驶人员和乘客乘坐的舒适性和方便性。

1. 自适应前照灯系统

自适应前照灯系统可在前照灯照明范围内,根据车身的动态变化、转向机构的动作特性等计算、判断汽车当前的行驶状态,并对前照灯近光进行调整,在会车时自动启闭和防眩,有效降低驾驶者在夜晚弯路上行车的疲劳。一些日本高档轿车(如丰田)中已标配 AFS 系统。

2. 汽车夜视系统

夜视系统是全天候的电子眼,通过一个起摄影作用的传感器来探测前方物体热量,再集中到可通过各种红外线波长的探测器上,并将辐射依次变换为电信号和数字信号,转换成图像显示给驾驶者,使其视力范围达到近光灯照射距离的 3—5 倍,大大提高了汽车行驶的安全性。

3. 安全气囊

安全气囊是常见的被动安全装置。在车辆相撞时,由电控元件用电流引爆安置在方向盘中央(有的在仁表盘板杂务箱后边也安装)等处气囊中的渗氮物,迅速燃烧产生氮气,瞬间充满气囊,在驾驶员与方向盘之间、前座乘员与仪表板间形成一个缓冲软垫,避免硬性撞击而受伤。

4. 碰撞警示和预防系统

该系统有多种形式,有的在汽车行驶中,当两车的距离小到安全距离时,即自动报警,若继续行驶,则会在即将相撞的瞬间,自动控制汽车制动器将汽车停住;有的是在汽车倒车时,显示车后障碍物的距离,有效地防止倒车事故发生。

5. 轮胎压力监测系统

轮胎压力监测系统通过连续地监测轮胎的压力、温度和车轮转速,能够自动地为驾驶员发出警告,以保持适宜的轮压,可以减小轮胎的磨损、降低油耗、保证汽车的行驶稳定性和安全性。

6. 自动调节座椅系统

该装置通过传感器感知乘坐人员的体态,并使座椅状态与之相适应,满足乘客的舒适性要求是人体工程技术与电子控制技术相结合的产物。此外,安全带控制系统、疲劳监视系统、自动雨刷系统、智能性型后视等系统在一些车型上也已得到应用。

4.2.2 汽车安全气囊系统

安全气囊也称辅助乘员保护系统(Supplemental Restraint System,简称 SRS),是汽车上的一种被动安全保护装置。在汽车遭遇碰撞而急剧减速时,安全气囊便迅速膨胀,形

成一个缓冲垫,以使车内乘员不致碰撞车内硬物而受伤.

随着汽车车速越来越快,其行车安全隐患也相应增多,人们对汽车安全装备的要求也越来越高,安全气囊顺应了人们对汽车安全性要求的提高,因而得到了迅速发展。实际检测和统计资料表明,在汽车相撞时,安全带和安全气囊正常发挥作用可使其头部受伤率减少 30%—50%,面部受伤率减少 70%—80%。目前,安全带和安全气囊的被动安全装置不仅在中高档轿车上使用,国内生产的普通中低档家用轿车上也将安全气囊视为汽车必配装置,而日本、美国等汽车工业发达国家,早在 2001 年就已把安全带和安全气囊作为汽车上不可缺少的装备。

随着科技水平不断提高,高新技术不断发展,更安全、更可靠、多功能、智能型的安全气囊会不断地为保护人们的安全而推陈出新。

目前研究的重点是智能型安全气囊,智能型安全气囊技术是采用重量传感器或者红外、超声波等传感器来探测判断座位上是否有人,乘坐者是否在正确的位置,乘坐者体重、身高等因素,碰撞的强度等,根据探测到的信息,确定气囊是否点爆、点爆力有多大,即气囊展开的程度(气压与速度),从而达到最合适的充气状态,以免由于强烈的冲击而伤害乘坐者,并且与安全带形成总体控制,以对乘客形成最佳保护。

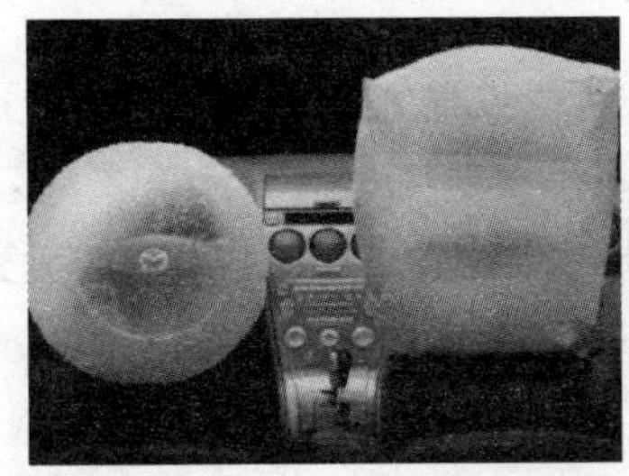

图 4.11 双气囊系统

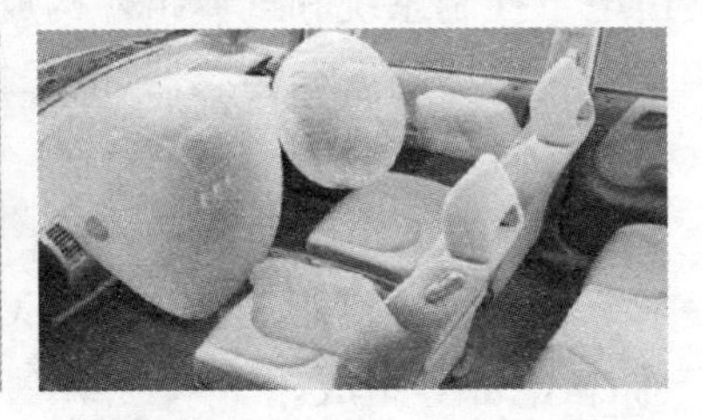

图 4.12 多气囊系统

1. 安全气囊的分类

汽车的安全气囊已有多种结构形式,下面以不同的分类方法予以概括。

(1) 按适用的碰撞类型

① 正面碰撞防护安全气囊。此气囊是对正面碰撞事故中的驾驶人和前排乘员起到很好的安全保护作用,有较高的装车率。一些汽车为保护后排乘员免受汽车正面碰撞的伤害,在汽车前排座椅的背后也安装了正面碰撞防护安全气囊。

② 侧面和顶部碰撞防护安全气囊。为避免或减少汽车侧面碰撞和翻车等事故对车

内驾驶人和乘员的伤害,侧面碰撞防护安全气囊和顶部碰撞防护安全气囊也开始在一些中高档轿车上使用。

(2) 按安全气囊触发形式

① 机械式安全气囊。这种气囊系统通过机械式传感器监测碰撞惯性力大小,并以机械方式触发气囊充气。机械式安全气囊在现代汽车上已很少使用。

图 4.13　机械式安全气囊

图 4.14　电子式安全气囊

② 电子式安全气囊。这种气囊系统由控制器根据碰撞传感器所提供的信号作出是否触发气囊的判断,当需要时,立即向引爆装置发出引爆指令,使气囊迅速充气。这种电子控制式安全气囊已在现代汽车上广泛使用。

如果按气囊的数量分,则有单气囊系统、双气囊系统和多气囊系统等。单气囊系统只是在驾驶人处有一个气囊;双气囊系统则是在前排乘员侧也有一个气囊;多气囊系统除了前排两个气囊外,通常在前排的侧面也安装气囊,有的则是在后排、顶部等多处均有气囊。

2. 安全气囊的组成与工作原理

(1) 安全气囊的组成

安全气囊由电子控制系统和气囊组件构成。电子控制系统由产生碰撞强度信号的碰撞传感器和用于防止误爆的安全传感器、电子控制 Y 器、点火器等组成;气囊组件包括气体发生器点火剂、气体发生剂和气囊等。

(2) 安全气囊系统的工作原理

安全气囊系统一般由传感器、电控单元 ECU、气囊模块(包括气体发生器、气囊、点火器)、监控装置、储备电源等组成。

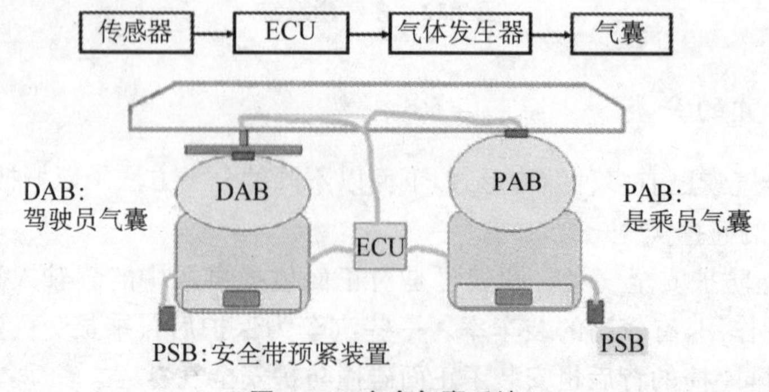

图 4.15　安全气囊系统

当汽车发生较严重碰撞时，碰撞传感器将汽车碰撞信息（汽车减速度）转换成相应的电信号输入到电子控制器，与此同时，安全传感器内部的触点也在汽车减速惯性力的作用下闭合，接通点火器电源。电子控制Y器对碰撞传感器输入的信号进行分析处理后，迅速向点火器输出点火信号，点火器通电引燃点火剂并产生高温，使气体发生器产生大量气体，并经过滤与冷却后，充入安全气囊，使气囊在30 ms内突破衬垫而快速膨胀展开。在车内人员还没触及前方硬物之前，抢先在两者之间形成弹性气垫，并及时由小孔排气收缩，吸收强大惯性冲击能量，以保护人体头部、胸部，减轻受伤程度。

(3) 安全气囊电子控制系统工作过程

电子控制系统工作接通点火开关后，安全气囊系统便开始工作，CPU用自检子程序通过检测电路对安全气囊系统器件和电路逐个进行检查，如果有异常，SRS警告灯就闪亮不熄，提示安全气囊系统有故障，需要读取故障码，检查并排除故障如果均正常，则运行信号采集子程序，对各个传感器进行巡回检测，并运行信号分析与比较程序。如果汽车运行中没有发生碰撞，CPU在重复运行信号采集及分析并运行自检子程序，一旦检测到异常，便使SRS警告灯亮起，并在RAM中储存相应的故障码。

如果汽车运行中发生碰撞，但CPU分析比较其碰撞强度还不需要气囊膨胀时（大约碰撞时汽车速度为20—30 km/h），CPU就只发出引爆安全带收紧器的指令，使安全带拉紧，以保护驾驶人与乘员。当碰撞强度很大（大约碰撞时汽车速度不大于30 km/h），CPU发出引爆气囊充气装置和安全带收紧器指令，使安全气囊迅速膨胀展开，同时安全带收紧，以确保驾乘人员的安全。

(4) 安全气囊起安全保护作用的时间历程

从汽车发生碰撞的那一刻开始，到安全气囊迅速膨胀，再到所起到的保护作用结束，经历的时间很短。各时间历程大致如下：

① 汽车碰撞0—3 ms，传感器感知汽车减速度，并将其转变为电信号输入电子控制器。

② 汽车碰撞后4—10 ms，电子控制器根据传感器电信号判断碰撞的强度，若判断信号强度达到或超过气囊膨胀标准数值时，电子控制装置则发出指令，并通过点火电路使点火器通电，引爆点火剂和气体发生剂，产生高温和大量气体。此时乘员因惯性作用，与汽车之间还没产生相对位移。

③ 汽车碰撞后20 ms，乘员在减速度惯性力的作用下开始向前冲，与汽车开始产生相对位移，但还没有接触气囊。

④ 汽车碰撞后30 ms，气囊充气装置产生的大量气体经冷却、过滤后充入气囊，使气囊迅速膨胀。

⑤ 汽车碰撞后40 ms，安全气囊完全膨胀展开，乘员在向前移动中安全带被拉长而起一定的缓冲作用，乘员已紧贴安全气囊，安全气囊吸收了乘员的惯性冲击能量。

⑥ 汽车碰撞后60 ms，安全气囊被压紧变形，进一步吸收乘员的惯性冲击能量。

⑦ 汽车碰撞后80 ms，安全气囊上排气孔的排气使气囊变软，乘员进一步沉向气囊中，使气囊起到更好的缓冲作用。

⑧ 汽车碰撞后100 ms，乘员惯性冲击能量已减弱，危险期已过。

图 4.16　安全气囊起安全保护作用

⑨ 汽车碰撞后 110 ms，乘员惯性冲击能量消失，在安全带作用下将其拉回座椅上，气囊中气体也排出大部分，整个过程基本结束。

从汽车发生碰撞的那一刻，到乘员在强大惯性力的作用下身体前冲（与车身产生相对位移）而碰撞到硬物受伤的时间间隔大约为 50 ms，安全气囊开始膨胀的时间约 30 ms，安全气囊系统是抢在乘员碰到车内硬物以前，在乘员与车身之间形成一道柔软的弹性保护气囊，从而降低了乘员受伤的程度。

安全气囊起保护作用的时间历程中，安全带的缓冲作用，为气囊抢在人前冲碰到硬物之前膨胀展开赢得了宝贵的时间。因此，系好安全带对提高汽车被动安全性至关重要。

3. 安全气囊传感器

(1) 安全气囊传感器的分类

安全气囊传感器通过汽车碰撞时的速度传感器感知汽车的碰撞强度，因此也被称为碰撞传感器。安全气囊传感器有机电式和电子式两种类型。

① 机电式碰撞传感器

机电式安全气囊传感器的内部有一触点，利用车辆碰撞时惯性力的作用，使传感器内的机械装置运动面处触点闭合，发出汽车碰撞信号，根据机械装置的不同，机电式碰撞传感器（图 4.17）可分为偏心锤式、滚球式、滚柱式、水银开关式等多种。触点式碰撞传感器也被用作安全开关（称为安全传感器），串联在气囊点火器的电源电路中，用以防止气囊误膨胀。当汽车发生碰撞时，用作安全开关的碰撞传感器触点在汽车减速度惯性力的作用下闭合，接通点火器电源电路，此时安全气囊充气装置才能在安全气囊控制器的气囊下达指令下正常工作；而在汽车正常行驶或故障检修时，由于安全传感器触点常开，即使车前碰撞传感器或有关电路短路而造成电子控制器误判，气囊充气装置也会因为点火器未接通电源而不能被引爆。

图 4.17　机电式碰撞传感器

图 4.18　电子式碰撞传感器

② 电子式碰撞传感器

电子式碰撞传感器(图 4.18)将汽车碰撞时的减速度参数转变为相应的电信号,并输送给安全气囊 ECU,由 ECU 对信号进行处理后作出是否使气囊膨胀的判断。安全气囊系统所用的电子式碰撞传感器主要有压电式和压敏电阻式两种。

(2) 安全气囊电子控制器

安全气囊电子控制器根据接收到的碰撞传感器信号判断汽车是否发生了碰撞及碰撞的强度,并确定是否输出点火信号引爆点火剂给气囊充气,安全气囊电子控制器内除了 SRS 微处理器外,还有点火电路、SRS 诊断电路等,有的还将安全传感器、SRS 备用电源等都集装在一个控制盒中。

图 4.19　安全气囊电子控制器

① 备用电源

备用电源是在汽车发生碰撞而电源电路出现意外时,提供安全气囊系统正常工作所需的电能,以确保安全气囊能发挥安全保护作用。安全气囊系统的备用电源通常是一个容量较大的储能电容器。安全气囊备用电源电路与电子控制器组装在一个控制盒中,有的安全气囊系统则将备用电源单独安装。在汽车正常运行时,发电机通过充电电路给电容器充电,使电容器始终存有电量。当汽车因碰撞而造成供电电路断路时,电容器可及时释放所存储的电能,确保点火器能正常通电工作,以引爆点火剂,使气囊迅速膨胀充气。

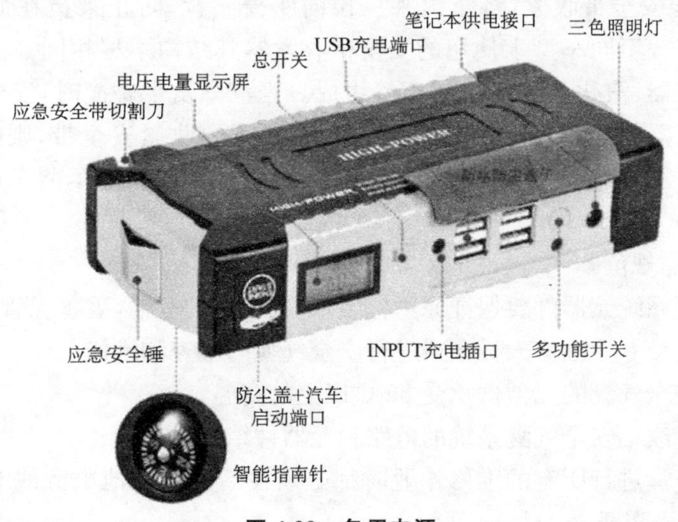

图 4.20　备用电源

② 点火电路

点火电路的作用是在SRS微处理器输出气囊膨开指令时，迅速使气囊点火器通电，引爆点火剂和气体发生剂，使气囊迅速充气。点火电路通过安全传感器与电源连接，因此，只有在汽车发生了碰撞，并使安全传感器触点通路时，电子控制器才有可能使点火器通电点火，从而避免了在汽车正常使用及维修中产生误点火的可能。

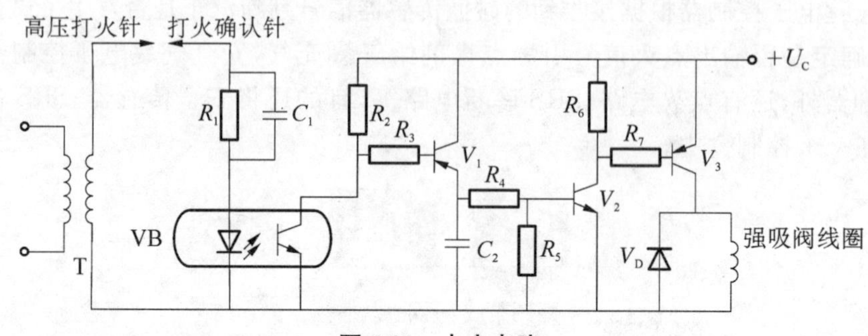

图 4.21　点火电路

③ 安全气囊微处理器

安全气囊微处理器由中央微处理器CPU，存储器ROM/RAM、输入/输出接口等组成。CPU根据输入的气囊传感器信号及只读存储器ROM中储存的标准参数，判断汽车是否发生了碰撞及碰撞的强度，并通过输出接口向点火电路发出点火指令。CPU还通过对输入信号和测试信号的监测，进行系统的自检。当安全气囊电子控制系统部件或电路出现故障时，CPU就使SRS警告灯亮起，并在随机存储器RAM中储存相应的故障码。

4. 安全带收紧器

(1) 安全带收紧器定义

一些汽车安全气囊系统配有安全带收紧器，安设在前排座椅外侧，其作用是在汽车发生碰撞时，迅速将安全带收紧，将车内乘员拉向座椅靠背，防止乘员在惯性力的作用下前冲而造成伤害。不同车型上使用的安全带收紧器其结构不尽相同。活塞式安全带收紧器主要由点火器、汽化剂、气缸、活塞等组成。当汽车发生碰撞时，安全气囊电子控制器根据碰撞传感器的信号判断汽车碰撞强度，如果需要收紧安全带，则向安全带收紧器的点火器发出指令，使汽化剂膨胀，推动活塞，促使安全带迅速收紧，将车内乘员拉向座椅靠背。

(2) 安全操作规范

① 安全气囊系统元器件要保证原厂包装，单独恰当的运输，妥善保管。

② 非安全气囊专业维修人员不得进行安全气囊的检查和维修工作。

③ 不能使安全气囊的元器件承受85℃以上的高温。

④ 不能任意改动安全气囊系统的电路和元器件结构。

⑤ 对安全气囊进行所有的维修作业时都必须在断开蓄电池电源线3min后再进行，以免发生意外气囊膨开。

⑥ 不要人为碰撞安全气囊传感器，以免安全气囊突然膨开。在对汽车进行维修作业有可能对传感器造成碰撞冲击时，应先将传感器拆下，待维修竣工后，再装传感器。

4.2.3 其他电控安全系统

1. 汽车悬架系统

汽车悬架是汽车的一个重要组成部分。悬架的功用为：① 抑制、缓和由不平路面引起的振动和冲击；② 传递汽车垂直力以外，还传递其他各方向的力和力矩；③ 保证车轮和车身或车架之间有确定的运动关系，使汽车具有良好的驾驶性能。

悬架的组成为以下三部分：

(1) 弹性元件

起缓冲作用，承受垂直载荷，缓和及抑制不平路面对车体的冲击。弹性元件分为钢板弹簧、螺旋弹簧和气体弹簧三种。

① 钢板弹簧：既有弹性元件的作用，又可起到导向和减震作用。

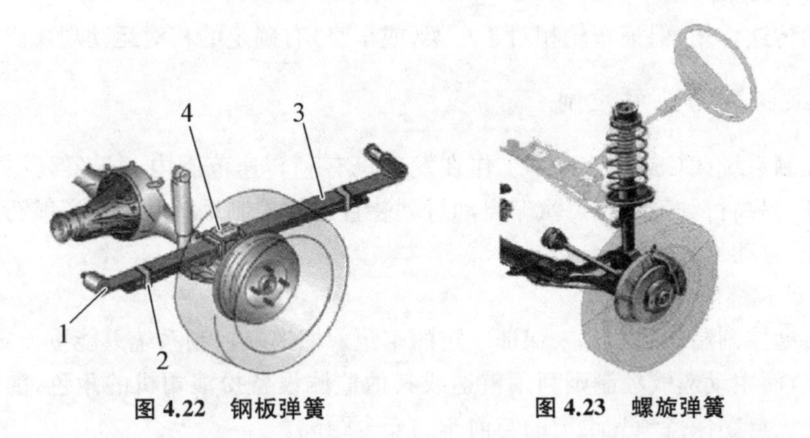

图 4.22 钢板弹簧　　图 4.23 螺旋弹簧

② 螺旋弹簧：质量轻，但没有减震作用，必须另加减震器也必须加推力杆。

③ 气体弹簧：以空气或油、气作为工作物质。体积小、寿命长。

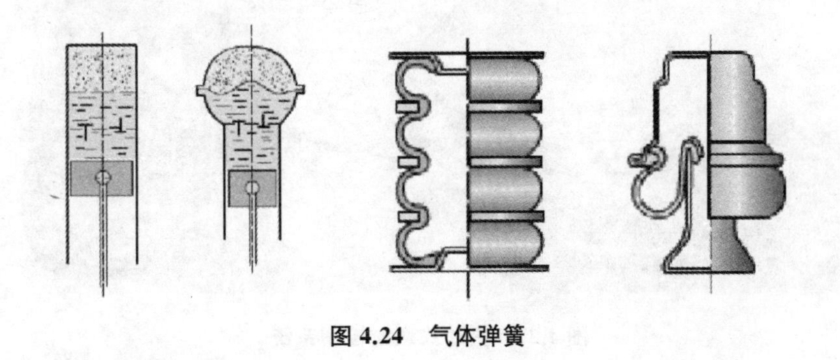

图 4.24 气体弹簧

(2) 减振器

起减振作用,衰减车身的振动是悬架机构中最精密和复杂的机械件,如图 4.25 所示。

① 功用:加速车架与车身振动的衰减,改善汽车行驶的平顺性。

② 原理:油液通过窄小孔隙形成阻尼将振动能量转化为热能。

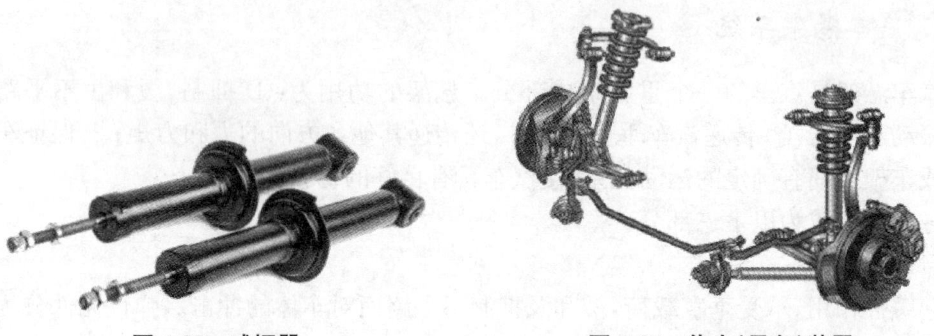

图 4.25 减振器　　图 4.26 传力(导向)装置

(3) 传力(导向)装置

起力的传递作用,保证车轮相对于车架(或车身)有确定的相对运动规律。

2. 巡航控制与导航控制

巡航控制系统(CCS)可使汽车工作在发动机有利转速范围内,减轻驾驶员的驾驶操纵劳动强度,提高行驶舒适性。汽车自动行驶装置巡航控制系统又称为巡航行驶装置、速度控制系统、自动驾驶系统。

(1) 主动式巡航控制系统

通过自动控制制动和加速来保证一定的车距。旧巡航控制系统只能按设定的车速保持一个速度,而主动巡航控制则利用雷达或其他监测设备扮演司机的角色,前方慢,后方也减速。系统自动保持预先设定的与前车的安全距离。

图 4.27 主动式巡航控制系统

① 巡航控制系统作用:按驾驶员所设定的速度,不用踩油门踏板就可以自动地保持车辆以固定的速度行驶。采用了这种装置,当在高速公路上长时间行车,驾驶员不用控制油门踏板,减轻了疲劳,减少了不必要的车速变化,可以节省燃料。

② 巡航控制系统类型:电控电动机式 CCS 和电控真空控制式 CCS。

(2) CCS 的指令开关

① 主控开关:控制 CCS 启动、关闭、调节巡航状态。

② 离合器开关:仅安装于手动变速器车辆,当汽车在巡航状态下出现驾驶员干预,驾驶员踩踏离合器踏板,使其闭合,电控单元立即自动关闭巡航工作状态。

③ 变速器空挡开关:仅安装于自动变速器车辆,它的作用与离合器开关类似。

④ 刹车开关:当驾驶员踩踏制动踏板时,在制动灯亮的同时,将控制节气门动作摇臂的电磁离合器断开,迅速退出巡航控制的工作状态。节气门不再受 CCS 控制。

⑤ 手刹车制动开关:与离合器开关、空当开关类似。

⑥ 点火开关:通断工作电源。

3. 防撞控制系统

自动避撞系统利用装于车辆上的传感器及计算机控制器,实时准确判断发生碰撞的可能,随时提醒驾驶人员注意,并在必要时采取紧急措施以避免或减轻碰撞危险,提高行车安全和交通效率。

在跟车距离小于安全距离或前有转弯等紧急情况时,避撞系统会向驾驶员发出警报,提醒注意并采取减速或制动措施,可有效地预防碰撞事故的发生,对降低交通事故发生率和确保道路行车安全有着非常重要的意义。

(1) 行车防撞控制系统

汽车行驶中,当两车的距离小到安全距离时,即自动报警,若继续行驶,则会在即将相撞的瞬间,自动控制汽车制动器将汽车停住。

智能辅助系统包含有与电脑相连的立体摄像机,实现视频辅助功能,能够有效地帮助司机提高驾驶的安全性。

① 系统可以分辨出汽车、骑车人以及行人,并且以此为依据配合当前各种参数迅速计算出事故可能的破坏的程度,并做出相应的反应。

② 自动探测路况并预测潜在的危险,当探测到可能发生危险时,系统就会转入"自动操作"来避免危险的发生,例如当摄像头发现了将会有不可避免的撞车发生时,就会自动启动应急刹车系统,从而保证损失降到最低。

③ 自动探测路边的限速指示牌,并且根据探测到的数据用声音的方式提醒司机要遵守速度限制,从而尽可能地避免事故的发生。

(2) 倒车防撞报警系统

汽车倒车时,显示车后障碍物的距离,有效地防止倒车事故发生。

① 由超声波传感器、电子控制单元、报警装置等组成。

② 工作原理采用超声波测距。

4.3 电控系统创新创业点

4.3.1 电控系统技术优化创新

电控系统是新能源电动汽车的“三大核心”技术之一。据统计，电控系统效率提升1%，可显著提升纯电动汽车的整车经济性，其设计出的车型在市场竞争中更加具有竞争优势！目前电控系统效率优化技术主要包括：载频动态调整技术、DPWM 发电技术、过调制技术、广域高效 HSM 电机。

1. 载频动态调整技术

首先，从电控系统的损耗谈起，目前电控系统的损耗主要来自逆变器控制器部分，而逆变控制器损耗的 70%又主要来自开关部分，因此，从降低开关损耗角度，研究了载频动态调整技术。

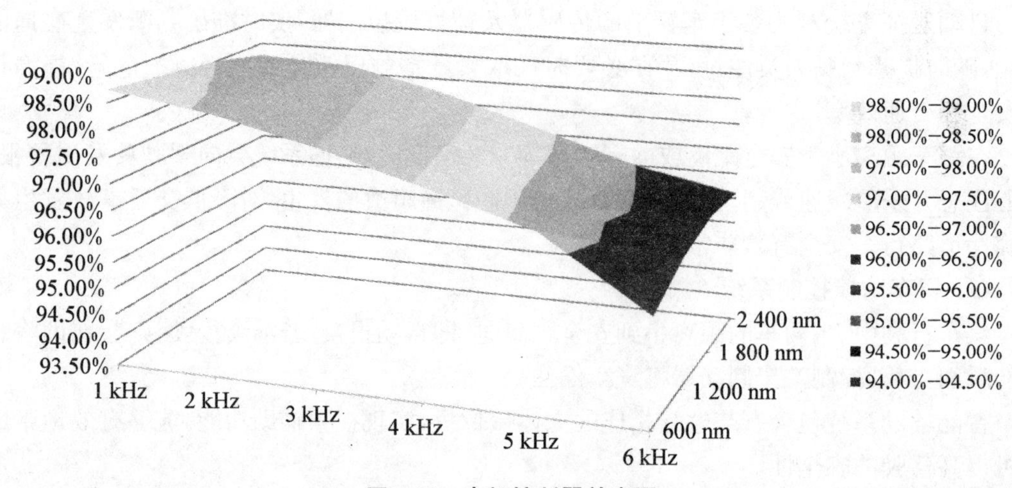

图 4.28 电机控制器效率图

通过仿真实验发现，调整开关的频率以后，逆变器的效率最大能够提升 2%，使用动态载频率技术，尤其是在低转速，对载频要求不那么高时，调整载频可以有效降低控制器的损耗，提高控制器的效率。

初步统计每 100 km 可以提供 1.5 km 左右，载频不能无限制下调，还需要考虑整车噪音和电机控制的需要。

2. DPWM 发波技术

DPWM 发波技术可简单理解为不连续发波技术，采用 DPWM 发波技术比采用 COWM 技术可以减少 1/3 的开关闭合次数，可显著降低开关损耗。当调制比 $M>0.816$，CPWM 和 DPWM 调制下的谐波近似相同。此区域可采用 DPWM 技术以降低器件损耗。

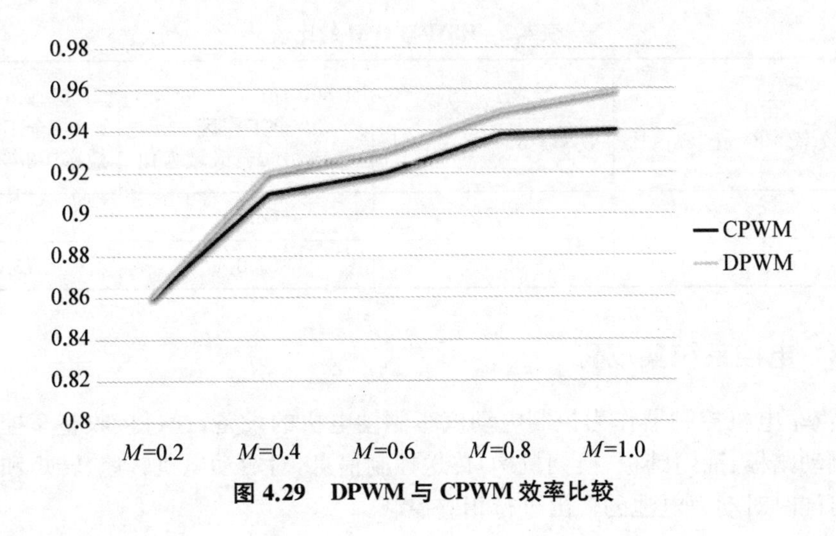

图 4.29 DPWM 与 CPWM 效率比较

3. 过调制技术

逆变器的损耗主要是开关损耗和导动损耗。其中导动损耗与输出电流有很大的关系，在输出功率一定的条件下，输出电流降低对应的输出电压则需要相应地予以提高。

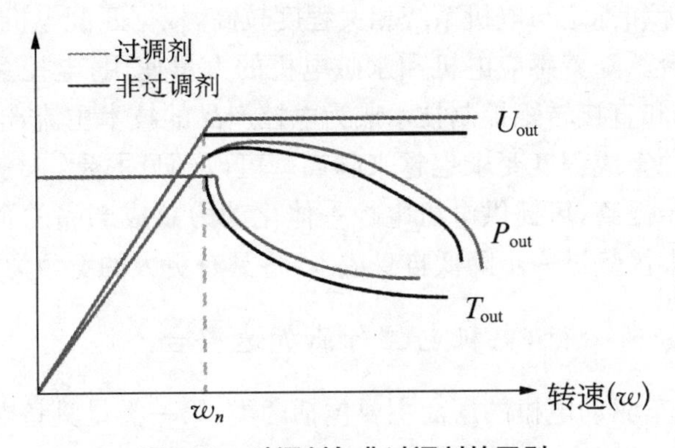

图 4.30 过调剂与非过调剂的区别

在电路设计过程中，加入过调制，能够有效地提高弱磁区和输出转矩使得输出电压提高 4%，提高输出电压 4%，峰值功率也对应提升 4%左右，进而改善整车在高速区域的动力性能；加入过调制，输出功率相同的情况下，电流会显著降低，进而能够减小系统的发热量，提高控制器的过载能力，改善整车动力性能。加入过调制，能够有效地提升高基波电压，与未加入过调制相比较，可提高电机的效率，电机电流能明显减小，进而可有效地提高整车的续航里程。

4. 广域高效 HSM 电机

广域高效 HSM 电机除了电控效率提升，还包括电机效率提升。相比 IPM 电机，广域高效 HSM 电机可以兼顾低速区效率和高速区效率，其在中高速恒功率运行区域内，效率优势更加明显。

表 4.2 HSM 与 IPM 的比较

	全工作区 效率＞90％区域占比	全工作区 效率＞85％区域占比	[1 500 rpm,1 500 Nm] 全工作区 效率＞90％区域占比	[1 500rpm,1 500Nm] 全工作区 效率＞85％区域占比
HSM	63.5％	78.7％	66.7％	80.8％
IPM	48.5％	65.3％	57.0％	73.0％

4.3.2 电控系统集成化

电动汽车电机控制器作为控制电动汽车驱动电机的设备，通过接收整车控制器和控制机构(制动踏板、油门踏板、换挡机构)传送控制信息，对驱动电机转速、转矩和转向进行控制，并可同时对动力电池的输出进行相应控制。

目前，部分“多合一”的电控产品已经在电动汽车中投入应用，同时集成了传统汽车分立的空调压缩机、转向助力泵电机、气泵电机控制器，以及混合动力车型中采用的 BSG/ISG 电机等。随着微芯片在整车及总成控制中的应用逐步广泛，多合一电控产品的成本有望进一步降低，单一控制器将逐步被集成化“车辆中央控制器”所取代。

电控系统的设计和标定与电机系统相关程度较高，根据匹配电机的不同，电控系统需要开发不同技术平台。随着感应电机和永磁电机的大量使用，电控系统的复杂程度迅速上升，矢量控制技术和直接转矩控制技术成为电控产品的技术主流，电动乘用车的普及对于电机和电控系统的集成程度要求也越来越高。可以预见的是，未来电机与电控企业的业务交叉程度将逐步提高，可提供电机电控一体化动力总成产品的企业将有助于在同类企业竞争中获得更大优势进一步降低自身成本，将具有更大的竞争力。

1. 国产替代势在必行，电机电控行业加速整合

目前，新能源汽车驱动电机的厂商主要包括两类：第一类是具备电机电控供应链的电动汽车整车企业；第二类是专业从事汽车零部件供应或专业从事电机电控产品供应的企业。此外，部分传统工业电机、变频器等生产企业也依靠在研发、生产上的技术积累，积极转型介入新能源汽车电机电控相关产品的供应。

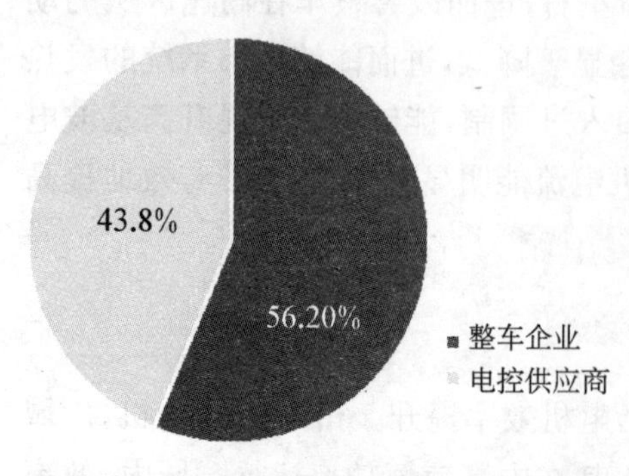

图 4.31 国内新能源车电控装机来源发布
(中国汽车工程学会，2016 年 10 月 26 日)

目前国内电动汽车大部分仍由北汽、比亚迪等传统汽车企业生产，因此整车企业自供电机电控组件占比相对较大。考虑到 2016 年全年获批的新建新能源汽车企业已经达到 7 家，且其中不乏长江汽车、敏安汽车、万向集团等尚无整车生产经验的企业，我们认为，随着新能源汽车专业制造企业尤其是轻资产型互联网汽车企业的迅速崛起，新能源汽车产业链分工细化成为必然趋势，第三方供应商提供电机电控甚至动力总成的比重将逐步上升。

根据 2016 年 7 月中机中心公布的新能源汽车装机数据统计，第三方电控企业达到 98 家，提供了 43.8%的装机量。其在第三方市场中的最高市占率仅为 18.4%，在整体电机、电控市场的市占率更是仅为 8.07%。整个电控市场仍处于未定型的竞争格局，尚无任何企业对市场形成统治性优势，转型企业、新兴企业均有机会在市场中脱颖而出，迅速获得较大的市场份额。

2. 进口替代任重道远，产业链细化势在必行

2016 年 10 月 26 日中国汽车工程学会年会上发布的《节能与新能源汽车技术技术路线图》，在纯电动与插电式混合动力汽车技术路线中，提出 2020 年纯电动乘用车续航里程要达到 300 km，电动客车单位载重电耗水平要降至 3.5 kW·h/100 km×t，同时提出 8 项发展重点，其中 4 项与电机电控直接相关：动力电机与底盘集成技术、纯电动汽车动力系统集成及控制技术、高性能动力电机技术、新型电机控制器技术。

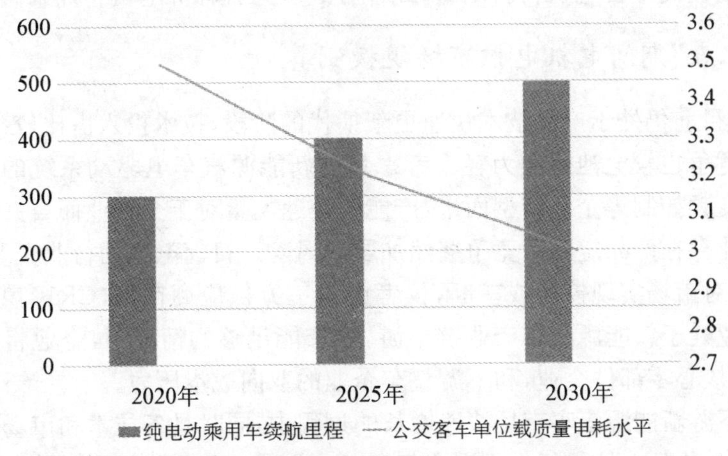

图 4.32　新能源汽车续航里程(左轴)与电耗水平(右轴)发展目标

相比动力电池在国内已经初步建立起研发技术体系，高性能电驱动系统的研发在国内仍处于起步阶段，大部分具备创新结构的高性能电机仍处于样件开发甚至设计阶段。电驱动系统产业链的快速发展，使得各个企业均有机会在产品和技术上脱颖而出，快速抢占下游电动汽车市场。

3. 原材料成本占比高，电机降本需集成化和轻量化

与动力电池系统不同的，驱动电机系统对于原材料的要求相对简单，主要包括钕铁硼等稀土永磁材料(永磁体)、钢材(铁芯叠片、驱动轴体)、铜(绕组)、镁铝合金(机壳)等基本金属。因此，原材料成本和加工成本占据电机成本中的绝大部分。

根据 ANL 统计数据，在永磁同步电机中，永磁体组件的成本占整个电机物料成本的 45%左右；在感应电机中，铁芯叠片的成本占电机物料成本的 58%左右。因此，稀土材料、钢材、铜铝等有色金属材料的价格将对电机成本产生最直接的影响。

根据华域电动等企业数据，稀土磁钢的重量仅占据整机重量的 25.45%，但成本已经

占了整个车用驱动电机成本的20.30%，稀土价格上涨时甚至可以达到50.60%。因此，原材料成本的波动对于电机生产成本具有直接的影响。

国家"十三五"新能源汽车重点研发计划明确提出，2020年，我国驱动电机峰值功率密度应达到4.0 kW/kg，连续功率密度应达到2.2 kW/kg，基于IGBT功率模块的电控器功率密度达到17 kW/L，基于第三代宽禁代半导体的Sic功率模块的电控器功率密度达到36 kW/L，较目前性能均实现倍增。在此目标下，实现电机电控成本的下降一般通过两种方式实现：

(1) 通过推出集成度高的电驱动总成来降低系统总重，从而提高公里密度，降低成本，如大陆、麦格纳等企业推出的，电力电子与驱动电机总成、驱动电机与减速器总成、混合动力总成模块等，此种方式一般为欧美等企业采用。

(2) 通过采用部分组件非金属化降低系统重量和成本，包括转动枢轴、支撑组件等，采用耐磨非金属材料进行替代，或通过结构设计对包括电机极槽比、齿槽比与裂比等进行多重优化，从而提高单台电机材料用量，此种方式多为日韩等电机企业采用。

4. "十三五"期间电机电控市场规模测算

电控行业目前仍处于产品技术快速更新换代的阶段，技术投入占比较高，资产规模一般不重，市场竞争也较电池行业为轻。考虑目前新能源汽车电驱动系统的企业大多由传统工业电机、变频控制等企业转型而来，产能的快速上量对于全行业而言并非难以实现的瓶颈，因此行业存在产品定型后竞争突然加剧的风险。目前电驱动行业企业数量众多，尚无任何企业能对市场实现控制或垄断，仅考虑第三方供应商市场，CR10甚至小于50%；此外，电控企业处于新能源汽车产业链中游，在产能足够的情况下，企业将同时受到来自上游原材料及核心零部件企业，和下游整车企业的双向成本压力。

因此，在下游新能源汽车市场快速增长的过程中，同时具备技术和市场优势的供应商才能在逐步激烈化的电控市场中扩大市场份额，这一方面要求企业在技术上需要具备电机、控制系统的技术、生产优势，和较强的动力总成系统集成能力，从而在设计和生产两方面降低产品成本；另一方面要求企业在市场中具备较强的客户粘性，与下游整车企业形成较为坚固的产业联盟或合作协议。

4.3.3 电控系统改进难点

随着汽车电子信息技术的迅猛发展，电控系统在汽车上的应用日趋普遍，疑难故障也越来越多。在进行故障诊断时，不仅要掌握电子系统的结构、原理，明确电控系统中各部分可能产生的故障及对整个系统的影响，还必须掌握常见的疑难故障，运用科学的诊断方法，对系统故障进行综合分析、判断，最终确定故障原因和范围。

1. 常见疑难故障

实际维修作业中，经常可以简单排除的故障，却常被一些假象误导而走弯路；也时常被一些莫名其妙的现象所迷惑而无从下手；更有甚者有些故障排除了，还不知原因。与其说是疑难故障，还不如说是"怪"故障，这就是电控系故障与机械故障的不同之处。

(1) 误导性故障

误导性故障是指电控出现问题后，由于驾驶员错误描述或车载自诊断码出现紊乱，而误导维修人员不假思索地照搬硬套，从而造成新的故障。电控系统是根据发动机不同的工况，预先设定运行程序存储于电脑中，然后由各种传感器输入不同的参数转换成各种运行方案的地址码。如果传感器输入的信号参数超出车载电脑的判断范围，就会产生错误的故障码，即“假码”；另外有些传感器损坏后，会产生电磁波干扰，而引起电脑输入故障码的紊乱，即“乱码”。所以，在实际诊断过程中，对自诊断系的诊断结果，需要做进一步的分析、检测与确定。

(2) 假象性故障

假象性故障是指电控系统出现单一故障后，被非电控系统故障的症状所显示，诊断时被症状所误导。通常是电控系统中的传感器发出的信号参数异常，使电脑接收到虚假的信号参数，引起控制程序紊乱，造成其他故障。

(3) 隐蔽性故障

隐蔽性故障是指故障确实存在，但症状不明显，原因一时难以查明。由于电控系统中的精密电子元件共同承担着各种性能参数的检测，为计算机提供控制数据。如果某个元件出现隐蔽性故障后，多数是隐藏较深，唯有在特定的情况下其症状才有所显示。

(4) 断续性故障

断续性故障是指症状不确定，时而出现、时而消失。由于现代汽车电控系统结构复杂，它有上千个电子元件、上百个插接件、几十个传感器和执行器。如果某一个部位松动或接触不良，都会引起电控系统产生间断性故障。在查找该故障时，若利用仪器检测或调出车载自诊断码往往无济于事。

2. 疑难故障诊断方法

由于电控系统故障具有很强的抽象性，无疑给故障的诊断带来了相当大的难度。即使维修人员经验丰富、技术熟练，如果不经分析就盲目拆卸或更换，不仅给用户造成不应有的经济损失，有时还会导致更多的人为故障，造成“治聋不成，反而治哑”。为此，维修人员还应掌握以下方法技巧。

(1) 元件振动紧固法

大多数汽车在行走振动时才出现故障，因此，当汽车在坎坷路面行驶出现故障时，可用振动法来检查。即对怀疑有故障的元件、导线束、插接件、传感器、执行器等进行敲打(用锥柄敲击或用手拍打)和摇摆(导线及插接件进行垂直、水平方向摇摆和前后拉动)，以检查是否存在虚焊、松动、接触不良、导线断裂等故障。

(2) 感温元件加热检查法

有的故障只在热车时才会出现，这时可使用加热法。即对某些怀疑有故障的元器件、导线束、插接件、传感器、执行器等进行局部加热，可用电吹风或类似的加热工具对可能引起故障的零部件或传感器进行加热试机，但加热温度不得高于 80 ℃，当烘烤到哪个部位或元件出现故障时，应更换新件。注意：对 ECU 中的电子元器件，不能直接加热，否则会将其损坏。

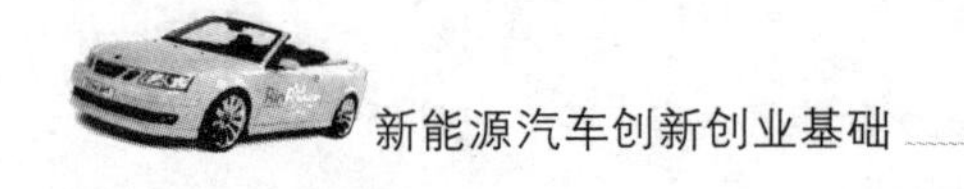

(3) 加载法

当怀疑故障可能是由于油路载荷或用电负荷过大而引起时，可采用加载法。对油路载荷过大的故障，可继续增加油路载荷(即急加速)；对电路中用电负荷过大的故障，可接通所有的用电设备(如加热器、刮水器、空调、冷却风扇、前照灯等)，这样在增加负荷的情况下，迫使故障部位和症状充分显示出来，以便进行诊断和排除。

(4) 替代法

替代法可分为串联法和并联法两种。当怀疑某个电子传感器有故障时，可采用串联法，即用一新件连接代替之，即可诊断该传感器是否损坏。当怀疑某个电压式传感器有故障时，可采用并联法。

(5) 随车自诊断系统诊断法

随车自诊断系统诊断法是利用汽车上电子系统所提供的自诊断功能对汽车故障进行诊断的方法。当电子控制系统有关传感器、执行机构以及有关电路有故障时，ECU 中的故障检测系统会将故障以代码形式通过仪表板上的故障警告灯显示，或通过专用的故障诊断仪器读出，为汽车故障诊断提供了极大的方便。

当发动机运行不正常时，可优先选用自诊断测试，进入自诊断测试状态后，不同的诊断测试模式，将完成不同的诊断测试功能，一般有两种诊断测试模式：

一是静态诊断模式，简称 KOFO(Key On Engine Off)模式，即点火开关"ON"，在发动机运转的情况下，读取微机系统中所存储的故障代码，大部分电控发动机采用静态测试模式。

二是动态诊断模式，简称 KOER(Key On Engine Rur)楼式，即点火开关"ON"，在发动机运转的情况下，读取故障码，检测数据或进行混合气成分的监测。该模式主要用于在动态下发生故障的故障码，它能检测到许多静态模式无法判断的故障。

维修人员应首先读出发动机故障代码，从而查询故障码代表的内容。ECU 正常的输入、输出信号的电压都是在规定的范围内变化的，当一电路较长时间或多次出现超出规定范围的信号时，诊断系统规定该路信号有故障。故障的出现不仅与传感器和执行器有关，而且与出现故障的整个电路有关。为了查出故障原因，除检查传感器和执行器外，还需检查线束、插头、ECU 和与此信号电路有关的其他元件。

汽车故障排除后，需要清除故障码。进行故障码清除时，应严格按照特定车型所规定的故障码的清除方法，一般而言，断开通往发动机控制系统的电源线或保险丝，就可清除微机控制系统存储的故障码，但采用拆除蓄电池负极搭铁线的方法清除故障码，将会使某些车型的控制电脑失去"经验记忆"，或造成有些车辆某些功能的丧失。现代很多汽车借用专用诊断仪清除故障码，既方便又安全。

随车自诊断系统通常只能提供与本系统有关的电气装置或线路故障。它有以下不足：① 只包括为数有限的若干常见故障，大量的故障特别是油路、气路并未包括在内；② 对许多故障没有反映或仅给出较为模糊的诊断结论，维修人员仍然无从下手；③ 维修人员无法了解故障诊断原理、诊断过程，判断故障相对比较机械，对维修人员的理论水平、分析能力和实际工作经验要求较高。所以维修人员还要利用其他诊断方法，以快速找出故障部位。

(6) 数据流分析法

利用汽车故障自诊断接口通过专用的检测仪器，可将汽车电控系统工作中的燃油脉冲宽度、点火提前角、发动机转速、节气门开度、怠速调整状态、氧传感器状态、ABS 轮速传感器、自动变速器挡位等一系列信号以数值的形式实时地显示出来。由这组数据所组成的数据块称为数据流。在数据流中包括故障码的信息、控制电脑的实时运行参数、控制电脑与诊断仪之间的相互控制指令。数据流不仅使我们能够对汽车电控系统各有关传感器、执行机构的工作情况进行动态监测，同时也为电控系统的故障诊断提供了分析的依据。数据流分析法即通过对汽车不同工况下的数据流进行分析对比而得到故障信息的诊断方法。

数据流分析法有以下几种方法：数值分析法、时间分析法、因果分析法、关联分析法、比较分析法等。

(7) 波形分析法

即借助汽车专用示波器或发动机综合分析仪对电控系统可能发生故障的信号波形进行检测和显示，将检测波形与正常波形的特征进行对比分析，找出差别，达到故障诊断的目的。判断传感器的波形是正常波形还是异常波形，主要可以用五种测量参数来加以判断，即幅值(信号最高的电压值)、频率(信号的循环时间)、形状(信号的外形)、脉宽(信号的占空比或所占时间)和阵列(信号的重复特性)波形分析法能够真实地反映电控系统传感器、ECU 和执行机构之间的信号传递特征，特别是对点火系统、电控燃油喷射系统、ABS 系统中变化较快的传感器信号的分析和故障诊断是十分有效的。

汽车电控制系统的故障检测和诊断是一项较为复杂和细致的工作，维修人员应在掌握汽车电子控制系统工作原理的基础上，灵活应用上述诊断方法，才能实现汽车电控系统故障快速、准确的诊断和排除。

4.3.4　新能源汽车电控技术的发展趋势

随着新能源汽车研发工作的逐渐开展，电力电子技术逐步得到应用并改变了汽车的电力系统，形成了新能源汽车电力传动电气装置，相比于传统汽车低功率低压的辅助电气装置，其具备效率更高、噪音更小、节能环保等优点。其中，电机控制系统、电动助力转向系统、能源回馈系统、电池管理系统等是未来新能源汽车电控系统的主要构成部分。

1. 电机驱动控制系统的发展

在新能源汽车电控系统中，电机驱动控制系统是核心，直接影响汽车的正常运行，系统主要分为机械和电器两个部分。电气系统是电机驱动系统的关键，主要由控制器、功率转换器、电动机等几个部分共同组成，驱动电机的性能和功率会直接影响电动汽车的启动速度和时速快慢。就当前电动汽车电机驱动系统的研发情况来看，电控系统在普通直流电机电刷工作中还是会收到电磁辐射干扰的影响，普通直流电机的散热也较为困难，但一些电动汽车产业仍然选择该项技术，而在我国哈尔滨工业大学的新能源汽车研发工作中，则是研发了多态电机驱动控制系统，这在电动汽车领域的应用前景也是极具潜力的；在新能源汽车电控系统中,永磁电机驱动控制系统是应用最多的,PWM控制技术和永磁无刷直流电机控制技术是其主要技术,可以实现电机优良的调速性能,而随着电力电子技术快速发展所带来的IGBT等功率模块,永磁直流电机调速控制系统的技术水平也得到了进一步提升。

2. 电力助力转向系统EPS的发展

动力助力转向系统经过了常规液压动力转向系统、电子控制液压动力转向系统、电动助力转向系统三个发展阶段,并有继续向电子化和智能化发展的趋势。电动助力转向系统的工作原理是在机械转向系统基础上加入电机作为动力源,以电动助力代替液压助力;具有节能环保、高性能化、可控性高、重量轻、工作可靠性好、制造成本低等特点。

电动助力转向系统最先于1988年日本铃木公司投入应用,此后此技术得到了迅速的发展,美国和德国相继研制出各自的EPS系统。经过数十年的发展,EPS的各项技术都日趋成熟,在控制方式和助力方式方面得到优化,其应用范围和影响力不断扩大。我国在动力助力转向系统的研究与开发比较晚,国内部分大学、研究机构、汽车系统公司在这方面的研究限于理论分析和仿真模拟。

3. 能源回馈系统的发展

在新能源汽车开发中,实现能源再利用的关键环节就是能源回馈系统的研究,目前在汽车电机动力特性和动力学特征等研究工作中,利用变频器可以对能量进行95%以上的再利用。在传统汽车中,制动产生的剩余能量都是以热量的形式散失掉,制动能量回馈系统可在汽车制动过程中,将牵引电机转换为发动机,依靠车轮拖动电机产生电能和车轮制动力矩,从而将制动能量转化为电能储存起来,达到提高汽车续航里程的目的。能量回馈系统在新能源汽车的发展中发挥着不可或缺的作用,未来的应用领域也是非常可观的。

4. 电池管理系统的发展

电池一致性问题随着电池管理系统的应用而得以解决,同时也实现了电动汽车和车载动力电池之间的高效连接,电池系统在动力电池组的支持下也能为汽车提供可靠的动力。工作原理表现为:对各个电池单体进行协调,密切监控电池的电流、温度、电压等传感器信号,从而避免由于温度、电压、电流过高而产生危险。

应用电池管理系统的新能源汽车,唯一的动力就是车用蓄电池,当前主要使用的电池包括锂离子电池、铅酸电池、镍氢电池、镍铬电池等,其中能量密度和电压平台都较高的是锂离子电池,也是新能源汽车未来最理想的能源,但目前急需解决的一个问题就是锂离子电池的使用寿命和安全性。

*4.4　电控系统引发的组合创新的思考

本章节为延伸拓展学习，电子学习资料见二维码

思考题

1. 安全气囊的作用是什么？安全气囊有哪些种类？

2. 安全气囊系统的基本组成部件有哪些？当汽车发生碰撞时安全气囊是如何起作用的？

3. 在汽车行驶过程中，安全气囊电子控制系统是如何工作的？

4. 已有安全气囊作被动安全保护，为什么还要强调系安全带的重要性？

5. 安全气囊传感器有哪些种类？起何作用？安全气囊如何防止误膨开？

6. 安全气囊组件有哪些组成部件？各组成部件起何作用？

7. 活塞式安全带收紧器是如何工作的？

8. 安全气囊备用电源起何作用？汽车安全气囊系统如何确保其可靠性？

9. 安全气囊在使用与检修过程中应注意些什么？

10. 汽车上为什么要采用总线技术？

11. 什么是汽车总线式信息传输方式？它有何特点？

12. 汽车上数据传输网络如何分类？各种类型的网络的适用范围如何？

13. 什么是CAN总线？

14. CAN总线的接口起何作用？

15. CAN总线系统是如何构成的？其信号传输有何特点？

16. CAN总线故障自诊断有哪些内容？

第5章 新能源汽车充电桩创新

5.1 充电桩概述

5.1.1 充电桩产生背景及原因

电动汽车充电设施是为电动汽车提供电能的补给装置。充电设施直接接入电网，是电网的组成部分，也是保证电动汽车和电网安全、可靠、经济地提供电能的充电系统，以充电装置为载体实现电动汽车与电网的互动，包括充电设备、充电站、电网以及延伸的土地、运营、电价、营业模式等庞大系统工程。

目前，珍惜地球上有限的石油资源，保护人类赖以生存的自然环境，减少温室气体的排放量，遏制全球变暖趋势已经成为全世界各国面临的共同话题。汽车作为现代社会化大工业的产物，为推动人类文明向前跃进做出了巨大贡献，给人类的生活带来了舒适和便捷。根据联合国的统计数据显示，目前汽车的耗油量已占全部石油消耗的75%，同时也带来了巨大的环境污染。

要缓解这两个日趋严重的问题，汽车工业必然向着环保、清洁和节能的方向发展，也包括发展清洁能源替代燃料汽车。

电动汽车在环保、清洁、节能等方面占据明显的优势，据相关统计，电动汽车在能量利用率方面比燃油汽车高7.5%，污染物排量仅为普通内燃机车的2%—8%，基本无污染物排放。电动汽车具有无(低)污染物排放、噪音低、能效高、维修及运行成本低等优点，它的广泛普及将是缓解大气环境污染和能源紧缺的最为有效的方式之一。

电动汽车一直不被看好的原因取决于两点：① 电池续航能力差；② 充电速度慢。只要能解决其中一点，电动汽车不被看好的问题马上就可以解决。而负载充电桩是目前的最优选项。

5.1.2 充电桩简介

电动汽车充电桩的功能类似于加油站内的加油机，可以固定在地面或墙壁，也可以安装于公共建筑(如公共楼宇、商场、公共停车场等)和居民小区的停车场及充电站内，并且能够根据不同的电压等级为各种型号的电动汽车充电。

充电桩的输入端与交流电网直接连接，输出端装有充电插头，用于电动汽车的充电。

充电桩一般提供常规充电和快速充电两种充电方式。人们可以在充电桩提供的人机交互操作界面使用特定的充电卡刷卡使用，选择相应的充电方式、充电时间、费用数据打印等操作，充电桩显示屏会显示充电量、费用、充电时间等数据。充电流程如图5.1所示。

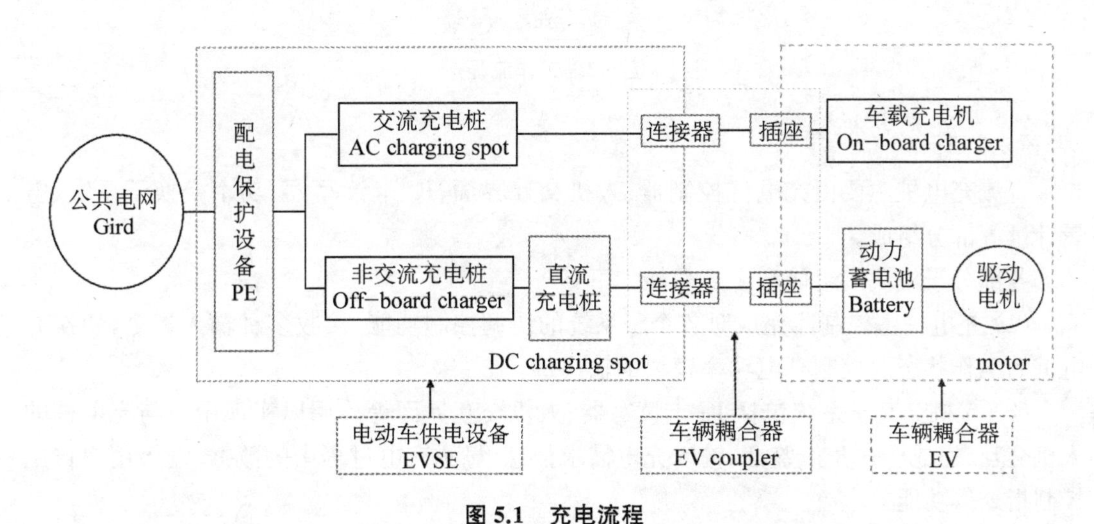

图5.1 充电流程

5.2 新能源汽车充电桩

5.2.1 充电桩的构成与功能

1. 交流充电桩

交流充电桩一般由桩体、电气模块、计量模块等组成。桩体包括外壳和人机交互界面；电气模块包括充电插座、电缆转接端子排和安全防护装置等；计量模块安装在桩体内部。

交流充电桩一般应具有人机交互功能、计量功能、外部通信功能和软件升级等功能。

人机交互界面提供人机交互功能，主要包括显示功能和输入功能。显示功能要求充电桩能显示在各种状态下的相关信息；输入功能要求充电桩具备手动设置充电参数的功能。

计量模块提供对输出电能量的计量功能。

充电桩的控制单元具备与外部通信的相关接口，并具备系统控制软件的升级功能。

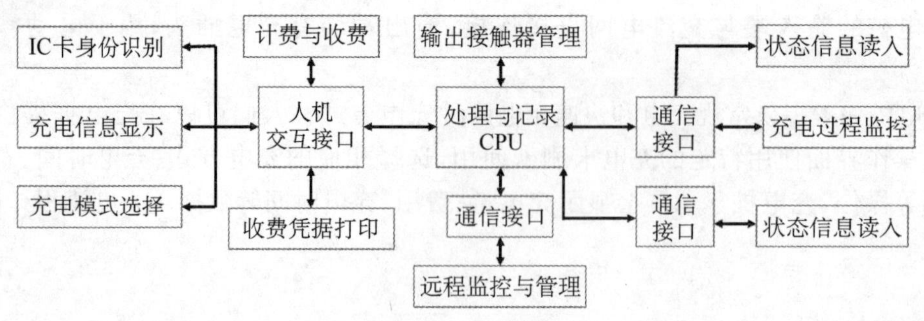

图 5.2　工作流程

2. 直流充电桩

直流充电桩主要由充电桩控制器、人机交互界面、IC 卡读写器、功率变换子系统、电量计量等部分组成。

各部分子模块的组成和主要功能如下：

（1）充电桩主控制器完成对各个子系统的协调控制功能，接收多种输入指令，切换充电桩的工作状态及控制充电功率模块的输出等。

（2）人机交互子系统包括 IC 卡读写器、人机交互界面等。用以实现用户与充电桩的人机交互、完成用户身份鉴证、输入充电需求信息、显示充电过程中的数据、输入用户自主控制指令等功能。

（3）功率变换子系统包括交流供电输入单元、充电功率模块和有源滤波模块三部分。充电功率模块可以实现并联时的自主均流，从而可以由一种标准功率模块并联组成多种规格的充电桩。

（4）电量计量单元采用成熟的交流计量技术。

（5）智能管理模块包括运营管理系统的通信接口、数据处理、数据存储等部分，用来实现各种运营管理策略。

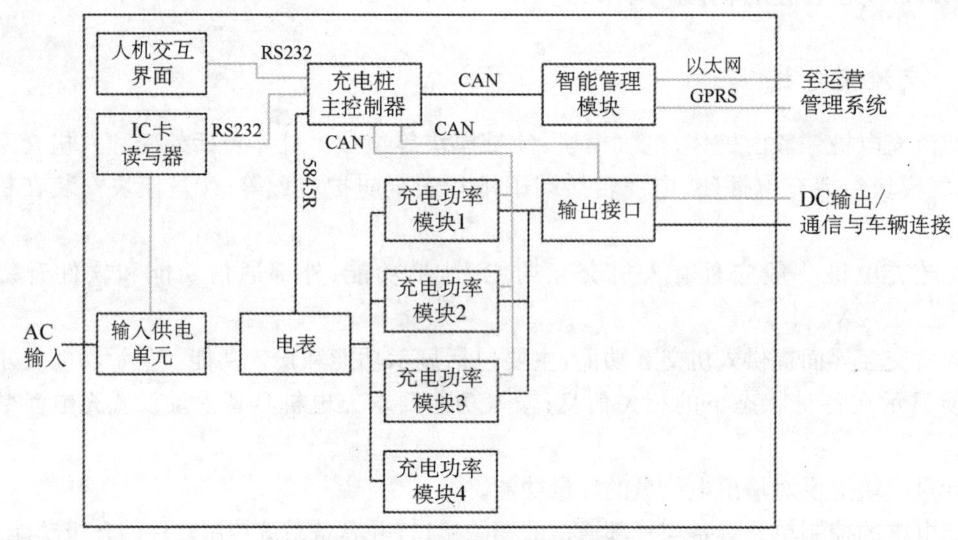

图 5.3　各部分子模块示意图

5.2.2 充电桩类型

1. 优易充壁挂式交流充电桩

壁挂式交流充电桩(售车标配)是交流充电桩系列产品之一,采用壁挂方式安装于室内或室外,产品适用家庭车库或停车场,具有占地空间小、方便安装、价格低等优点(图 5.4)。

图 5.4 优易充壁挂式交流充电桩

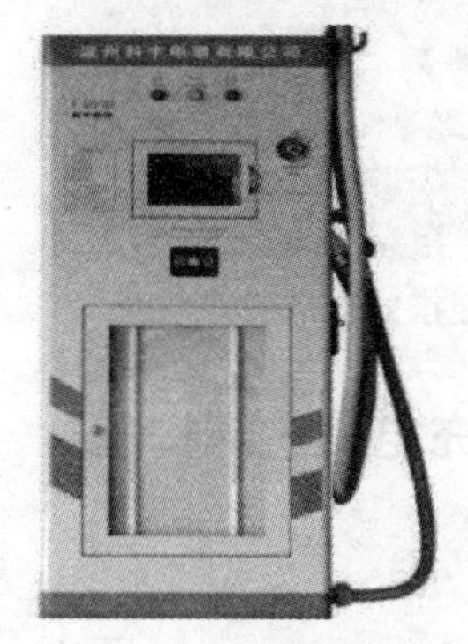

图 5.5 一体式直流充电机

2. 一体式直流充电机

直流一体化充电机(图 5.5)是用于电动汽车快速直流充电的电源装置,充电时间最短只有 30 分钟,适用于公共领域电动汽车用户(室内及地库商业模式引用)。

3. 一体化整车直流充电机

一体化整车直流充电机(图 5.6)主要用于对电动汽车进行快速充电。

该产品安装在户外,具有防水、防尘设计,防护等级高(户外商业模式可引用)。

图 5.6 一体化整车直流充电机

图 5.7 圆筒型交流充电桩

4. 圆筒型交流充电桩

圆筒型交流充电桩(图 5.7)是交流充电桩系列产品之一,造型新颖、操作简单、运行稳定可靠，适合私人及公共领域电动汽车用户使用。

图 5.8 便携式交流充电桩

5. 电动汽车充电宝

电动汽车充电宝(HEVC - AC16220 - X1N)是一款专为私人电动汽车设计的充电宝，配备有 AC220V/50Hz 交流电源和国标 16A 三相充电端口(图 5.8)。

产品型号 HEVC - AC - 16A/220 - XN - 01；

输入电压(V)220 VAC±15%；

输出电流(A)16 A；

输出功率(kW)3.5 kW(电压 220 V)；

桩体尺寸(mm)470 mm×240 mm×150 mm。

5.2.3 充电桩内部构造

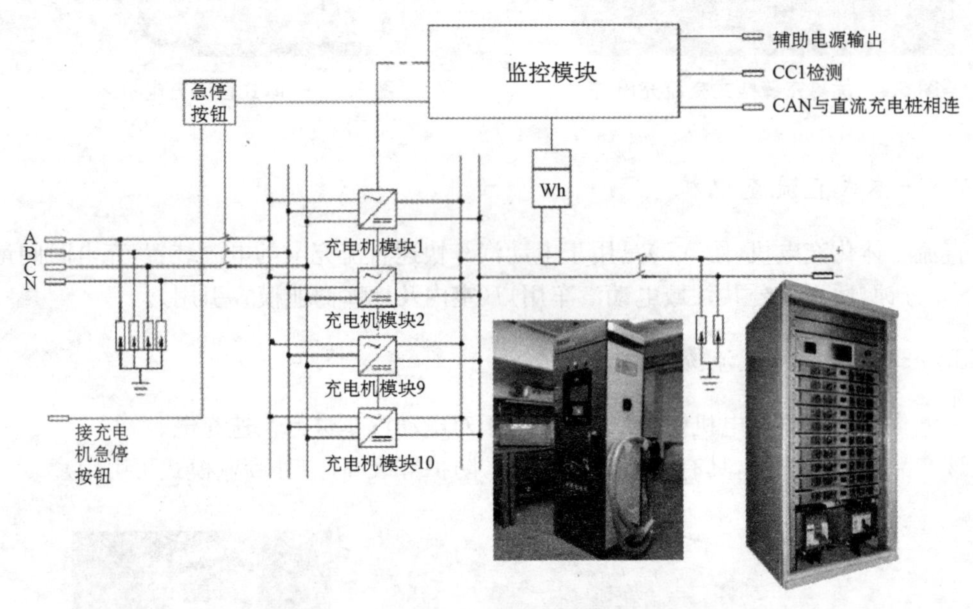

图 5.9 充电桩示意图

5.2.4 充电桩建设

1. 充电桩建设要求

作为电网配用的电动汽车充电桩(站)，其结构的特殊性决定了自动化通信系统的特点：被测点多且分散、覆盖面广、通信距离短。随着城市的发展，网络拓扑需要具备灵活性和扩展性的结构，因此，电动汽车充电桩(站)通信方式的选择应考虑如下问题：

(1) 通信的可靠性——通信系统要长期经受恶劣环境和较强的电磁干扰或噪音干扰的考验，并保持通信的畅通。

(2) 建设费用——在满足可靠性的前提下，综合考虑建设费用及长期使用和维护的费用。

(3) 双向通信——不仅能实现信息量的上传，还要实现控制量的下达。

(4) 多业务的数据传输速率——随着终端业务量的不断增长，主站到子站、子站到终端之间通信对实现多业务的数据传输速率要求越来越高。

(5) 通信的灵活性和可扩展性——由于充电桩具有控制点多、面广和分散的特点，要求履行标准的通信协议。随着"ALL IP"网络技术趋势的发展以及电力运营业务的不断增长，需要考虑基于IP的业务承载，同时要求其便于安装施工、调试、运行、维护。

2. 充电桩所需考虑安全问题

(1) 充电桩交流输入配置断路器，具备输入侧的过流保护和短路保护功能。

(2) 充电桩交流输入配置C和D两级防雷器，具备防感应雷、防静电、防操作过电压的保护功能。

(3) 充电桩具备交流输入的过压、欠压和缺相保护功能。

(4) 充电桩直流输出配置断路器，具备输出端的过流保护和短路保护功能。

(5) 充电桩具备软启动功能，防止直流冲击电流输出。

(6) 充电桩具备急停按钮，能快速切断充电模块电源和分断直流输出开关。

(7) 充电桩能自动判断充电连接器、充电电缆是否正确连接。当充电桩与电动汽车正确连接后，充电桩才能允许启动充电过程；当充电桩检测到与电动汽车连接不正常时，立即停止充电。

(8) 在充电过程中，充电桩能自动监测各设备的运行和通信状态是否正常，当设备出现异常时，立即停止充电。

(9) 在充电过程中，充电桩能自动根据BMS发送的电池状态和运行信息动态调整充电电流和电压，保证动力电池的温度、充电电压和电流不超过允许值。

(10) 充电桩具备充电限制功能，能根据BMS发送的电池信息，自动选择并限制最大充电电压、充电电流、充电时间和充电电量，保证充电过程中电池不会出现过充现象。

(11) 充电桩具备阻燃功能。

3. 信息传播途径

每个单体交流充电桩可向各级监控终端传输该设备的工作概况、空置与否等信息。各级监控终端将充电桩、前级终端发送过来的信息逐层向上汇总到监控主站，随后监控主站将信息分散到各需求终端用户。

各节点代表需要监控的充电设备，它们可以是离散的单桩，也可以是集中建设的充电站中的设备。各单桩都具备信息传输和监控功能，是网络建设的基本需求信息单元，目前产品提供多种信息传输通道。

中继站级是将各网络节点的参数收集处理的设备，肩负着从节点采集信息，传输到后级站，以及将后级站的控制信息发放到各节点的功能。它的网络分级数目灵活多变。

终端站级，是汇总各中继站级、离散节点信息，需要有工作人员及时处理终端用户信息，节点工况和调度的大型信息集散中心。终端战级通过公共网络向终端客户传送节点信息，并受控于终端客户的各项需求。

5.3 电动汽车充电站建设

1. 电动汽车充电站的类型

根据充电运行模式和规模的不同，现有的电动汽车充电设施主要被分为综合类大型充电站和分散的单台交流充电机两种类型。

大型充电站规模比较大，功能也比较完善，配备的充电设施比较齐全，可以同时为多辆、多种类型的电动汽车提供充电服务，而且各种充电方式(如慢速充电、快速充电或更换电池)也比较完备，可以满足电动汽车用户的各种需求。大型充电站采用两路电源供电，以充分保障充电站的供电可靠性。这种充电站虽然优势明显，但是劣势也非常突出，如占地面积大，城区中心区域难以提供充足的建设用地，增加了建设成本和建设难度等。因此，在电动汽车推广前期可先在公共汽车停车场内建设这类充电站，为电动公交车提供充电服务，作为示范并逐步推广。

单台的交流充电机一般采用单相供电的方式，可设置在私人住宅、办公楼宇或停车场等场所。由于单台充电机的功率等级较小，成本较低，设备规模小，可直接利用现有的普通民用交流电源，无须额外配置专门的供电电源，因而可以随时随地充电，且建设非常方便，投资较少；因为单台交流充电机通常是在电动汽车停止使用的夜晚进行充电，所以不仅可享受优惠的用电低峰电价，而且还能起到"削峰平谷"、改善电网不平衡程度的作用。但是，由于单台交流充电机的充电速度较慢，因此需要在区域内进行广泛、合理的布局，并形成规模，统一充电机标准等，只有做到这些才能有效地促进电动汽车的发展。

由于动力电池组存储电能容量的限制，为使电动汽车具有足够的续航里程，满足用户的使用要求，就必须建设布局合理、规模适宜、运行安全可靠的充电设施服务网络，而充电站的规划和建设将直接影响电动汽车产业的发展。在电动汽车充电站的规划和设计中，需要在分析区域内服务对象的特点及其充电需求的基础上，确定充电站的总体结构并给出运营模式的建议方案，从而为大规模建设的充电站在运营模式的选择上提供技术参考，推动充电体系的建设，进而推进电动汽车的产业化发展和普及。

2. 充电站的服务对象

电动汽车由于具有无尾气污染、价格低廉等优点，不仅受到环保意识强烈的个人消费者和政府公务用户的青睐，促使电动私家汽车和电动公务车用车的销量逐年增长，而且也在多种行业中得到了大量的应用。不同种类的电动汽车具有不同的用途，在行驶线路、行驶里程和行驶时间上有所不同，有着各自的运行特点，因此，不同用途的电动汽车对充电方式和充电功率等的要求也不尽相同。

电动汽车充电站的结构和运营模式取决于所服务的车辆类型及用途，因此，充电站在

进行设计时，在供配电容量、充电机的种类与数量、充电站场地大小及配套辅助设施的设置等方面必须对这些因素予以考量，以便使充电站更好地满足各类不同用途的电动汽车的充电需求。因此，充电站在规划、设计和建造之前，应充分分析所服务车辆的种类、运行特性和潜在的电能扩容量。

表 5.1　不同种类的电动汽车的用途和运行特点

<table>
<tr><th>种类</th><th>用途</th><th>运行特点</th></tr>
<tr><td>电动公交车</td><td rowspan="2">公共交通</td><td>行驶路线、运营时段固定，一天中的行驶里程较长；客流通常在时间和空间上的分布不均衡，如客流在高峰时段和平峰时段有显著区别，在部分站点乘客流动密集等，一般在夜间停运</td></tr>
<tr><td>电动出租车</td><td>行驶路线、运营时间、行驶里程及客流分布不固定，有较大的随机性，每日的运行里程较长</td></tr>
<tr><td>特殊园区用车</td><td>奥运会、世博会等大型比赛及展览</td><td>行驶在一定的小范围区域内，一般有固定的行驶路线、行驶里程和运营时段，一般在夜间停运</td></tr>
<tr><td>公共事业用车</td><td>园林、环卫等部门</td><td rowspan="4">有固定的行驶线路和行驶范围，夜间停运</td></tr>
<tr><td>电动私家车</td><td>私人出行</td></tr>
<tr><td>电动公务车</td><td>政府公务</td></tr>
<tr><td>电动商务车</td><td>商务通勤等</td></tr>
<tr><td>电动工程车</td><td>市政、抢险等</td><td>每日的行驶线路和行驶里程不固定，变化较大，没有固定的运行时间</td></tr>
</table>

3. 一座大型电动汽车充电站的设计

一座大型电动汽车充电站，占地约 2 000 m^2，包括 16 台充电机，一座综合办公室和其他相关辅助设施。

本充电站充电设备包括 4 台 DC500 V/400 A 大型直流充电机，用于大型车辆的慢速充电；4 台 DC500 V/200 A 中型直流充电机，用于中型车辆或小型车辆充电；16 台 5 kW 交流充电桩，用于小型车辆充电。

配电系统采用 1 台 1 200 kV・A 干式非晶合金变压器，高压侧采用单路常供，单母线接线方式；低压侧采用单母线接线方式，同时设置低压备用电源。

配置概算表如下。

表 5.2　配置表

<table>
<tr><th></th><th>配置</th><th>单位</th><th>数量</th></tr>
<tr><td rowspan="5">配电系统</td><td>10 kV 配电柜</td><td>台</td><td>6—10</td></tr>
<tr><td>变压器(800 kV・A)</td><td>台</td><td>2</td></tr>
<tr><td>400V 配电柜</td><td>台</td><td>9</td></tr>
<tr><td>有源滤波及无功补偿装置</td><td>台</td><td>1</td></tr>
<tr><td>直流操作电源</td><td>套</td><td>1</td></tr>
</table>

续 表

	配置	单位	数量
充电系统	大型直流充电机	套	4
	中型直流充电机	套	4
	交流充电桩	套	16
监控系统	监控后台	套	1
	配电监控系统	套	1
	安防监控系统	套	1
	计量计费系统	套	1
土建	设计		1
	安装及辅助		1

表 5.3 设计、施工时间安排

序号	内容	时间	备注
1	充电站整体初步规划方案	5 天	以现场 CAD 为基础,注重布局、功能合理性、规范的规划
2	充电站规划调整	5—7 天	与相关部门进行协商,根据现场详细信息开展规划调整
3	施工图设计	7 天	在整体效果图确定后,进行现场施工图深化设计
4	现场土建施工	60—70 天	包括电缆挖沟、地面整平、配电间等建造、照明系统布置
5	户外广告系统设计	5—7 天(与土建并行进行)	户外广告整体设计,为广告发布审批做准备
6	户外广告系统内容绿化审批	15 天(与土建并行进行)	根据市容绿化规定提交广告发布申请书、施工结构图、广告画面、企业信息等相关资料,走审批流程
7	设备安装调试	30 天	根据土建施工情况,充电设备进场安装、调试
8	广告系统制作安装	15 天	广告画面设计、审批完成后,开始制作工作现场安装时间约 7 天
9	整体修整	10 天	现场清理,细部处理,地坪处理、划线等等
10	培训	3 天(与整体修整并行进行)	
共计		132—144 天	

表 5.4　详细配件表

<table>
<tr><th>项目</th><th colspan="2">名称</th><th>规格型号</th><th>数量</th><th>备注</th></tr>
<tr><td rowspan="19">变配电室</td><td colspan="2">10 kV 环网柜</td><td>四单元</td><td>1</td><td>环网柜</td></tr>
<tr><td colspan="2">10 kV 高压开关柜</td><td>KYN28-10,1250A</td><td>1</td><td>进线隔离柜</td></tr>
<tr><td colspan="2">10 kV 高压开关柜</td><td>KYN28-10,1250A</td><td>1</td><td>进线开关柜</td></tr>
<tr><td colspan="2">10 kV 配网进线测控装置</td><td></td><td>1</td><td></td></tr>
<tr><td colspan="2">10 kV 高压开关柜</td><td>KYN28-10,630A</td><td>2</td><td>出线柜</td></tr>
<tr><td colspan="2">10 kV 配网变压器测控装置</td><td></td><td>2</td><td></td></tr>
<tr><td colspan="2">10 kV 高压开关柜</td><td>KYN28-10,630A</td><td>1</td><td>母线设备柜</td></tr>
<tr><td colspan="2">10 kV 配网公用测控装置</td><td></td><td>1</td><td></td></tr>
<tr><td colspan="2">10 kV 高压开关柜</td><td>630A</td><td>1</td><td>计量柜</td></tr>
<tr><td colspan="2">10 kV 配电变压器</td><td>SB(B)11-M-800/10</td><td>2</td><td>蒸发冷却</td></tr>
<tr><td colspan="2">380 V 交流配电柜</td><td>GCK</td><td>2</td><td>进线柜</td></tr>
<tr><td colspan="2">低压无偿补偿柜</td><td>16KVar</td><td>2</td><td>电容器柜</td></tr>
<tr><td colspan="2">380 V 交流配电柜</td><td>GCK</td><td>4</td><td>馈线柜</td></tr>
<tr><td colspan="2">380 V 交流配电柜</td><td>GCK</td><td>1</td><td>联络柜</td></tr>
<tr><td colspan="2">直流电源柜</td><td>GZDW-24Ah/110V</td><td>1</td><td></td></tr>
<tr><td colspan="2">380 V 封闭母桥线</td><td>TMY-2(3×(100×10))+100×8</td><td>5</td><td>进线(米)</td></tr>
<tr><td colspan="2">380 V 封闭母桥线</td><td>TMY-2(3×(100×10))+100×8</td><td>4</td><td>进线(米)</td></tr>
<tr><td colspan="2">多功能电能表、中速室内球形摄像头</td><td></td><td>5</td><td></td></tr>
<tr><td colspan="2">中速室内球形摄像头</td><td></td><td>2</td><td></td></tr>
<tr><td rowspan="6">综合楼</td><td rowspan="6">配电监控</td><td>配电监控系统</td><td></td><td>1</td><td></td></tr>
<tr><td>台式计算机</td><td></td><td>1</td><td>23 寸液晶屏</td></tr>
<tr><td>UPS 主机</td><td>2 kVA,后备 2 小时</td><td>1</td><td></td></tr>
<tr><td>配电系统控制调度台、室内高清半球形摄像头、GPS 时钟、PT 测控装置、配电监控屏体、室内高清半球形摄像头</td><td></td><td>1</td><td></td></tr>
<tr><td>立式空调</td><td>3 匹</td><td>2</td><td>含在建筑内</td></tr>
<tr><td>配电箱</td><td></td><td>1</td><td>含在建筑内</td></tr>
</table>

续 表

项目	名称		规格型号	数量	备注
综合楼	中央监控	充电监控系统	LZJKV1.1	1	
综合楼	中央监控	计费管理系统		1	
综合楼	中央监控	信息平台系统		1	
综合楼	中央监控	UPS 主机	5 kVA,后备 2 小时	1	
综合楼	中央监控	大屏幕	DLP 3.66 m×1 083 m	1	
综合楼	中央监控	多屏处理器、大屏幕管理 PC、VWAS 控制软件		1	
综合楼	中央监控	塔式服务器	X3550M2 3×300G	1	
综合楼	中央监控	网络打印机	HP Laserjet P3005	1	
综合楼	中央监控	立式空调	3 匹	2	含在建筑内
综合楼	中央监控	配电箱、室内高清半球形摄像头、屏体、GPS 时钟		1	含在建筑内
综合楼	中央监控	交换机	24 口	1	
安防监控	烟雾监视系统			1	含在建筑内
安防监控	视频服务器			1	
安防监控	安防服务系统			1	
安防监控	立式空调		3 匹	1	含在建筑内
安防监控	配电箱			1	含在建筑内
安防监控	室内高清半球形摄像头			1	
充电机	电动汽车充电柜		LZGZQWV1.0	2	
充电机	充电模块		LZ500Q25	8	
充电机	立式空调		3 匹	2	含在建筑内
充电机	配电箱、室内高清半球形摄像头			2	含在建筑内

5.4 充电桩创新设计思维

世界上的事物千差万别,但并非杂乱无章,它们之间存在着不同程度的对应与类似,有的是本质的类似,有的是构造类似,也有的仅有形态、表面的类似。从异中求同,从同中见异,用类比法即可得到创造性成果。

5.4.1 类比创新原理与步骤

据传,春秋时期,伞由鲁班之妻云氏根据下雨时青蛙躲在荷叶下而发明:"劈竹为条,

蒙以鲁皮，收拢如棍，张开如盖。”如图5.10所示。

图5.10　伞的发明

美国皮革商巴察喜欢钓鱼，他经常去的地方是纽芬兰渔场，1940年冬天的一个早晨，他看到一个很有意思的现象：钓的鱼一放到冰上很快就冰得硬邦邦的了，而且只要冰不融化，鱼过个三五天也不变味，难道食物结了冰就可以保鲜？巴察这样问自己，他开始了试验，经过多次探索，他发现不仅鱼类在冰冻条件下可以保鲜，其他食物，比如牛肉；蔬菜都可以这样做，他决定制造出一台能让食品快速冰冻的机器。成功的路是艰难的，在研制速冻机的过程中，巴察吃尽了苦头，但他从不气馁。通过反复地试验、不断地总结经验，巴察终于成功了。他向国家专利局申请了专利，发明了世界上第一代冰箱，并且以3 000万美元的天价把这项技术卖给美国通用食品公司。

一位妈妈有给自己女儿写成长日记的习惯。2014年12月13日，广州市金碧世纪花园，大晴天。小萱与隔壁小朋友带各自的狗下去玩，我看到榕树的气根垂下来，便想，如果有猴子在这里，它也许会在这里荡来荡去的。对，这不就是秋千的很多根绳子吗？秋千是不是人类看到猴子玩耍而发明的？最初的学习可能也是像猴子一样，用两只手抓住一根绳子或两根绳子去荡，后来玩久了觉得不舒服，所以就将两根绳子绑在一起，想到此，我就做了一个秋千，让她们玩，玩了一会，小萱说她屁股痛，我就把外套脱下放在她屁股下垫着。啊，这就是秋千的板凳啊！并且这个板凳还是软的，后来小萱提议给她们的狗也坐坐，让狗狗们也享受享受荡秋千的乐趣。这个秋千坐起来很舒服，因为这里环境好，关键是它很特别，除了可以前后摆动外，因树枝受力而可以上下移动，比现在的秋千好多了。如图5.11所示。

图5.11　自然秋千

由以上可知，类比创新法是一种确定两个以上事物间同异关系的思维过程和方法，即根据规定的标准尺度，把与此有联系的几个相关事物加以对照，把握事物的内在联系进行创造。

综上所述，类比设计法的实施大致有以下三个步骤：

第一步，选择类比对象。类比对象的选择应以发明创造目标为依据，选择熟悉的对象为类比对象，它应该是生动、直观的事物，以便于进行类比，这一步中，联想思维是很重要的，要善于应用联想把表面上毫不相关的事物联系起来。

第二步，将两者进行分析、比较，从中找出共同的属性。

第三步，在第一、二步基础上进行类比联想推理得出结论。

如图5.12所示，中国99式主战坦克着了迷彩外表，这种外表是根据战区环境特点设计的。例如，北方雪天可能是白色，而坦克一般是迷彩，如果能像变色龙一样根据环境的变化而变化，而融入环境就更好了。图5.13是能够从任何物体上彩色的笔，将两者联系起来，是不是就可以让坦克自动从周围环境取色，外表就跟着变色，与环境融为一体，以迷惑敌人于无形之中呢？

图 5.12　中国 99 式主战坦克着迷彩装

图 5.13　能够从任何物体上采色的笔

5.4.2　类比创新的主要方法

经过长期实践，人们逐渐把这种发明方法进行归类和整理。根据类比的对象和方式，不同类比法还可以进一步区分为仿生类比、直接类比、象征类比、因果类比、综合类比等。

1. 仿生类比

发明者模仿生物的结构和功能等进行发明称为仿生类比。例如，虎和猫时而奔跑如飞，时而突然止步，人们从它们的脚掌结构得到启发，发明出带钉子的跑鞋；从蜘蛛在两棵树之间结网，联想发明横跨峡谷的吊桥；蝙蝠在黑夜中能自由飞翔而从不会撞到障碍物，借助对蝙蝠的研究人们发明了超声波探测仪，可以用来测量海洋深度、探测鱼群、追踪潜艇、诊断疾病、工业探伤等。

2. 直接类比

发明者从自然界或已有的技术成果中，寻找出与发明对象类似的现象或事物，从中获得启示，从而发明设计出新的项目，这就叫作直接类比法。

古埃及人曾用不断转动的链条运送水桶以灌溉农田。1783 年英国人埃文斯运用类比法将该方法用于磨坊以传送谷粒，这一类比发明成果虽然十分简单，但是在长达几千年的时间里却一直没有被人发现。

在科学领域里，惠更斯提出的光的波动说，就是与水的波动、声的波动类比而发现的；欧姆将其对电的研究和傅立叶关于热的研究加以直接类比，把电势比作温度，把电流总量比作一定的热量，运用傅立叶热传导理论的基本思想再引入电阻概念进行研究，建立了著名的欧姆定律；库仑定律也是通过类比发现的，劳厄谈此问题时曾说过“库伦假设两个电荷之间的作用力与电量成正比，与它们之间的距离的平方成反比，这纯粹是牛顿定律的一种类比”；基本粒子学的弦模型、袋模型等也是类比推理的结果。

3. 象征类比

象征类比是一种用具体事物来表示某种抽象概念或思想感情的思考方法。

生活中我们常用玫瑰类比爱情，玉兰类比纯洁，绿叶类比生命，大炮代表强权与战争，书籍代表知识，钢铁代表坚强，蓝色代表大海等。设计桥梁要赋予“虹”的象征格调。纪念碑、纪念馆一类建筑，需要有“宏伟、庄严”之感，于是人们就在其高度、范围、色彩、造型等设计上动脑筋，来实现这种象征意义。又如，设计咖啡馆需要幽雅的格调，茶馆需要有民族风格，音乐厅要求有艺术性，于是人们根据自己的需要，通过具体构造、色彩等来表现这种象征的意义。现在街头上矗立的各种抽象城市雕塑都是运用象征类比的手法设计的。

图5.14 深圳证券交易所门口的牛

图5.15 五粮液酒厂的酒瓶子楼

4. 因果类比

两个事物的各个属性之间可能存在着同一种因果关系。因此，可以根据一个事物的因果关系，推出另一事物的因果关系。

曾经听到一个刚刚配了眼镜的朋友感慨道：“原来世界这么清晰！”可见眼睛对于人来说有多重要，一个清晰的世界是多么重要。而最早发明眼镜的灵感竟然来自蜘蛛网上的水珠。13世纪中期，英国学者培根雨后在花园漫步的时候，突然看到蜘蛛网上沾了不少水珠，他发现透过雨珠看树叶，叶脉放大了不少，连树叶上细细的毛都能看得见。这使得他非常兴奋。他回家找来一个玻璃球，切下一块，然后拿这半玻璃球看书，结果文字放大了许多，培根找来一块木片，挖出一个圆洞，将玻璃球片装上去，安上把手，这就是最初的眼镜。

图5.16 眼镜的由来

5. 综合类比

事物属性之间的关系虽然很复杂，但可以综合它们相似的特征进行类比。

例如，要设计一架飞机，要先做一个模型放在风洞中进行模拟飞行试验，就是综合了

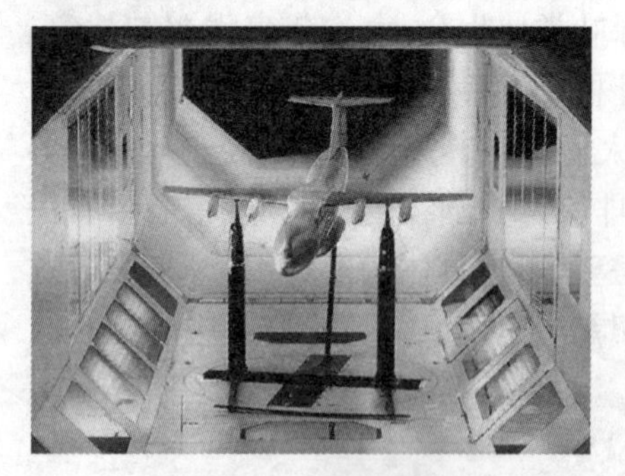
图 5.17 风洞实验图

飞机飞行中的许多特征进行类比。风洞像一片模拟天空，能真实模拟航空航天飞行器与空气相对运动的环境与状态(图 5.17)。我国目前所有的航天飞行器，包括“神舟”号飞船的发射装置、逃逸塔，返回舱的安全飞行与返回，无不经过风洞试验的历练。尤其是飞船返回舱，在返回地球的过程中要穿越大气层，受到摩擦产生的高温及风、雨、雷、电影响，不仅其外设计，就是其防热材料的选择也必须经过多次风洞试验。类似的如图 5.18 和图 5.19 所示。

图 5.18 中国首台汽车性能模拟器

图 5.19 汽车驾驶培训模拟器

5.4.3 充电桩类比设计

1. 立式充电桩

如图 5.20(a)所示，该款立式充电桩的设计灵感来源于企鹅的经典形态和海豚的流线型曲线的结合，在延续经典的同时又不失创新。整体弧面的运用使得产品更具时尚的美感，弧面与曲线的完美结合传达了产品在科技上卓越性，更富于产品时尚奢华的品质感。该产品打破以往直条形态的常规，以曲线面作为产品的主要形态，具有独特的个性。其造型摆脱了以往呆板、庞大、笨拙等缺点，设计更具科技时尚感和人机友好。

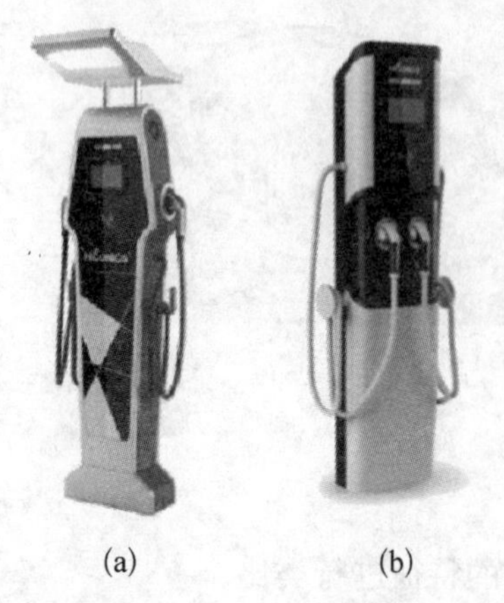
(a) (b)

图 5.20 立式充电桩

如图 5.20(b)所示，该充电桩设计灵感来源于工业器械专业的设备感和电桩应具有的简约、干练的特性。运用直线与折线的结合，几何体块之间的穿插表现电桩大气、简约的设计风格，通过对各部分之间的比例把握使产品风格表现得恰到好处。产品主要采用钣金，局部采用塑胶件，生产工艺相对成熟，易于加工，能有效控制成本。

2. 挂壁式充电桩

如图 5.21 所示，挂壁式充电桩外形上较立式小巧，多用

于家庭或小范围公用。

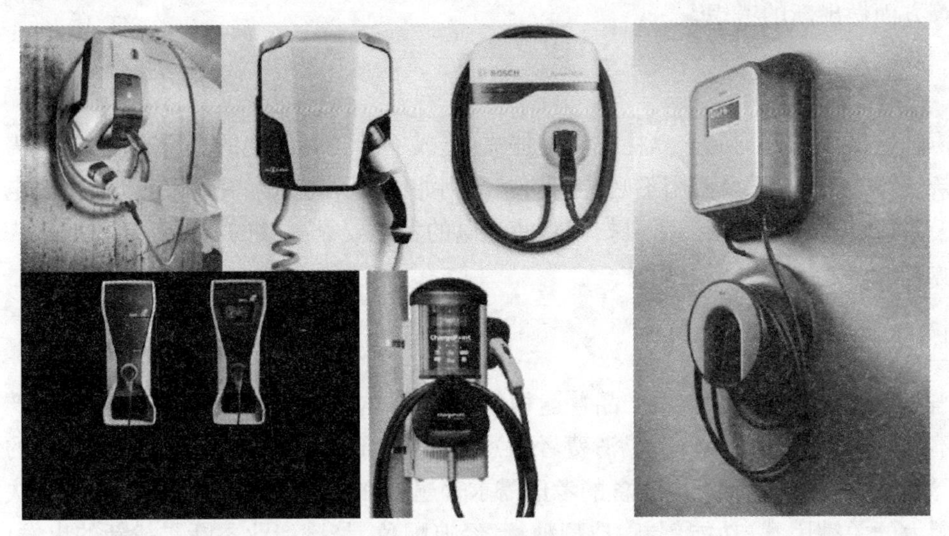

图 5.21 挂壁式充电桩

3. 充电头

如图 5.22 所示，该款充电头的类比造型拥有海豚般的灵动。

图 5.22 充电头

5.4.4 设计定位

1. 目标人群

新能源汽车充电装置为做到适合大众居家使用，实现其真正的产品民众化普及，该产品的适用人群定位在 30—39 岁的都市大众，选择低碳生活的都市一族，适应能力强，居家水平中上等阶层，消费能力中等以上。

2. 功能定位

该产品在造型方面具有较大突破创新，除了满足居家大众对于新能源汽车的充电需求之外，设计定位应在手机物联网传输，自检，定时充电，方便携带与移动，和谐居家，情感居家等方面做出新的考虑。

3. 造型定位

传统造型大部分拘泥于立柱式和壁挂式，造成不能随时随地的进行充电工作，需要通过创新，删减一系列居家使用不必要的功能。例如刷卡充电，这样就能有效避免充电卡的无意丢失造成的一时不便。手机扫码智能充电的实现要靠高效的物联互通才能进一步让新能源充电装置更便民更实用。

4. 市场定位

当今市场同类新能源充电产品普遍相似，功能结构大体没有太过明显的区分，产品新颖度不够，市场竞争力不强，造成消费者满意度不高，随着时代潮流和各方面信息的普遍融合，消费者对于新能源充电设备的考虑需求普遍增加，产品的核心亮点是否突出决定其市场潜力的关键因素，功能创新、造型独特、经典配色，是该产业不断寻找新的出发点，带动新能源便民推广的一大突破点。

5.5 充电桩创新创业点

5.5.1 电能补给方式

电动汽车的电能补给通常有两种方式：整车充电模式和电池快换模式。

1. 整车充电模式

电池组随电动汽车进入充电机（站），直接通过充电电缆的插头与充电机相连进行充电，电动汽车在充满电后驶离充电机（站），这种电能补给方式的优点是操作简单、方便，用户无论男女老幼，均可像给普通燃油汽车加油一样自助完成充电过程。其缺点是需要一定的充电时间，无法尽快恢复行驶，对于公交车和出租车等运营车辆，将占用运营时间，造成车辆利用率降低，难以保证足够的运力，造成企业和司乘人员的经济收入的降低。此外，这种充电模式也不利于保持电池组的均衡性及延长电池组的使用寿命。

2. 电池快换模式

电动汽车进入充电站后，将电量不足的电池组从车辆上卸下，然后安装上充电站里配备的已充满电的电池组后，电动汽车即可继续上路行驶，被替换下来的电量不足的电池组可就地在充电站内特设的充电间内进行集中充电或送往拥有相应充电设施的其他充电站进行集中充电，这种电能补给方式采用了专用的电池组集中充电模式，因此具有保持电池的性能、延长电池的使用寿命及提高运营车辆的使用效率等优点。

图 5.23 充电桩

该模式还可以进一步发展，在土地资源充裕且价格相对较低的城区外建设统一的专用电池充电站，通过采取向城区内的充电站定期配送充满电量的电池组，并将城区充电站内替换下来的电量不足的电池组运回专用充电站进行集中充电的方式，从而能有效解决在市区特别是中心城区难以占用大量土地建设综合大型充电站及部分充电站因空间狭小而无法布置更多快速充电机以满足用户需要的难题，不仅能够达到在城区规划、建设规模和密度适宜的充电站的目的，而且还具有能够有效利用夜晚优惠电价，减少用户开支及平衡电网供电等优势，但该方案的缺点是需要配备专业人员和高效的电池更换设备，以便快速完成。

电池组的拆卸及安装等工作，与达到整个电池更换过程与普通燃油汽车加满油箱的时间相当，因此增加了成本和实施的难度。此外，由于涉及电池的存储和保管，也需要采取必要的安全和防护措施。

综上所述，在为电池组选择电能补给方式时，应充分考虑电动汽车的种类、运行特点、电池组性能、配置设备的成本及电能补给的费用等因素，既可以采取单一的方式，也可以采用多种不同方式的组合，从而优化充电策略和充电过程，更好地满足电动汽车车主的使用需求。

5.5.2 电动汽车充电桩的选址

电动汽车充电设施布局是否合理，将直接影响用户的充电满意度，进而影响未来电动汽车产业的发展。针对电动汽车充电需求时空分布的复杂性，目前已经有很多专家学者做了相关理论的研究，如利用马尔科夫链模拟电动汽车运行规律，得到充电需求的时空分布特征；利用交通出行矩阵和云模型预测充电负荷时空分布；基于出行链的电动汽车充电负荷预测方法等，但这些都没有考虑电动汽车的多样性，也忽略了交通路况对充电需求的影响。

精确的电动汽车充电需求预测是充电桩(站)规划的前提，但目前在对充电桩/站规划时，鲜有专家学者考虑充电需求在路网上的时空分布问题。因此，需要一种崭新的，满足基于城市路网特征和电动汽车出行概率矩阵的电动汽车充电站规划模型，基于城市道路拓扑结构和改进速度-流量关系模型模拟电动汽车行驶特征。在此基础上，通过构建电动汽车出行概率矩阵，采用蒙特卡洛方法预测电动汽车快充需求的时空分布。然后，从便于用户充电的角度出发，以充电站建设运行成本和用户充电途中行驶成本最小为目标，基于出行概率矩阵建立电动汽车充电站选址定容模型:采用 Voronoi 图划分充电站服务范围,通过改进粒子群算法确定充电站最优位置,利用排队论优化各充电站容量,得到统计意义上更为合理的结果,能够更好地用以帮助电动汽车充电桩(站)的规划与建设。

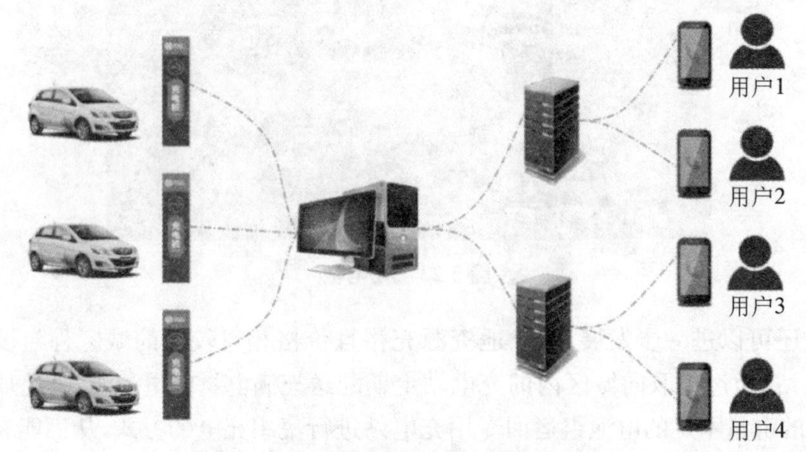

图 5.24　充电桩网络拓扑结构示意图

5.5.3　电动汽车的充电需求和电能补给方式的选择

由于电动汽车存在种类和运行特性等的不同,其对充电需求和在充电模式的选择上也必然存在差异。为了保障各种电动汽车的日常行驶,需要结合它们各自的充电需求、充电机(站)建设成本、对电池组使用寿命影响及使用是否方便等因素,综合选择所用动力电池组适宜的电能补给方式。下面将根据不同种类的电动汽车的运行特点分别介绍各自的充电需求和电能补给方式的选择。

1. 服务于公共交通领域及大型活动的车辆

这类车辆通常包括公交车、出租车、奥运场馆用车等,通常在一天中具有较长的运行时间和距离,具有停运时间短、对充电时间要求高的特点。现有的技术难以保证一次充满电后满足全天的行驶需求,因此适合依据具体情况采用与整车一起的电池组快速充电与更换电池相结合的电能补给方式,以便及时获得电能、减少侵占运营时间、提高运营收入。

图 5.25　汽车充电桩

2. 家车、公务车、景区和公共事业用车

电力驱动的私家车、政府公务车、公园观光车、景区摆渡车、社区警用、环卫车等车辆通常在使用频次和运行里程上小于上一类型的车辆,一次充电后基本可满足一天的行驶需求。这类车辆在停运时一般停放在单位停车场或小区停车位内,此时可利用这些场所提供的普通交流电源为车辆充电,即采用与整车一

起的电池组慢速充电方式，由于这类车辆的电池容量一般较小，充电功率也较小，通常配置有车载慢速充电机，不仅可保证车辆的日常使用，同时还能减少对电池组使用寿命的影响，特别是在夜间充电时，还能充分利用低谷电价，从而进一步降低使用成本。如遇到特殊情况，这些车辆也可以利用社会已有的充电设施进行快速充电。

5.5.4　电动汽车充电桩的人机工程学

1. 把手部分

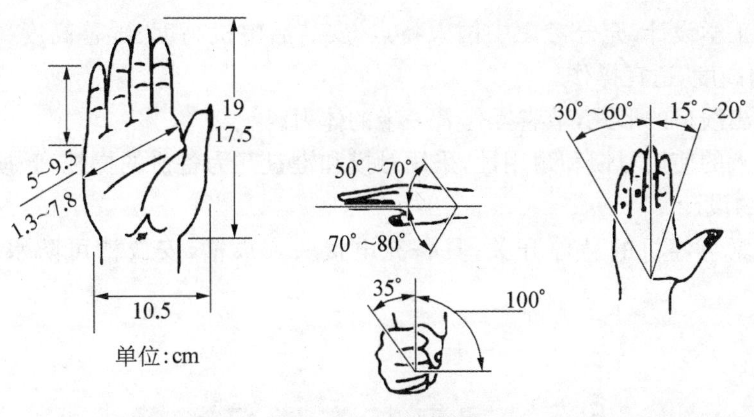

图 5.26　手的测量

2. 操作面板

屏幕设计必须要符合用户的视觉特性和立姿人体的立姿尺度，下边分析立姿状态下操作时手的活动空间范围对充电器界面布局的影响。用户站立操作时，应有舒适的操作状态，各种操作装置应设置在人手的功能可及范围内，因此界面设计时要考虑到在躯干不动的前提下，人手的空间活动范围。图 5.27 为人在站立时，躯干不动，手臂在正前方向的活动范围，大圆弧为手臂的最大能及范围，小圆弧表示前臂的正常活动范围，而阴影区表示最有利的活动范围。

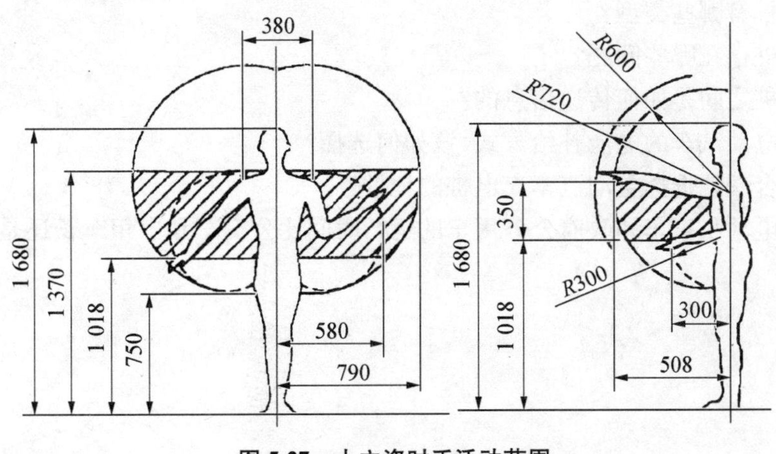

图 5.27　人立姿时手活动范围

3. 屏幕中触摸按键的设计

按键的尺寸应根据人手指端的尺寸和操作要求而定，太小可能导致误操作。一般来讲，操作按键时常用食指，按键形状多为方形和矩形。食指按压方形按键时，按键的边长为 10—20 mm 为宜；食指按压矩形按键时，则矩形按键的边长以 10 mm×15 mm、15 mm×20 mm 为宜。

4. 外形特点

(1) 人体工学设计，充分考虑中国人特点，安装后整机高度、屏幕高度、键盘高度、充电接头安放槽高度，适宜操作。

(2) 改善出线口的形式，节省操作者一半的体力。

(3) 考虑人的使用习惯和耐用性，采用触摸和键盘互为备份的操控，触摸屏和键盘采用防雨、防尘的设计。

(4) 具备紧急停机的急停开关；具备充电接头安放槽，安放槽可防水；5 米长的软电缆。

*5.6 充电桩发展与政策

本章节为延伸拓展学习，电子学习资料见二维码

思考题

1. 充电桩的构成以及各个部件的功能是什么？
2. 充电桩有哪些类型？
3. 充电桩存在哪些问题？
4. 充电桩之间是如何传递信息的？
5. 简述电动汽车的电能补给方式，该如何选择？
6. 怎样合理地选择电动汽车充电桩的地址？
7. 请问电动私家车和政府公务用车的运行时间比公交车和出租车长还是短？

第6章 其他类型汽车创新

6.1 其他类型汽车

6.1.1 生物柴油汽车

1. 概述

生物柴油汽车是以生物柴油作为动力的一种新型新能源柴油车。生物柴油是从可回收的一些资源如植物油、动物脂肪和已经使用过的油和脂肪中提炼而成的一种液态产品，液态形式的生物柴油(又称为净生物柴油)，已经被美国能源政策法列为汽车替代燃料。

图 6.1 生物柴油车

2017 年 10 月 30 日，以位于上海奉贤区和浦东新区的两个中石化加油站作为试点，开始对外销售(B5)生物柴油。这意味着，餐厨废弃油脂制成的生物柴油终于摆脱了“实验室”阶段，打通了市场化的“最后一公里”，实现大面积的复制推广及应用，指日可待。

所谓生物柴油，是指植物油(如菜籽油、大豆油、花生油、玉米油、棉籽油等)、动物油(如鱼油、猪油、牛油、羊油等)、废弃油脂或微生物油脂与甲醇或乙醇经酯转化而形成的脂肪酸甲酯或乙酯。生物柴油是典型的“绿色能源”，具有环保性能好、发动机启动性能好、燃料性能好，原料来源广泛、可再生等优点。而此次挂牌成立的生物柴油加油点，就是用俗称地沟油的废弃油脂，完成生物柴油的制作，其环保意义更为突出。

历经去除杂质、化学反应、蒸馏等多道工序，人们就可从餐厨废弃油脂中得到精制的脂肪酸甲酯，也就是俗称的生物柴油。根据我国国家标准——《生物柴油调和燃料》，能够车用的生物柴油必须是“调和油”。例如此次两个试点加油站提供的B5生物柴油，由5%的生物柴油与95%的矿物柴油调和而成。同时，还要通过硫含量、酸值、水含量、凝点、多环芳烃等几十项质量指标的考核。

生物柴油的燃料性能与石油基柴油较为接近，但另具有石油基柴油无法比拟的性能。

(1) 点火性能佳。十六烷值是衡量燃料在压燃式发动机中燃料性能好坏的质量指标，生物柴油十六烷值较高，其点火性能优于石化柴油。

(2) 燃料更充分。生物柴油含氧量高于石化柴油，可达11%，在燃烧过程中所需的氧气量较石化柴油少，燃烧比石化柴油更充分。

(3) 适用性广。除了作为公交车、卡车等柴油机的替代燃料外，生物柴油还可以作为海洋运输、水域动力设备、地质矿业设备、燃料发电厂等非道路用柴油机的替代燃料。

(4) 保护动力设备。生物柴油较柴油的运动黏度稍高，在不影响燃油雾化的情况下，更容易在气缸内壁形成一层油膜，从而提高运动机件的润滑性，降低机件磨损。

(5) 通用性好。无需改动柴油机，生物柴油可直接添加使用，同时无需另添设加油设备、储运设备及人员的特殊技术训练(通常其他替代燃料有可能需修改引擎才能使用)。

(6) 安全可靠。生物柴油的闪点较石化柴油高，有利于安全储运和使用。

(7) 节能降耗。生物柴油本身即为燃料，以一定比例与石化柴油混合使用可以降低油耗，提高动力性能。

(8) 气候适应性强。生物柴油由于不含石蜡，低温流动性佳，适用区域广泛。

(9) 功用多。生物柴油不仅可作燃油，而且还可作为添加剂增强燃烧效果，从而具有双重功能。

(10) 具有优良的环保特性。生物柴油中硫含量低，使得SO_2和硫化物的排放低，可减少约30%(有催化剂时可减少70%)；生物柴油中不含对环境会造成污染的芳香烃，因而产生的废气对人体损害低。

2. 制作工艺

为了解决酯交换反应中遇到的成本高、反应时间长、反应产物与催化剂难以分离等问题，开发了不使用催化剂的新工艺。M. Diasakou等人研究了在加热条件下大豆油与甲醇的酯交换反应，进行了动力学的研究，得到了无催化剂条件下反应的特点。醇油比21∶1，在235 ℃下反应10 h，甲酯质量分数超过了85%；醇油比27∶1，220 ℃下反应8 h，甲酯含量质量分数达到67%。同时发现甘油二酸酯和甘油三酸酯的转化率明显高于甘油一酸酯，即在无催化剂条件下三步反应中前两步反应进行得快，而最后一步反应则进行得很慢。

2001年，Sake和Susiana提出了超临界一步法制备生物柴油的工艺。反应在一预加热的间歇反应器中进行，反应温度350—400 ℃、压力45—65 MPa，菜籽油与甲醇的原料比为1∶42。研究发现，经过超临界处理的甲醇能够在无催化剂存在的条件下与菜籽油

发生酯交换反应，其产率高于普通的催化过程，且反应温度较低，同时还避免了使用催化剂所必需的分离纯化过程，使酯交换过程更加简单、安全和高效。

随着世界范围内车辆柴油化趋势的加快，未来柴油的需求量会愈来愈大，而石油资源的日益枯竭和人们环保意识的提高，大大促进了世界各国加快开发柴油替代燃料的步伐，尤其是进入了20世纪90年代，生物柴油以其优越的环保性能受到了各国的重视。

6.1.2 乙醇汽车

1. 概述

乙醇汽车是使用车用乙醇汽油作为主要的动力燃料的机动车。乙醇燃料已成为国际上普遍公认可降低环境污染和取代化石燃料的主要资源。为此，世界上一些知名的汽车巨头纷纷把目光投向乙醇汽车的研发和推广上。

图6.2 乙醇汽车

汽车一般不会使用纯乙醇作为燃料，因为纯乙醇在汽化时需要更多的热量(汽化潜热大)，这样，汽车在冷天的起动性能不好，故通常在汽油中加入一定量的乙醇作为燃料使用。一般最高使用E85乙醇汽油，即含85%乙醇和15%的汽油的混合燃料。世界上使用乙醇最多的是E22乙醇汽油，而这样大比例的乙醇汽油，需要设计专门的发动机。

在中国使用的车用乙醇汽油(国外称汽油醇，商品名GASOHOL)，是在汽油中加入10%的变性乙醇，可使汽油辛烷值(汽油标号如$90^{\#}$、$93^{\#}$等)提高3%，氧含量增加3.5%，大大改善了汽油的使用性能，燃烧更彻底，是一种节能环保型燃料。美国、巴西已大量使用20多年，各方面收到巨大效益，我国为了解决能源、农业、环境问题，正积极准备试行乙醇汽油政策。

车用乙醇汽油是指在汽油组分油中，按体积比加入一定比例(中国暂按10%)的变性燃料乙醇混配而成的一种新型清洁车用燃料。

汽油醇的特性和优点：首先它增加汽油中的氧含量，使燃烧更充分，有效地降低了尾气中有害物质的排放；第二，有效提高汽油的标号，使发动机运行平稳；第三，有效消除火花塞、气门、活塞顶部及排气管、消声器部位积炭的形成，可以延长主要部件的使用寿命。

2. 各国乙醇汽车发展

美国是世界上乙醇燃料的主要生产国。早在1979年美国国会就制订了“乙醇发展计划”，开始推行使用含10%乙醇混合燃料。1990年美国国会又通过了“空气清洁法”(修正案)，这是促使乙醇燃料发展的重要动力，1979年美国生产乙醇3万吨，到1990年增长到261万吨。2004年拥有91个醇生产厂，产量40亿加仑。2005年市场上汽油和酒精混合燃烧为燃料的汽车销量，首次超过汽油燃料的汽车。瑞典也很重视乙醇汽车的应用，1999年就拥有410辆应用生物乙醇为燃料的汽车，分布在13个城市，成为世界上唯一在重型柴油车上应用乙醇燃料的国家。日本在1979年政府发表新能源计划，同时成立的以东京大学为首的醇类应用技术委员会，大力推广醇类燃料汽车的应用。德国也是在1979年制订了“用于公路交通运输的醇类燃料”的研究计划，1999年乙醇产量达31.2万吨。法国对乙醇生产也很重视，乙醇产量已达40万吨，现有7家乙醇生产厂和16个粮厂附属生产乙醇的车间和一家用化学合成乙醇化工厂。泰国2003年的乙醇产量为48万吨，这是根据2000年泰国开始执行“燃料乙醇的研究与开发计划”确定的，泰国不仅在汽车上推行乙醇汽车，也在摩托车上使用混合乙醇汽油。南非是非洲大陆主要的乙醇生产国，目前产量为20万吨。在2000年瑞典召开的第13届国际醇类会议(ISAF)会上，强调对乙醇汽车不仅利用在汽油机上，还要更多的使柴油机汽车也利用乙醇，并研究将乙醇用作燃料电池的技术，可见全球对乙醇汽车的重视已达到多么大的程度。

我国对乙醇燃料的推行始于20世纪60年代，但由于粮食作物紧张而进度缓慢，到90年代，粮食相对过剩，才又把乙醇燃料工作抓起来。2002年3月，根据国务院指示，八个部委下发《专用乙醇汽油试点工作实施细则的通知》，确定在郑州、洛阳、南阳、哈尔滨和肇东进行示范试点。2004年3月发改委等8委又发布《专用乙醇汽油扩大试点方案》，把试点范围扩大到9个省，至此，我国乙醇汽车试点工作全面启动。

中国部分地区示范使用一种含10%乙醇的E10乙醇汽油。这种燃料中乙醇的含量少，普通汽油汽车不需要作任何改动就可以使用这种乙醇汽油，所以严格地说，使用这种汽油的汽车不能称为乙醇汽车。东风小康东风公司乙醇汽车研发工作取得了突破性进展，该公司“含水乙醇重整富氢燃料发动机”已经完成第一阶段实验。

乙醇是一种环境友好能源，所以乙醇汽车也是一种环境友好汽车。目前世界上已有40多个国家不同程度地应用乙醇汽车，有的已达到较大规模的推广，乙醇汽车的地位正在日益提升。

3. 存在的问题

当前，乙醇汽车固然存在一定的技术问题，最突出的是成本比较高，要大量推广还要进一步研究降低成本问题。其他如腐蚀、溶胀、参数优化等技术问题，也需要进行大量工作，要进行大量推广需要国家政策上的支持和扶植。我们重申乙醇汽车在技术、管理、经济上，总体上是可行的，只要各项工作跟上，应用前景是好的。

6.1.3 氢能汽车

1. 概述

氢能汽车，顾名思义，是以氢作为能源的汽车，将氢反应所产生的化学能转换为机械能以推动车辆。

氢能汽车分为两种：① 氢内燃机汽车(hydrogen internal combustion engine vehicle，HICEV)，是以内燃机燃烧氢气(通常透过分解甲烷或电解水取得)产生动力推动汽车；② 氢燃料电池车(fuel cell electric

图6.3 氢能发动机

vehicle, FCEV)，是使氢或含氢物质与空气中的氧在燃料电池中反应产生电力推动电动机，由电动机推动车辆。这类车辆的原理是把氢的化学能转换为机械能，或者是通过燃烧内燃机中的氢，亦或是通过在燃料电池中的氧与氢反应来运行电动机。燃料中广泛使用氢，改善环境状况是提议中氢经济的一个关键因素。

使用氢为能源的最大好处是它能跟空气中的氧产生水蒸气排出，有效减少了其他燃油的汽车造成的空气污染问题。

HICEV 一般以内燃机为基础改良而成，要实现并不困难，困难之处在于如何降低成本，以及安全地解决氢气供应、储存的问题。

2. 主要优点

(1) 来源非常丰富。氢是宇宙中含量最丰富的元素之一。氢可由水电解而成，水的资源极其丰富；也可用天然气、煤、硫化氢为原料制取。

(2) 污染很少。氢气燃料是唯一不含碳的燃料，废气中的主要成分是氢燃烧后的生成物 H_2O、空气中的 N_2、燃烧后空气中剩余的 O_2 以及在高温下生成的 NO_x。没有汽油车及柴油车所排出的令人困扰的 CO、HC 以及微粒、铅、硫等有害物质，不会诱发光化学烟雾，也没有导致地球温室效应的 CO_2。

(3) 热效率高。氢的火焰传播速度比汽油高许多，氢是气态燃料，混合气形成质量好、分配均匀，加之火焰传播速度高，允许采用较稀的混合气；氢的自燃温度比汽油高，抗爆性好，允许有较高的压缩比，使得燃烧热效率较高，燃料消耗率较低。

3. 主要问题

(1) 成本高。地球上氢气储量固然丰富，但以目前的技术，制取氢的成本太高。用电解水的方法制取氢，是目前工业上最主要的生产氢气的方法，如果用这种方法制取氢气，再把氢气用作汽车燃料，从能源效率上来讲是不合算的。

(2) 储带不便。氢气在汽车上的储带十分不便。气态储带，能量密度低的缺点很突出，如果要求氢气汽车与汽油汽车保持同样的行驶里程，则储气罐的体积约为汽油箱的20倍，这对解决必要的行驶里程相当困难；液态储带要求 −253 ℃的超低温，需要采用隔热的油箱，且有蒸发损失，成本很高。

(3) 动力性较差。氢气虽然热效率高，但其密度很小，在气缸中将挤占相当一部分容积，影响空气量，反过来也影响了氢气量。此外，氢的单位质量热值虽然高，但单位容积热值低。这都会影响氢气发动机的动力性。

(4) 燃料电池在价格和技术上存在一些瓶颈。

① 燃料电池造价偏高：车用 PEMFC 之成本中质子交换隔膜（USD300/m^2）约占成本之 35%；铂触媒约占 40%，两者均为贵重材料。

② 反应/启动性能：燃料电池的启动速度尚不及内燃机引擎。反应性能可通过增加电极活性、提高操作温度及反应控制参数来达到，但提高稳定性则必须避免副反应的发生。反应性与稳定性常是鱼与熊掌不可兼得。

③ 碳氢燃料无法直接利用：除甲醇外，其他的碳氢化合物燃料均需经过转化器、一氧

化碳氧化器处理产生纯氢气后，方可供现今的燃料电池利用。这些设备亦增加燃料电池系统的投资额。

④ 氢气储存技术：FCV的氢燃料是以压缩氢气为主，车体的载运量因而受限，每次充填量仅约2.5—3.5 kg，尚不足以满足现今汽车单程可跑480—650 km的续航力的要求。以−253 ℃保持氢的液态氢系统虽已测试成功，但却有重大的缺陷：约有1/3的电能必须用来维持槽体的低温，使氢维持于液态，且从隙缝蒸发而流失的氢气约为总存量的5%。

⑤ 氢燃料基础建设不足：氢气在工业界虽已使用多年且具经济规模，但全世界充氢站仅约70站，仍处于示范推广阶段。此外，加气时间颇长，约需5分钟，尚跟不上工商时代的步伐。

2018年9月28日，武汉首批氢燃料电池动力公交车在中国光谷武汉东湖新技术开发区359路公交线路试运行，武汉首座加氢站同步启用，标志着武汉市氢燃料电池动力公交车全面进入商业化示范运行新阶段。

图6.4 氢能汽车

目前，我国国内已推出首款氢能汽车——格罗夫。格罗夫作为国内首款氢能汽车，第一次采用了氢燃料作为动力来源，官方数据表示，仅仅需要几分钟甚至更短时间的加氢动力储备，就能拥有超过1 000 km的动力续航，可谓动力持久。相较于电动车或者其他新能源汽车，消费者最为关心的动力续航问题，在这款全新的氢能汽车上得到了完美的改善。氢燃料以其绿色、高续航的优点将成为下一个阶段新能源汽车的主要发展方向。不少汽车车企已经开始着手于氢燃料的研究和开发，我国的自主品牌在这一领域也开始发力。长城汽车已宣布要开始进行氢燃料的研发，预计在2022年将推出长城汽车的首款新能源汽车，吉利在未来的氢能源汽车产业上也拥有详尽的规划，预计在不远的未来也将推出成果。

6.1.4 天然气汽车

天然气汽车是以天然气为燃料提供动力的汽车。天然气的甲烷含量90%以上，是很好的汽车发动机燃料。

图6.5 天然气汽车

1. 系统

CNG汽车采用定型汽车改装，在保留原车供油系统的情况下增加一套“车用压缩天然气转换装置”。改装部分由以下三个系统组成：

(1) 天然气系统。主要由充气阀、高压截止阀、天然气钢瓶、高压管线、高压接头、压力表、压力传感器及气量显示器等组成。

(2) 燃气供给系统。主要由燃气高压电磁阀、

三级组合式的减压阀、混合器等组成。

(3) 油气燃料转换系统。主要由三位油气转换开关、点火时间转换器、汽油电磁阀组成。

燃气钢瓶的瓶口处安装有易熔塞和爆破片两种安全装置，当气瓶温度超过 100 ℃，或压力超过 26 MPa 时，保安装置会自动破裂卸压，减压阀上设有安全阀；气瓶及高压管线安装时，均有防震胶垫，卡箍牢固。因此，该系统在使用中是最安全可靠的。

汽车以 CNG 做燃料时天然气经三级减压后，通过混合器与空气混合进入气缸，压缩天然气由额定进气气压减为负压，其真空度为 49—69 kPa。减压阀与混合器配合，可满足发动机不同工况下混合气体的浓度要求。

天然气汽车的工作原理与汽油汽车的原理一致。简言之，天然气在四冲程发动机的气缸中与空气混合，通过火花塞点火，推动活塞上下移动。尽管天然气与汽油相比，可燃性和点火温度存在一些差别，但天然气汽车采用的是与汽油车基本一致的运行方式。

2. 燃料储存

大多是使用压缩天然气来供气运行的。天然气被压缩为 20—25 MPa，然后再泵入连接至汽车后部、上部或支架的高压筒形气瓶。早期天然气汽车的储罐体积很大，占据了大量的后备厢空间，但是已开发出新一代轻量级气瓶。这些全复合的气瓶又称为集成存储系统(ISS)，外面包裹着玻璃纤维外壳和缓冲泡沫，可防止在事故中因冲击而遭受损坏。此外，这些气瓶的另一个特点是直径小，这样就可以将三个气瓶放置在一起，最大限度地节省存储空间。

3. 发动机

天然气汽车的发动原理是：当天然气汽车发动机启动后，天然气从储气瓶通过软管导入燃料，在发动机附近进入压力调节器从而实现降压。然后，天然气将进入多点顺序喷射喷轨，该喷轨会将气体引入气缸中。传感器和计算机将对燃料和空气的混合气体进行调节，以便火花塞点燃天然气时燃烧更充分。天然气发动机还包括锻造铝合金、高压缩活塞、镍钨硬化合金排气门座和甲烷催化转化器。

4. 底盘

为燃料存储罐腾出更多空间，改装天然气汽车需要对汽车的悬架系统进行一些改进。有时，在汽车的后部会使用半拖臂悬架系统替换横向稳定杆悬架系统，这就为后部的支架提供了更多的空间，同时还可提供舒适的乘驾感。天然气汽车还除去备用轮胎和千斤顶，从而实现了平底板式设计。为弥补没有备用轮胎和千斤顶的不足，车上安装了“低压安全胎”，为更换轮胎提供基本保障。

5. 优势

(1) 燃烧稳定，不会产生爆震，并且冷热起动方便。

(2) 压缩天然气储运，减压，燃烧都在严格的密封状态下进行，不易发生泄露。另外其储气瓶经过各种特殊的破坏性试验，安全可靠。

(3) 压缩天然气燃烧安全，积碳少，减少气阻和爆震，有利于延长发动机各部件的使用寿命，减少维修保养次数，大幅度降低维修保养成本。

(4) 可减少发动机的机油消耗量。

(5) 使用压缩天然气与汽油相比，可大幅度降低一氧化碳、二氧化硫、二氧化碳等气体的排放，并且没有苯、铅等致癌和有毒物质危害人体健康。

天然气汽车的工作原理与汽油汽车的原理一致。简言之，天然气在四冲程发动机的气缸中与空气混合，通过火花塞点火，推动活塞上下移动。尽管天然气与汽油相比，可燃性和点火温度存在一些差别(表 6.1)，但天然气汽车采用与汽油车基本一致的运行方式。

表 6.1　可燃性

特性	天然气	汽油	柴油
可燃性极限(在空气中的容积百分比)	5—15	1.4—7.6	0.6—5.5
自动点火温度(℃)	450	300	230
最高燃烧温度(℃)	1 884	1 977	2 054

目前，天然气汽车的推广还存在一些问题。第一点就是天然气资源不够丰富。现在大部分居民使用的都是天然气，所以大部分的天然气资源，都提供给了居民使用，但是仍然有不少城市出现了天然气不足的情况。第二点原因就是使用天然气之后，发动机受到损伤更为严重。因为天然气燃烧的温度非常高，会给汽车带来一系列的损伤，而长期处于高温恶劣情况下的汽车，发动机抖动就成为最常见的毛病。而且将普通的燃油汽车改装成天然气汽车，还需要增加很多费用。第三点就是动力损失严重，因为平常使用的汽油，作为液体燃料，燃烧时能够提供非常大的动力。而像天然气这样的能源，在使用的时候就会导致发动机的功率下降。所以，从表面上来看，天然气的使用确实非常稳定，但是诸多因素限制了它的发展。

6.2　创新思维综合应用案例

6.2.1　组合创新思维在机械创新设计中的应用

常用的基本机构如齿轮机构、凸轮机构、四杆机构和间歇机构等，只能满足有限的运动要求。随着生产的发展，以及机械化、自动化程度的提高，对其运动规律和动力特性都提出了更高的要求。这些常用的基本机构往往不能满足要求。为解决这些问题，可以将两种以上的基本机构进行组合，充分利用各自的良好性能，改善其不满足原方案具有良好运动和动力特性的新型机构的要求的问题。

机构的组合原理是指将几个基本机构按一定的原则或规律组合成一个复杂的机构。机构的组合方式可划分为串联式机构组合、并联式机构组合、复合式机构组合和叠加式机

构组合四种。

(1) 串联式机构组合是由两个以上的基本机构依次串联而成的，前一机构的输出构件和输出运动推动后一机构的输入构件和输入运动，从而得到满足工作要求的机构。

在如图 6.6 所示的机构中，借双摇杆机构 3-5-6-4 以扩大摆角。如图 6.7 所示的机构中，构件 1 为曲柄，构件 3 为摇杆，借摇杆长度的延长使滑块 6 的行程得以扩大。

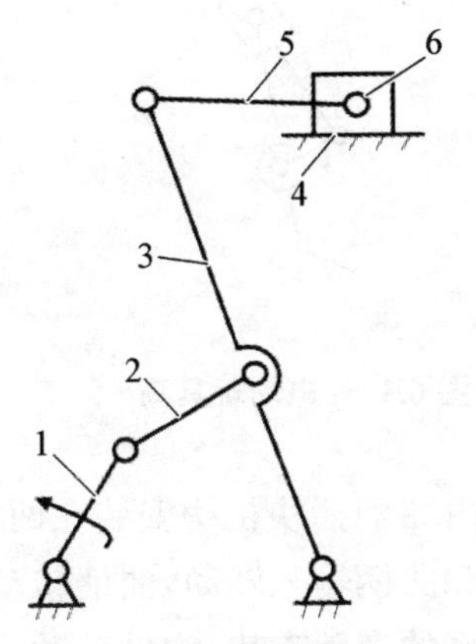

图 6.6 扩大摆角的串联机构

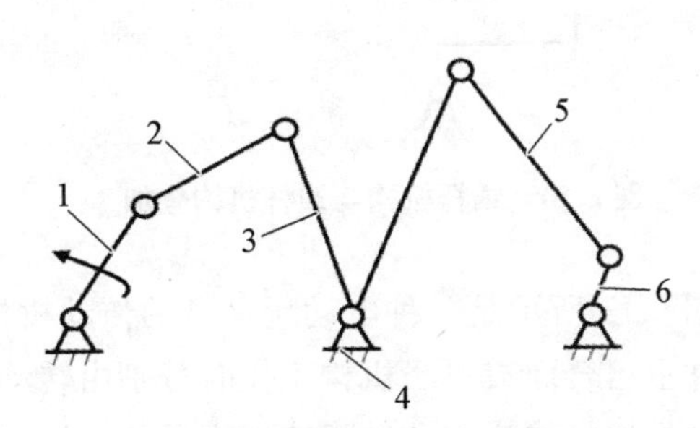

图 6.7 扩大行程的串联机构

如图 6.8 所示，钢锭热锯机构其将曲柄播杆机构 123-4 的输出件 4 与曲柄滑块(或摇杆滑块)机构 1-2-3-4 的输入件 4 固接在一起，从而使原本没有急回运动特性的输出件 6 有了并联式机构组合。

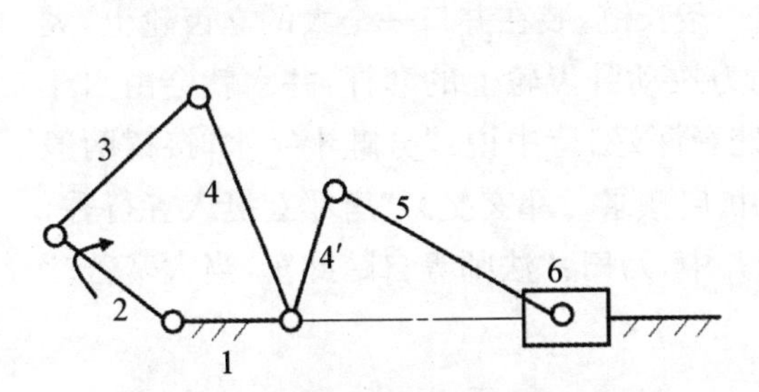

图 6.8 具有急回特性的并联机构

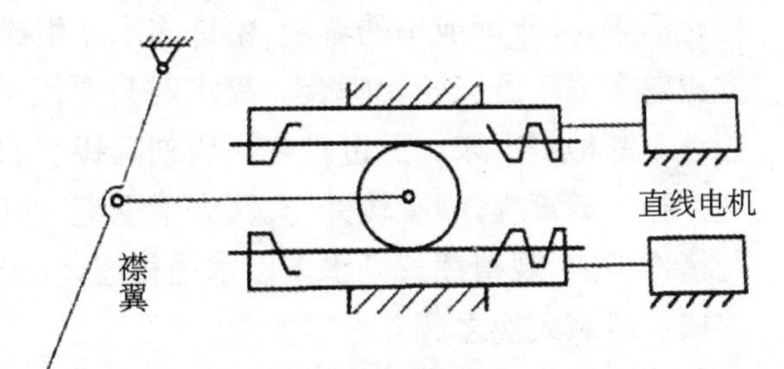

图 6.9 飞机襟翼操纵机构

如图 6.9 所示为飞机上所采用的襟翼操纵机构。它用两个直线电机共同驱动襟翼，若一直线电机发生故障，另一直线电机可以单独驱动(这时襟翼的运动速度减半)，这样就增大了操纵系统的可靠性。

复合式机构组合是一种比较复杂机构的组合形式。在复合式机构组合中至少有一个两自由度的基础机构，还有一些用来封闭或约束基础机构，其自由度为 1 的附加机构。

叠加式机构组合是指在一个机构的可动构件上再安装一个以上机构的组合方式。把支撑其他机构的机构称为基础机构，安装在基础机构可动构件上面的机构称为附加机构。其输出的运动是若干个机构输出运动的合成。

如图 6.10 所示是一电风扇摇头机构，电动机安装在双摇杆机构的摇杆上，向蜗杆输入转动，但两个机构的运动又通过蜗轮与连杆的固接互相影响，使得电扇在实现蜗杆快速转动的同时又以较慢的速度摆动。

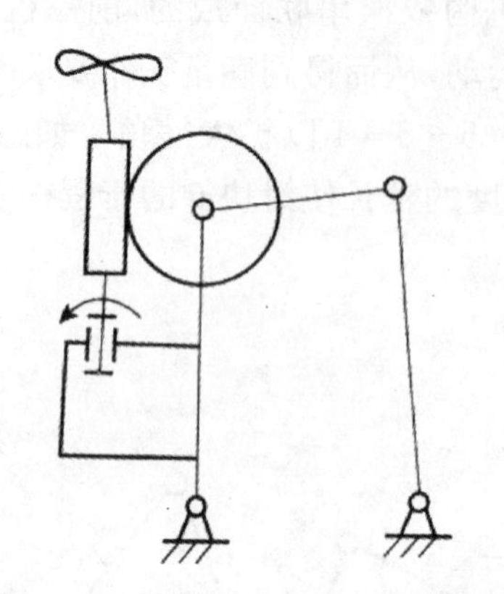

图 6.10　蜗杆机构与连杆机构叠加

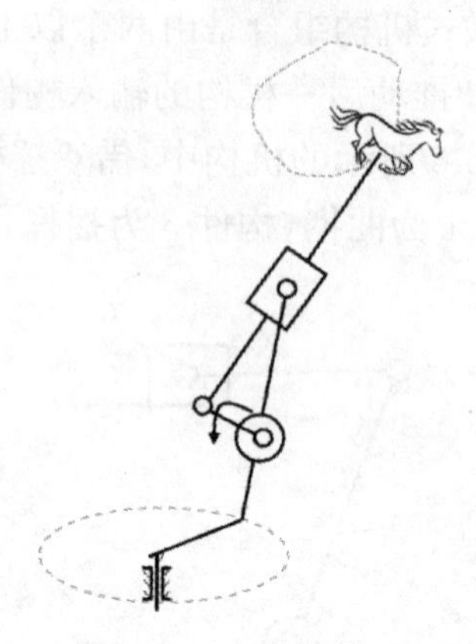

图 6.11　电动玩具马

如图 6.11 所示是一种电动玩具马的传动机构，其由曲柄摇块机构安装在两杆机构的转动构件上组合而成。当机构工作时分别由转动构件和曲柄输入转动，曲柄转动，曲柄摇块机构中的摇杆的摇摆和升降使模型马获得俯仰和升降的奔驰态势；构件转动，使马作前进运动，三种运动形态组合成马飞奔向前的动态效果。

6.2.2　类比创新在机械创新设计中的应用

井车（图 6.12），古代从深井中提水进行灌溉的工具。约产生于隋唐时期，从辘轳发展变化而来，井车即成串的辘轳，由许多水斗组成一条长链，装在井口一个大的立齿轮上，大立齿轮和另一卧齿轮相啮合。提水时只要用动力拉动卧齿轮上的套杆，井水就会由水斗连续不断地提上来。后世行之。唐刘禹锡《何处春深好》诗中说："分畦十字水，接树两般花。栉比载篱槿，咿哑转井车。"《太平广记》卷引《启颜录·邓玄挺》："唐邓玄挺入寺行香，与诸僧诣园，观植蔬。"见水车以木桶相连，汲于井中，乃曰："法师等自踏此车，当太辛苦。"答曰："遣家人挽之。"

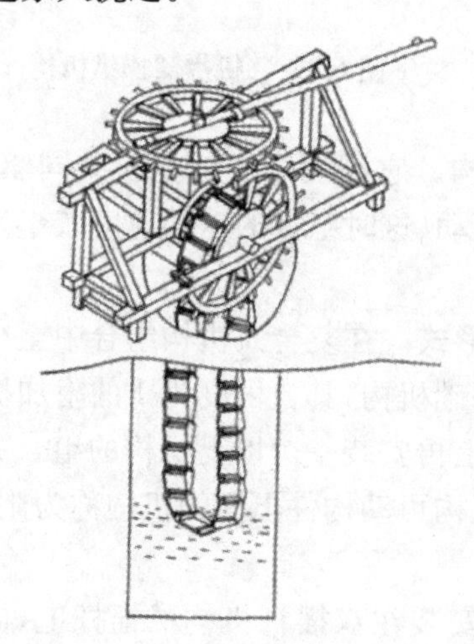

图 6.12　井车

斗轮挖掘机(图6.13)是一种高效率的采掘设备,主要用于露天矿中煤炭、油母页岩等的剥离和采掘及大型水利、建筑等工程的土方开挖。挖掘时机器不行走,依靠斗轮旋转和臂架回转构成的复合运动不断地将物料切下并装入斗内,当停斗随斗轮转到一定高度时,物料靠自重落至受料输送带,再经料斗卸到卸料输送带上,装入汽车成输送机等运输工具上,运往指定地点。一层物料挖尽后机器移动或臂架降落,再进行下一层物料的挖掘,这样从顶部逐层向下挖掘。

图6.13 斗轮挖掘机车

6.2.3 仿生机械

地球上现有种类繁多的生物都经过了漫长的进化过程,经历了无数次的生存选择,它们不仅具备超乎寻常地对自然环境的适应能力,而且更拥有功能完备的动作机理和运动器官。例如,没有腿的蛇为什么能在地面运动、蚂蚁为什么能拖动大于身体自重500倍的物体、跳蚤为什么能跳过超过自身身高700倍的高度、蚯蚓为什么能出淤泥而不染等许多现象值得人们思考。各种生物运动方式和外部形态为新产品的研究提供了一个具有丰富资源的仿生源泉。

两足步行机器人具有类似于人类的基本外貌特征和步行运动功能,其灵活性高,可在一定环境中自主运动,并与人进行一定程度的自主交流,更适合协同人类的生活和工作,在机器人研究中占有特殊地位。多足仿生一般是指四足、六足、八足的仿生步行机器人机构。

6.2.4 逆反创新在机械设计中的应用

当机构处于死点位置时,从动件将出现卡死或运动不确定现象;反过来,利用机构的死点位置也可以实现某种功能。图6.14所示为零件夹紧机构。当工件被夹紧后,BC和CD共线,机构处于死点位置:当撤去施加在手柄上的作用力F之后,无论零件对夹头的作用力有多大,也不能使CD绕D转动,因此零件仍处于被夹紧的状态中。

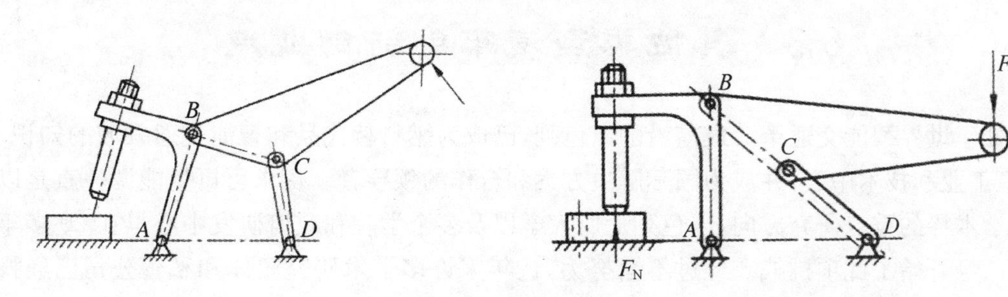

图6.14 零件夹紧机构

如图 6.15 所示的飞机起落架机构 $ABCD$ 为双摇杆机构，当起跑轮放下时，BC 杆与 CD 杆共线，机构处在死点位置，地面对轮子的反作用力不会使 CD 杆转动，从而保证飞机安全降落。如图 6.16 所示的折叠椅、图 6.17 所示的折叠桌的腿的收放机构也属这一原理的应用。

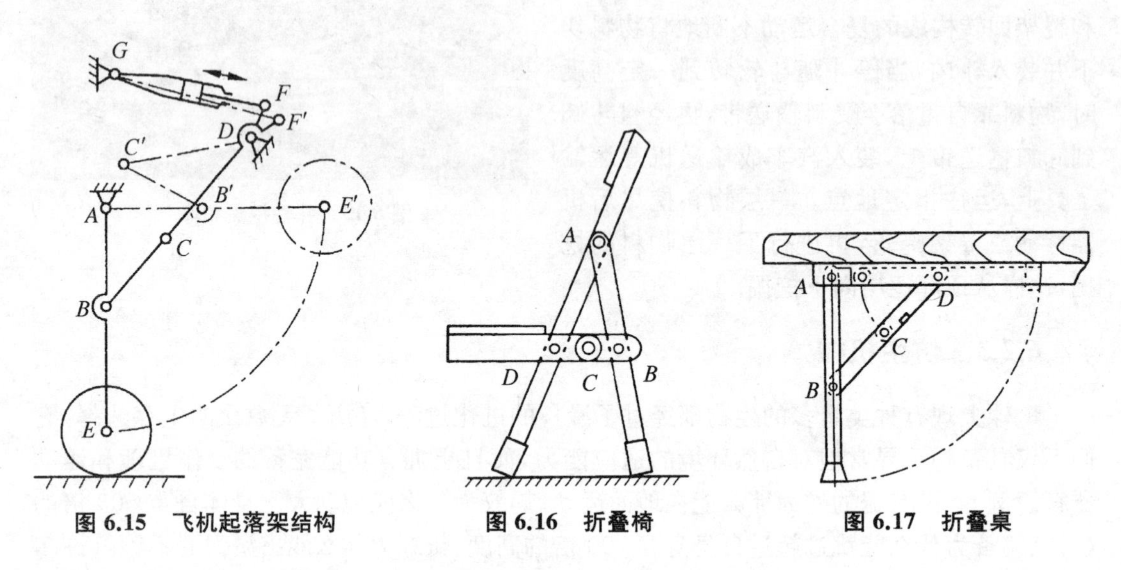

图 6.15 飞机起落架结构　　图 6.16 折叠椅　　图 6.17 折叠桌

6.2.5 系统创新在机械设计中的应用

当前机械行业的发展已远远不是各个零件的简单拼装，而是在设计时就需要考虑全局，即用系统思维来设计各个零件。

现代机械种类繁多，结构也愈来愈复杂。但从实现系统功能的角度看，主要由动力系统、传动系统、执行系统、操纵系统和控制系统等子系统组成。这些子系统分别实现各自的分功能，综合实现机器的总功能。每个子系统又可根据需要分解为更小的子系统。

机构系统是由相互作用和相互依赖的若干组成部分结合而成的具有特定功能的有机整体。各部分的设计必须要符合整体的需要，离开整体需要的部分设计是没有意义的。因此，系统设计特别强调系统思想，追求系统综合最优化。

6.3 其他类型汽车创新创业点

处于世界智能交通革命最前沿的以色列，已成为燃料替代品和智能交通领域的知识、研究、工业和技术中心，并成为国际解决方案和合作的领导者。探求可再生能源一直是以色列学术界的重点研究方向，以色列七所大学以及多个学院和政府研发中心早在 20 多年前便已经开始了此项挑战。经过不懈努力，近年来许多学术研究团体和私营公司已经找出一些创造可持续能源的方法。

以色列取得了令人瞩目的成果。在以色列，有数百家公司和研究小组在这个替代燃

料空间工作。在不久的将来,水可能成为氢燃料汽车的来源,这要感谢以色列科学家的一项科学突破。显然,生产不排放温室气体的氢需要将水分子分裂成组成它们的元素,但这一过程所需要的能量之多,甚至超过了氢燃烧能够产生的能量。因此,这种方案并不具有商业上的可行性。

针对这一问题,以色列本古里安大学的阿里克·尤奇利斯博士、伊里斯·维索利·费舍尔博士和海法以色列理工学院的阿夫纳·罗斯柴尔德教授领导的研究人员实现了氢燃料生产技术创新突破。与之前生产方法不同,此次氢燃料生产创新不涉及太阳能,研究人员破解了在氧化铁光电极上过氧化氢(H_2O_2)的光化学分裂过程中发生的化学机理,采用环保方式分解水分子,既能产生能量而又不需要外部的催化剂。该技术在帮助减少人类对碳基燃料的依赖起关键作用,推动了汽车行业的突破性发展。

图 6.18 氢分子结构图

其实早在2006年,以色列科学家新发明了一种装置,可以在汽车上用水产生氢来驱动汽车,使之成为零排放交通工具。这种装置由在美国明尼苏达大学工作的以色列科学家塔里克·阿布·哈米德与在以色列魏茨曼科学研究所工作的同事共同发明。

其工作原理是:通过水和硼发生反应产生氢,氢再进入内燃机燃烧或装入一个燃料电池发电。科学家说,为使硼和水发生反应,必须先把水加热到数百摄氏度,使其变为蒸气。因此,车辆仍然需要某种启动动力,比如说电瓶。当发动机启动后,硼和水经过氧化反应产生的热量能够为进入发动机的水加热,产生的氢则可以从发动机转移并储存起来,用作启动燃料。氢在内燃机中燃烧或在燃料电池中反应时产生的水也可以收集并循环到车辆燃料箱里,使得整个过程在车上完成,真正做到无排放。硼和水产生的唯一副产品氧化硼可以再加工,转变成硼并循环利用。

相比"水氢"汽车,目前国际上更主流的氢能源汽车是采用燃料电池技术,随车装有高压储气罐,需要到加氢站加氢气。但因为种种原因,这些氢能源车的推广之路并不顺畅。氢气存储相关技术和安全性指标高,导致加氢站的建设成本昂贵,直接影响全球氢能源车的发展。2018年的数据显示,全球建成的加氢站仅300多座,其中大部分都集中在日韩、欧洲和北美地区。

图 6.19 加氢站

6.3.1 以色列顶尖氢能燃料技术公司(Engineuity)

以色列 Engineuity 公司开发的一种装在内燃机驱动的车辆上的独特制氢技术,克服了与氢相关的所有电流故障,拓宽了混合动力汽车的开发研究方向。燃料动力系统采用普通的镁和铝金属生产氢能源的基础原料,这种氢燃料动力轿车的运行费用与普通轿车的差别不大,而且完全不产生任何污染。据以色列魏兹曼研究所一名教授称,安装在轿车内部的氢燃料动力系统可在高压下生产连续的氢和蒸气流。该系统几乎可以解决轿车使用氢燃料存在的所有问题，包括制造、运输、以及存储问题。

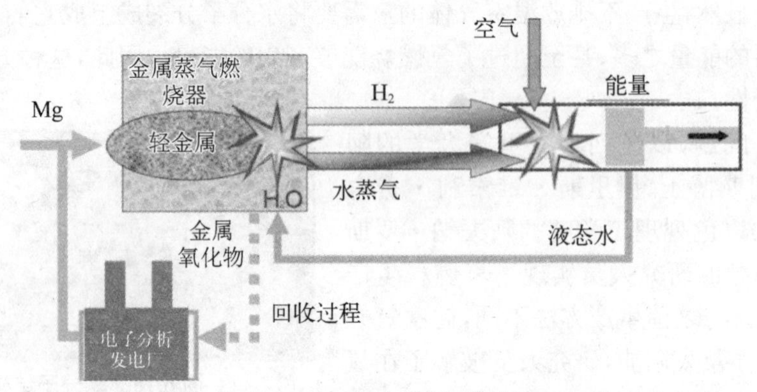

图 6.20 金属燃料技术/空气发动机原理图

这项技术的基本原理说来也不复杂，金属线圈的尖端伴随着水被插入“金属蒸气燃烧室”，水在其内被加热至很高温度，金属原子与水中的氧结合生成金属氧化物，而氢分子被分离出来，与蒸气一道被送入发动机。该过程中产生的固态金属氧化物废物，还可以收集起来用于冶金工业。

基于该技术的轿车补充能量的方法也十分简单。轿车的机械装置将金属线卷成线圈，一种真空吸入装置将之前产生的金属氧化物收集起来就可以了。该系统除了具备比较便宜、燃料资源丰富、运动中产生氢以及零污染排放的优点外，它还比其他的氢燃料解决方案更具有效率。

6.3.2 领英(GenCell Energy)

GenCell 是一家主要提供工业氢燃料电池的公司，专注燃料电池、氢、动力、替代能源、绿色能源、氨。这家企业的最独特的创新技术是拥有一种氨分解器，能以极低的能耗率和效费比将氨转化为氢。这样的技术会应用在未来的汽车工业，特别是在 FCEV 的燃料电池电动汽车领域。目前，已经投入商业化的拥有局部氨分解能力的新一代燃料电池比传统的使用液氢工艺的燃料电池拥有的更低的维护成本和燃料成本，从长远看，液氨燃料电池可以做长期的储备电源使用，而不仅仅是应急备用电源储备。

图 6.21 工业氢燃料电池

2018年6月5日，GenCell Energy发布了GenCell A5离网电源解决方案，这是世界上第一个经济实用的柴油发电机替代品。GenCell A5电力解决方案是通过使用一种廉价且易于使用的液体燃料氨来释放燃料电池的能量，该公司的专利技术使其碱性燃料电池对电信、公用事业、国土安全、医疗保健和自动化行业来说都很实用。

6.3.3 瑞士氢能源公司(H_2 Energy Now)

大规模采用可再生能源作为能源的最大问题之一就是能源储存的难点和成本。如今，H_2 Energy Now开发的技术则是利用无线电波将水中的氢分离出来单独放置，然后用于提供电力等能源。这项技术受到了欧盟国家的广泛认可。

图6.22 H_2 Energy Now

H_2 Energy Now是第一家想到用无线电波实现氢能利用这一目标的公司。利用无线电波帮助分离氢是一项高效并且可大规模应用的技术。研究表明，基于无线电波的分子分离远比电解法高效，转化率可高达89%，而使用传统电解法通常只能获得水中60%的氢。这大大提升了其技术的竞争力。

不过，这项看似完美的技术也有自身的局限性。据《以色列时报》报道，H_2 Energy Now公司使用的无线电波对天然气并不起作用，无法从天然气中获取氢，但是现在市场上大部分商业生产的氢却都是从天然气中获得的。

6.3.4 以色列储氢材料公司(NrgStorEdge)

全球主要汽车制造商都在积极开发氢动力汽车，但高压氢安全问题和基础设施成本阻碍了这一市场的扩张。位于以色列耶路撒冷的NrgStorEdge公司是氢能车辆储能技术的开发者。该公司拥有专利储能技术，可安全、廉价地用于零排放氢动力汽车而无需高压来储存氢气，加速了零排放运输市场的发展。

NrgStorEdge使用一种含水的、无毒、不易燃、可充电的NrgLiquid液体(甲酸钾和水)，与特殊催化剂一起搅拌，并按需释放出氢气供燃料电池立即使用。使用过的NrgLiquid通过另一种催化过程返回氢气，通过搅拌速度控制氢气流速。只有高压相关部件在氢动力汽车和加油站被替换，其他系统保持不变。整个循环在接近环境条件下进行。

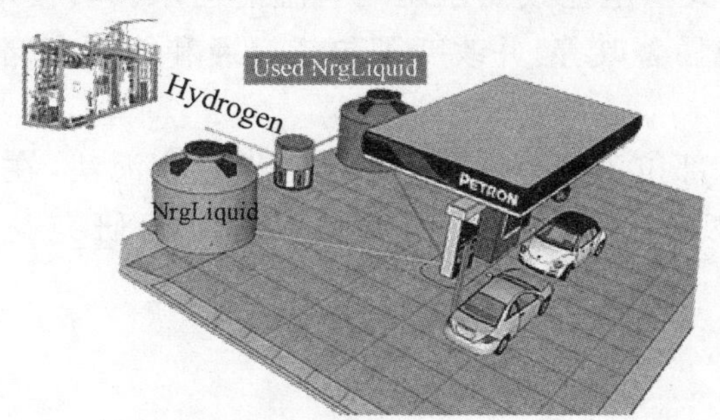

图6.23 氢能储存技术

这种解决方案极大地提高了安全性，同时降低了氢的运输、基础设施和处理成本。该公司也得到了以色列政府和耶路撒冷发展局的批准和财政支持。

6.3.5 澳大利亚-以色列初创公司（Electriq-Global）

Electriq-Global已经开发出一种由60%的水组成的突破性燃料，是电池和压缩氢气的经济型替代品。Electriq所使用的是从水基燃料中提取氢，然后用于发电的技术。Electriq称其提供的水溶液能量密度比现有的电池系统更高，受环境温度和压力影响方面也更小，这种新型燃料将使零排放汽车成为可能。

图6.24 氢能卡车

Electriq-Global系统包含三个关键要素：液体燃料（Electriq-Fuel）与催化剂（Electriq-Switch）反应以按需释放氢气，然后将燃料捕获并带回工厂，在那里用氢和水进行再循环使用（Electriq-Recycling）。该公司声称，在环境温度和压力下，整个过程本质上是安全的，其能量密度是目前电动汽车使用的电池的15倍。该公司还声称，与锂离子电池或压缩氢技术等绿色能源竞争对手相比，这种新燃料可以以一半的成本实现两倍的续航里程。

除了关键的水元素，Electriq开发的系统里还使用了四氢生物蝶呤（BH4）和自行研发的能够引发氢从混合物中产生的金属层。他们还推出了被称为Electriq-Fuel的燃料补充站方案，使用两个接管口：一个用来加入新燃料，另一个用来清除废液。那些用过的燃料将被送往工厂，并补充水和氢，这样就可以重复使用。其燃料解决方案可以让氢燃料电动车取代对大型电池或高压压缩氢罐的需求。其技术带来了驾驶里程、加油时间和燃料成本的显著改善，并改变了包括交通和能源存储在内的许多领域的游戏规则。

Electriq-Global总部位于澳大利亚墨尔本和以色列海法，在香港设有第三个办事处。该公司研发的技术获得了美国以色列双边工业研究与发展（BIRD）基金的拨款。

*6.4　克服思维定式激发创新潜能

本章节为延伸拓展学习，电子学习资料见二维码

思考题

1. 本章介绍了几款车型？分别有什么功能？
2. 生物柴油汽车、乙醇汽车、氢能汽车、天然气汽车的优缺点有哪些？
3. 天然气汽车的构造怎样？
4. 如何利用其他类型汽车进行创新创业？
5. 在其他类型汽车上如何找到创新点？
6. 天然气汽车的发动原理是什么？
7. 氢能用作其汽车能源的主要优点和主要问题是什么？
8. 学习系统思维会对我们产生哪些影响？
9. “三个和尚的故事”告诉我们要掌握哪种创新思维方法？

第 7 章 新能源汽车创新创业展望

7.1 各国新能源汽车相关政策

7.1.1 我国对于新能源汽车的政策

1. 近年来相关政策概述

新能源汽车作为七大战略性新兴产业之一，历年来政策支持力度大。习近平总书记就曾提出“发展新能源汽车是我国从汽车大国迈向汽车强国的必由之路”，历届两会均对新能源汽车发展作了明确指示，并逐步扩大内涵，由电动汽车为主的传统能源汽车逐渐扩展到清洁能源汽车，由新能源汽车扩展到新能源汽车产业。在 2014 年和 2015 年初次提出“推广新能源汽车”，2016 年提出“大力发展和推广以电动汽车为主的新能源汽车”，2017 年提出“鼓励使用清洁能源汽车”，在 2018 年提出“推动新能源汽车等产业发展”；将新能源汽车车辆购置税优惠政策再延长三年；扩大新能源汽车等领域开放，出现的频次达到了 3 次，这表现出国家对于发展新能源汽车产业重视程度不断提升。

在国家的大力支持下，新能源汽车产业发展迅猛，2017 年销量达到 77.7 万辆，同比增长 53.25%，其中乘用车成为推广主力，销量达 55.64 万辆，占比达 71.61%(图 7.1 和图 7.2)。

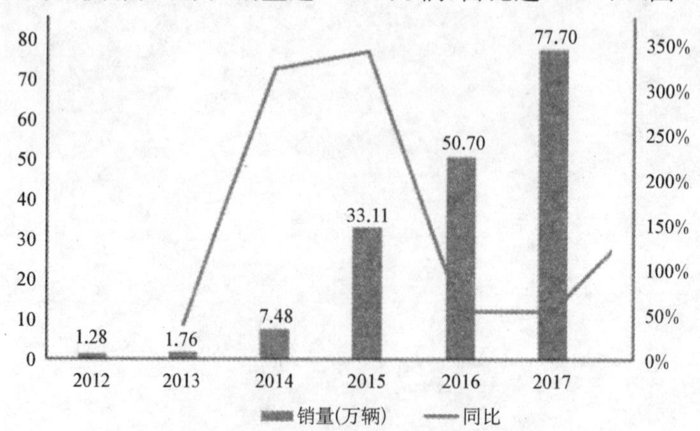

图 7.1　新能源汽车销量及增速情况

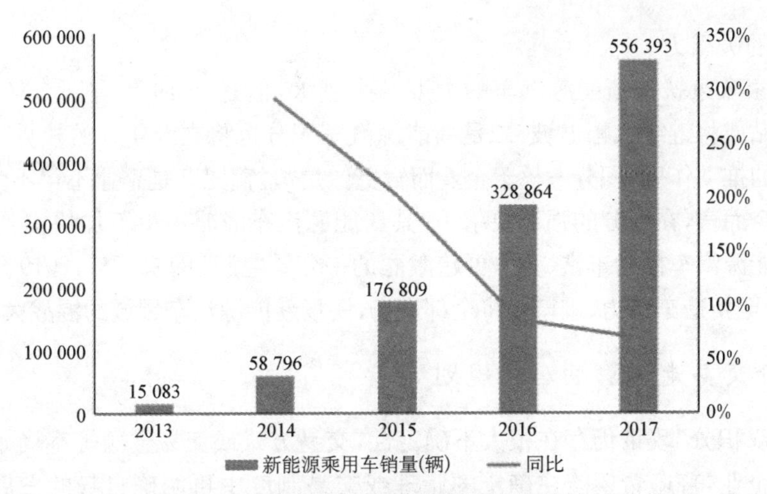

图 7.2　新能源乘用车销量及增速情况

根据相关部门的不完全统计，从 2017 年开始截止至 2018 年下半年，国家、省和市三级政府已经发布新能源汽车的相关政策 206 份，这些政策大致可分为六个方面。一份政策文件会涉及多个方面，从表 7.1 可以看出，2017 年和 2018 年出台的地方补贴政策占比最高，达到了 33%，其次是包含了车船税减免、减免基本电费、减免购置税等涉及新能源汽车推广和发展的相关辅助性的其他政策。

表 7.1　新能源汽车相关政策

项目	数量	占比(政策文件份数)
基础设施建设政策	35	17%
路权政策	27	13%
汽车地方产业政策	24	12%
补贴政策	69	33%
其他政策	49	24%
推广政策	14	7%

全国有半数的省份有出台补贴政策的地市。除河南、广东、黑龙江、青海和海南出台有省级政策，落实到地市级数量的可以明显看到东多西少，且中西部地区半数以上是省会城市出台地补政策，而东部沿海地区出台补贴政策的地级市最多。

图 7.3　新能源轻卡

2018 年上半年的轻卡销量也证明了这点，有补贴城市的新能源轻卡(图 7.3)销量总计达到了新能源轻卡全部销量的 62%，如果考虑到政策的延续性，下半年仍会有地市级政府发布补贴政策，那么有新能源轻卡补贴政策的城市的轻卡销量占整个新能源轻卡销量的 95%以上，也间接地说明了目前是国家补贴和地方补贴政策在推动新能源汽车的发展，而新能源汽车自身产品优势尚没有足够的吸引力。

虽然国家政策扶持新能源汽车的力度越来越大，但是2019年有两个坏消息：一是新能源汽车补贴或将继续大幅退坡；二是新能源汽车积分也将在今年开始核算。相比较财政补贴对市场的推动作用，积分考核于企业而言更像是“紧箍咒”，是企业不得不为之事。尤其对于合资车企而言，在积分的强制要求下，其新能源汽车战略不得不加快实施。于是，2019年注定是新能源汽车极为丰富、竞争更趋激烈的一年。“狼真的来了！”，2019年，合资品牌、自主品牌，甚至新造车势力、进口车将全部进场，一场新能源汽车领域的混战大戏即将开启。

2. 积分交易走向影响车企规划

当前，“双积分”政策仍存在很大不确定性，交易方式或交易金额等都尚未明确。企业尤其是合资企业，普遍希望能在确定的管理或交易制度中再明确自身的发展规划。因为诸多不确定因素的存在，企业很难制定准确的应对措施，如果太激进，在新能源汽车不挣钱甚至亏损的状态下，企业将不堪重负；如果自身新能源汽车产量不足，一旦积分交易价格过高，也将给企业带来很大负担，因此，当前大多数企业仍处于谨慎的观望期，新能源汽车规划还未真正落地，这恐怕也是很多合资企业选择推迟上市新能源车型的原因之一。

中国汽车工业协会原常务理事长张书林在接受《中国汽车报》采访时强调，2019年，源于新能源汽车补贴退坡等因素带来的影响，新能源汽车市场会面临更激烈的竞争。不但会促进新能源汽车产业的技术进步，而且会加大产业结构调整的力度。传统汽车生产企业的整车技术优势和对成本压力的承受能力很强，它们将对新造车企业的生存发展造成巨大压力。适者生存，优胜劣汰的法则将引导产业加快破产、兼并、联合重组的步伐。

在补贴政策和路权政策的强力拉动下，新能源轻卡销量在近几年获得迅猛的增长，但难掩的是新能源轻卡的月度销量数据和年度销量数据极不平衡，且销量分布主要集中在一二线城市。新能源轻卡销量下沉到中小城市，除了市场容量自身的问题，也与新能源轻卡目前的运营模式和基础设施不完备等因素有关。

也许国家认识到补贴政策只可解决市场孵化问题，难以培育健康有序稳定发展的市场。在国补和地补逐年退坡的同时，政策逐步变为鼓励补实基础设施的短板，建立倾向新能源汽车的政策环境和经济优势环境，表7.2为目前主要运用的政策方式。

表7.2　目前主要运用的政策方式

项目	内容	项目	内容
基础设施建设	1）建设充电桩	汽车地方产业政策	发展新能源汽车或零部件产业的补贴政策
	2）优先在公共交通领域采用新能源汽车	补贴政策	国补和低补
	3）电力保障措施	其他相关政策	1）车船税减免
	4）智能管理系统		2）减免基本电费
路权政策	1）新能源汽车较少禁行区		3）减免购置税
	2）利用公交汽车专用道		4）过桥过路税
	3）燃油车辆的禁行区		5）淘汰老旧车

政策环境方向的转变，能不能改变目前的状况，估计短时间内单纯依靠政策“拉动”不足以支撑新能源轻卡在更多的城市大面积推广应用。我们大胆猜想一下，国补和地补的退坡，公共交通类的新能源车辆生产和采购不会受到太大的影响，但对完全市场化运作的新能源轻卡市场前景影响巨人，一线和省会城市可以选择路权和政府的隐形补贴促进新能源轻卡的稳定发展，而中小等城市受制于政府财政的限制，政府可以采取的政策手段比较有限，使得广泛推广新能源轻卡变得异常缓慢。

从另一个方面来看新能源汽车目前只适合于短途运输，紧紧围绕城市和城市周边运营。单一的“拉动”政策造成不同新能源车型之间发展的极大不均衡，即使保持相对的不均衡是现实情况和需要，占交通运输污染源大头的中长途运输汽车难以在现有政策环境和技术条件下应用新能源汽车。

因此，对于新能源汽车的发展建议发挥“组合拳”的策略，一方面靠便利和低廉的使用新能源汽车基础设施等手段“拉动”新能源汽车的市场，另一方面认识到5—10年内新能源汽车不可能完全替代传统汽车，这将是一个长期的过程。

政策需要“推动”的是整个汽车产业健康合理的发展，不仅仅是转向于“零排放”的纯电动汽车，还要促进整个汽车产业产品的低排放，采用“不直接补贴，少交钱”差异性税收优惠政策，运用经济效益杠杆和其他强化经济差别的政策，降低排放车辆的使用成本，培养用户环保意识的同时，能更加积极主动地选择新能源汽车。

继2018年7月我国新能源汽车外资股比限制取消后，新能源汽车核心部件动力电池的外资来华门槛，或迎来进一步扫除。国家发展改革委、商务部会同有关方面开展了《外商投资产业指导目录》《中西部地区外商投资优势产业目录》修订工作，并在合并两个目录基础上形成了新的《鼓励外商投资产业目录(征求意见稿)》。

这是征求意见稿自1995年首次颁布以来，着手的第8次修订。事实上，自1995年起，每隔三四年，中国政府都会颁布一份更新的《外商投资产业指导目录》，以及时根据当时中国经济发展的需要调整外商投资产业的指导方向。

经济观察报记者梳理发现，与此前的2017修订版相比，此次的征求意见稿在动力电池领域的笔墨和条款大幅增加，不仅首次鼓励外商投资氢燃料电池生产存储及液化，还明确鼓励外商在动力电池、燃料电池、智能汽车等关键零部件及其相关产品的投资。相关条款也从2017年修订版的8项增至2019年征求意见稿的13项。

“之前政府给了几年的保护期，如今放开是大势所趋。应看到，此时放开或将对国内中小型动力电池产业带来较大冲击，新一轮行业洗牌在所难免。”中国汽车动力电池产业创新联盟一位不愿具名的专家向经济观察报记者分析。

3. 新能源汽车新增看点

此轮征求意见稿中，五大新增亮点颇受关注。不仅涵盖近期势头正旺的氢燃料生产、储存、运输、液化，还涉及动力电池、燃料电池、智能汽车等关键零部件的生产。

我国氢燃料电池汽车产业链整体较薄弱，在制氢、储氢、运氢、加氢等环节相关技术与国外仍有明显差距。而外资在氢燃料电池领域的涌入，或将助力国内企业加快解决上述难题。美国汽车制造商罗恩汽车集团对外宣称，已于2018年11月1日签署两项协议，将在中国建立起生产、销售和开发燃料电池汽车的三方合资公司，这意味着，由外资控股成立的中国首家氢燃料电池汽车合资公司呼之欲出。

动力电池、燃料电池、智能汽车等关键零部件的投资，亦首次出现在征求意见稿中，并明确鼓励外资在关键零部件领域进行投资，亦表明政府意欲引入“鲶鱼”，以加大国内企业在新能源汽车、智能汽车核心及前瞻技术领域的投资力度和竞争力提升。

行业研究机构高工锂电也表示，目前国外已经普遍使用镍钴铝(NCA)材料，国内主流的电池企业还停留在镍钴锰(NCM)材料 532、622、811 等产品型号。无论是材料还是价格，国外企业都更加丰富和低廉。而在补贴政策完全退坡，外资全面入华之后，动力电池领域的外资和本土企业的较量也将逐渐展开。

在征求意见稿中的第 262 条，鼓励外资参与“钠盐电池”的意见亦首次出现。据了解，相对锂离子电池和铅蓄电池，钠盐电池具有安全可靠、循环寿命长、环境友好特性等优势，可为电网储能、通信基站以及高能效汽车等大型混合动力或纯电动交通工具提供解决方案。根据国内专业媒体的报道，国内首款钠盐电池即将在超威下线。

值得一提的是，除上述三项新增看点外，鼓励外商投资进入锂电池正负极材料、热管理系统、冷却系统的内容，也首次出现在此轮《外商投资产业指导目录》征求意见稿中。

7.1.2 欧盟对于新能源汽车的政策

表 7.3 欧盟各国新能源汽车补贴一览表

荷兰	政府不但赋予电动车免注册费、路政税等费用，还在特定城市单独奖励 5 000 欧元补贴；如阿姆斯特丹等个别城市，市政府还额外补贴 5 000 欧元。
挪威	政府规定购买纯电动汽车，不但可以免去所有的税费(包括 25%增值税)，且不用缴纳城市通行费和公共停车场的停车费，进口电动车会免除进口关税。除此以外，还可以“霸占”公交车道。
德国	购买混动车的消费者可以获得 3 000 欧元的补贴，不过售价 6 万元欧元的车型才可享受上述补贴，享受补贴的车辆最多 40 万辆。与国内不同的是，补贴费用由车企和政府分摊，均出资 6 亿欧元。在 2016 年至 2020 年购买电动车，则可与家中另一辆车共享车牌，以节省保险费用。
英国	购买二氧化碳排放少于 50 g/km 及续驶里程高于 70 英里的电动车和混合动力车可享补贴 4 500 欧元(乘用车)或 8 000 欧元(卡货车)；续驶里程少于 70 英里以及二氧化碳排放在 50—75 g/km 之间的插电式混合动力车(售价 6 万欧元内)可获得 2 500 元补贴。
法国	对于二氧化碳排放少于 20 g/km 的电动车及混合动力车可享受 6 300 欧元的补贴；购买二氧化碳排放在 21—60 g/km 之间的混合动力车型可享受 1 000 欧元的补贴；购买二氧化碳排放在 61—110 g/km 之间的混合动力车型最高享受 750 欧元的补贴；如果废弃车龄 10 年以上的柴油车，置换纯电动车可享受 6 300 欧元的补贴，置换插电式混合动力车型可享受 2 500 欧元的补贴。
西班牙	购买电动乘用车最高可享 5 500 欧元的补贴，电动卡车可享受 8 000 欧元的补贴，电动巴士可享受 20 000 欧元的补贴。
瑞典	购买二氧化碳排放少于 50 g/km 的插电式混合动力车，车可享受 20 000 克朗(约合 2 123 欧元)的补贴，纯电动车可享受 40 000 克朗的补贴。
爱尔兰	消费者购买系能源汽车最多可享 50 000 欧元的补贴。
葡萄牙	纯电动车享受 2 250 欧元的补贴，插电式混合动力可享 1 125 欧元的补助。

高补贴，还能享受免费充电。欧洲的福利待遇一直是世界前列的，对于购车补贴也是丰厚的。

首先，购车现金补贴，欧盟各国的购买纯电动车的补助金普遍在4 000欧元左右(约合3万元人民币)。其中补助最高的国家为法国，车主如果将柴油车更换为纯电动车，那将获得6 000欧元的环境奖金和4 000欧元的“感谢支持电动车”奖金，共计1万欧元(约合7.5万人民币)。

购买插电混动版车型可获3 000欧元左右(约合2.3万元人民币)的补偿金。在购置税和道路税方面，欧盟各国对新能源车型均有优惠，例如德国、荷兰不需要征收纯电动车型的购置税，而有的国家则将费用降至几乎可以忽略不计的水平。

除了现金的补贴以外，许多国家还为新能源车型开放了特权，例如新能源车型可在公交专用道路上行驶。而在挪威，新能源车不仅可以行驶在公交专用道路上，还可享受到免费使用公用充电桩、公用停车场、高速公路、轮渡等收费站的权利。这也使得2017年挪威的新能源车型销量达到了82 853辆，仅次于意大利、法国和德国这三大汽车强国。

事实上，欧洲国家对于新能源汽车的现金补贴并不比国内少，配套优惠政策也非常多，最重要的就是很多政策很实用，比如，购买电动汽车可以享受免费充电等，这些都是助力新能源车在欧洲受欢迎的核心要素。

7.1.3 美国对于新能源汽车的政策

1. 联邦政府

早在1993年，克林顿政府就发起了一项“新一代汽车合作伙伴”计划(The Partnership for a New Generation of Vehicles，PNGV)，联合国内主要的三家汽车制造厂商、大学、实验室等，目标到2003年，开发成功80 MPG(2.94 L/100 km)的超级节油汽车(这是个具有相当挑战性的目标，大致相当于今天的经济型PHEV车型综合油耗水平)，由此引起了混合动力汽车(HEV)的开发热潮。

PNGV计划在2001年被小布什政府的“自由车辆技术”(The Freedom CAR and Vehicle Technologies，FCVT)项目所代替。FCVT项目重点推动氢燃料电池技术及PHEV技术，措施包括对消费者购买混合动力汽车的税收减免及对汽车制造厂商的财政支持等。

2008年美国通过了《能源独立与安全法》(Energy Improvement and Extension Act)，其中的30D条款专门针对新能源汽车(New qualified plug-in electric drive motor vehicles)出台专项税收抵扣。该条款经2009年的《美国复兴和再投资法》(The American Recovery and Reinvestment Act)和2013年的《美国纳税人救助法案》(American Taxpayer Relief Act，ATRA)修订后执行至今。

(1) 税收抵扣政策

根据法案规定，美国纳税人自2009年12月31日以后新购置的符合条件的插电式混合动力汽车及纯电动汽车，可享受相应的税收返还。返还金额具体计算方法：以车辆动力电池容量5 kW·h为起点，对应2 500美元；大于5 kW·h的部分，417美元/kW·h，上限7 500美元。

该法案由美国国税局(Internal Revenue Service,IRS)负责执行,纳税人在购买符合规则的车辆后,自行在IRS网站上申报即可。符合条件的汽车厂商、车型及每款车可返还金额在网站上都有明示。

截至目前,共有包括特斯拉、宝马、奔驰等31个厂商89款车型可享受以上补贴,来自中国的BYD的e6车型也在其中。

同时,该法案规定对某一制造厂商而言,按季度统计,当在美国国内累计销量达到20万台时,即触发补助退坡机制:从达标后的第二季度开始计算,在接下来的第一、二季度补贴减半,第三、四季度再减半,自此之后不再享受这项补贴。

IRS的官方网站上也列出了厂商按季度累计销量统计,不过并不完整,2018年只列出了三家厂商。

(2) 研发支持和低息贷款政策

在落实上述计划的过程中,除了税收抵扣政策外,一直伴随着政府多个部门的组合专项支持,如PNGV计划在其2001年年度总结中,列出的2002年预算支出来源包括:美国能源部1.47亿美元,环保署2 700万美元,商务部1 500万美元,国家科学基金会4 700万美元,以及相应产业配套基金9.8亿美元。

汽车、动力电池、氢能利用等一直是美国政府部门多年持续支持的领域。以美国能源部的"先进车辆制造贷款支持"项目(Advanced Technology Vehicles Manufacturing direct loan program,ATVM)为例,该项目在金融危机后成立,目的是为了支持美国先进汽车及零部件的生产,截至目前,项目累计已有160亿美元贷款余额,其中80亿直接投向了制造业,包括特斯拉、福特、日本尼桑等。

(3) 充电设施及其他消费引导政策

除此之外,针对充电基础设施、公共交通、生物柴油、汽车后服务等领域,美国也有形形色色的各种许可、税收减免、税收返还、贷款优惠、豁免等多种措施。

2. 州政府

除了联邦政府出台的这些政策之外,据统计有31个州还提供了额外的补贴或优惠政策。如科罗拉多州对购买电动汽车提供最高5 000美元的税收补贴,对租赁电动汽车可提供最高2 500美元的补贴。特拉华州除了对新购置新能源汽车有补贴外,消费者把传统的燃油汽车置换成新能源汽车,也可以获得1 100美元的折扣。亚利桑那州许可新能源汽车使用拼车道(Carpool Lane)而不论车上实际乘客数量。

针对不同州的经济状况、道路交通、人口分布、居民消费能力、驾驶习惯等,对比、研究、比较不同政策组合下居民的接受程度,评估政策的最终效果,也是一项有价值、工作量极其庞大的工程。

在州政府层面的所有政策措施中,最系统和有影响力的当属加州。

加州在1968年成立了一个强有力的执行机构——加州空气资源委员会(The California Air Resources Board,CARB),主要职责是通过行之有效的措施减少空气污染、保障公共福利及保护生态资源。

CARB在研究空气治理、法规标准制定等许多方面走在世界前列,但可不要认为这只

是一个仅仅会花钱的政府部门，它在调查企业的排放超标方面丝毫不含糊。

在新能源汽车推进方面，加州1990年开始实施"零排放车辆计划"(The Zero Emission Vehicle Program)，该计划包括《零排放车辆法案》(ZEV Regulation)和一系列的政策和激励措施。计划目标到2025年，加州的新车销售10%以上为新能源汽车，2050年所有新车销售均为新能源汽车。

《零排放车辆法案》中创新性设计了新能源汽车的积分及积分交易制度，规定在加州销售达到一定数量的汽车品牌厂商，必须具备一定的新能源积分，积分可累计、可交易，不满足条件的需要缴纳罚金。

加州另一项促进新能源汽车应用的重要措施是实施"清洁车辆补贴项目"(The Clean Vehicle Rebate Project，CVRP)，由CARB下属的可持续能源中心(The Center for Sustainable Energy，CSE)负责执行，加州消费者在购买新能源汽车时最高可获7 000美元的补贴。

与联邦政府补贴相同的是，CVRP补贴也是针对最终消费者，需要购买者自行申请。不同的是，CVRP补贴包含有燃料电池汽车和电动摩托车，且补贴采取基金化的运作方式，收入来源多样化，补贴去向更明晰。

可享受补贴的车辆在官网可查，目前包括3款燃料电池汽车(单车补贴金额5 000美元)、21款纯电动汽车(2 500美元)(BYD的e6也在其中)、17款插电式混合动力汽车(1 500美元)及13款纯电动摩托车(900美元)。

最新统计表明，CVRP项目，已累计补贴24.7万人次，5.49亿美元。

据报道，截至2017年，全美有13个州采用了加州的排放控制标准，其中有9个州同时采纳了加州的积分交易及其他激励政策。

3. 非政府组织

有关非政府组织如大学、科研机构、商业组织在新能源汽车的推进当中也发挥积极作用。如Farmers保险公司，对于购买新能源汽车保险提供额外折扣；Southern California Edison电力公司，对服务范围内的新能源汽车消费者提供450美元的额外奖励等。

7.2 新能源汽车创新创业启示

7.2.1 新能源汽车波特分析

1. 下游客户议价能力

从消费对象来分析，新能源汽车需求可以分为政府需求与市场需求。政府需求与常规消费者需求不同，不完全以成本为导向，更多考虑的是整体大方针政策对社会的影响，缓解环境能源与经济发展之间的矛盾，改善生活环境，所以政府需求方面议价能力较弱。

从市场需求方面，现在新能源汽车行业火爆很大程度上依赖于中央与地方补贴以及各种推动政策，若补贴额度降低，政策红利消失，新能源汽车行业将会受到重创，这表明普通消费者对于新能源汽车价格仍处于比较敏感阶段;另外,消费者还未能完全接受新能源汽车对于传统汽车的替代,这些因素都导致市场普通消费者具备很强议价能力。故下游客户议价能力大小需要比较政府需求与市场需求各自的议价能力的大小。

2. 行业潜在进入者

《新能源汽车生产企业及产品准入管理规则》于2009年7月1日开始施行,列出新能源汽车企业8项准入条件,其中明确规定:应当是汽车整车生产企业或改装类商用车生产企业;新建汽车企业或现有汽车企业跨产品类别生产其他类别新能源汽车整车产品的,应当按照国家有关投资管理规定先行办理项目的核准或备案手续。这意味着非汽车企业不允许生产新能源车,政府对潜在进入者进行严格控制;2013年7月21日,国务院办公厅发布《关于加快新能源汽车推广应用的指导意见》,开始正式降低准入门槛,鼓励社会资本或具有技术创新能力的企业参与新能源汽车科研和生产,表明政府开始向新能源汽车领域引入竞争者,行业潜在进入者增多。

考虑到政府大力推广新能源汽车,越来越多企业开始考虑进军新能源汽车行业,例如五龙电动车(集团)有限公司主营业务为锂电池,现在已经进入电动车市场,这表明在政策助力下,潜在进入者在逐渐增多。

但短期内,这些潜在进入者还无法对行业现存竞争者产生较大威胁,因为新能源汽车属于高资本投入行业,需要公司经过长期研究与准备,具备良好基础,拥有优秀的技术团队,充足的资金支撑,这些都需要一定时间来内化为产能。现存竞争者需要警惕的是新能源汽车产业链上的公司,例如锂电池公司。这种公司可以较为容易转型到新能源汽车厂商,对现在市场格局产生冲击。

3. 替代品威胁

新能源汽车出现的目的是替代传统汽车,故现阶段对新能源汽车产生最大威胁的就是传统汽车。根据波特的理论,替代品威胁强弱取决于替代品价格和顾客转而购买替代品的转换成本。就价格方面,传统汽车行业发展已经十分成熟,行业竞争激烈,价格已被市场广泛接受;新能源汽车在国内起步时间不久,技术要求较高,价格较为高昂,且相当一部分消费者对于新能源汽车持怀疑态度,即使在同等条件下,仍会选择传统汽车。在能源方面,最近国际原油市场疲软,油价持续下跌,这相当于降低了购买传统汽车的费用,给新能源汽车带来了更大威胁。

就转换成本而言,考虑到国内新能源汽车配套措施未能及时到位,很多新能源汽车难以物尽其用,而传统汽车配套措施早已完善,若消费者选择购买新能源汽车,将会在一定程度上限制消费者出行,相当于增大转换成本,这会促使消费者去选择传统汽车。

新的趋势是政府颁布政策大力推广新能源汽车,包括提供补贴、免费牌照等,这些都在降低新能源汽车的价格与转换成本;并且比亚迪、特斯拉等知名厂商因为技术的完善,其系列新能源汽车价格在逐渐下降,开始推出适应市场的较低价格的新能源汽车,这都在降低传统汽车的威胁。故现阶段,传统汽车仍在严重威胁新能源汽车,但未来趋势显示这种威胁程度在降低。

4. 行业内部竞争

新能源汽车产业链可分为锂电池、电机、电控和整车。

(1) 锂电池全球市场

锂电池行业中传统锂电池生产公司仍是市场主导者,行业集中度较高。日本、韩国公司占据市场份额前两位,日本拥有日本电气株式会社、松下、三洋电机、日立集团等国际知名锂电公司,韩国拥有 LG 化学、旭成化学等国际行业巨头,领先地位明显。

未来行业发展呈现强者恒强、集中度上升趋势。国际知名汽车生产商开始与锂电池公司合作,建立合资公司生产动力电池,优势互补,巩固各自行业领先地位。

图 7.4 新能源汽车锂电池

锂电池(图 7.4)中国市场格局目前行业集中度提升,企业分化加剧,国内锂电公司呈现梯队分布。2014 年,中国动力锂电池销售收入总计约 103 亿元,比亚迪位列第一,达 30 亿元,合肥国轩、CATL、力神、沃特玛位列其后。比亚迪作为动力锂电池行业领先者,整合自身资源,拓展全产业链,龙头地位明显;东莞新能源与天津力种紧随其后。中航锂电、合肥国轩依托自身客户优势,争夺市场份额。

由于锂离子电池技术路线尚未确定,中国主要使用磷酸铁锂,可其能量密度低使得汽车续驶里程短,故预计未来三元材料系(高能量高密度)将成为锂离子电池主流技术路线。主攻三元材料系锂电池企业将会对现行市场格局发起巨大冲击,竞争格局将发生较为剧烈变动,行业集中度未来可能会下降,竞争更为激烈。

(2) 电机全球市场

海外新能源汽车电机产业已形成固定供应链格局。日韩电机生产主要依托集团公司全产业链配套生产,德系电机供应商集中在博世和采埃孚,美系电机供应商不固定,以日德企业为主。其中,德国采埃孚集团、丰田、大陆集团、现代摩比斯、本田在海外电机生产具有绝对优势,行业集中度明显,竞争主要在上述几家大型企业之间展开。

国内电机厂商较为著名的有上海电驱动、信质电机、大洋电机等,其中上海电驱动(未上市)占据国内市场份额第一,超过 50%,是新能源汽车电机及电驱动系统龙头企业;信质电机、大洋电机提升自身产品,冲击其市场地位。由于电机产业具有较高技术壁垒,前期需要大量资本投入,规模较小公司竞争力度不足,竞争主要存在于市场份额领先者之间。

(3) 电控全球市场

电控系统开发包括软硬件设计,其中,整车厂商一般负责核心软件研发,汽车零部件厂商负责设计硬件和底层驱动软件。这表明电控系统的竞争主要存在于整车厂商与汽车零部件企业之间。

中国电动客车企业,主要采用国内电驱动产品,上海电驱动(未上市)独占鳌头,市场格局与电机极为类似。

(4) 整车全球市场

目前,随着混合动力汽车技术逐步成熟,新能源汽车整车市场已经进入竞争期。丰田和本田汽车占据美国混合动力汽车市场前两位。海外传统汽车巨头目前也开始加大对于新能源整车资本投入力度,争夺市场份额。行业格局目前仍不清晰,竞争激烈。

国内市场截止到 2015 年 1 月 23 日,工信部已公布 65 批《节能与新能源汽车示范推广应用工程推荐车型目录》,最新一批涉及 46 家公司,总计涉及超过 100 家公司,竞争激烈。

主要纯电动车厂商包括:江淮、北汽福田、比亚迪、众泰、奇瑞、一汽海马、北汽、长安;混合动力汽车厂商包括:比亚迪、东风、广汽丰田、华晨、奇瑞、上汽股份、上汽通用、一汽丰田、吉利、长安。

从市场份额角度来看,一汽丰田、广汽丰田占据主要的混合动力汽车市场。合资企业产量较高,自主企业产量较低。两类企业混动汽车技术水准存在一定程度的差异,目前国内尚不能自制轻度混动汽车的关键零部件,对于全混动汽车的技术亦尚未掌握。

7.2.2 关于我国新能源汽车政策改进

我国的新能源汽车产业补贴政策对行业发展也起到了积极作用,但仍迫切需要对相关补贴政策进行优化改进。

(1) 建立基于补贴时间和车辆总量控制的退坡式补贴机制。建立合理的补贴规模总量控制,并逐步递减、规避为补贴盲目或变相扩产,引导企业根据市场来决定其产量,真正做到对产业初期发展的扶持。

(2) 尽可能降低或者取消现金补贴方式,更多提供低息贷款支持等,以及逐步向税收抵扣减免转变。

(3) 政府补贴企业的重心应放在研发领域,鼓励技术进步,而不是降低直接生产成本,或直接给企业低价促销扩大市场。

(4) 补贴重心应建立在消费者身上,并形成里程挂钩的补贴机制。

(5) 研究推行零排放积分交易机制,配套建设全国性新能源汽车运行监控和财政补贴平台。

(6) 鼓励地方政府差异化和多元化补贴,不能简单进行购置补贴,更应补贴完善配套设施和降低使用成本。

*7.3 新能源汽车行业就业趋势

本章节为延伸拓展学习,电子学习资料见二维码

思考题

1. 从消费对象层面分析，新能源汽车需求可以分为哪几个方面？
2. 现阶段，对新能源汽车产生最大威胁的是什么？
3. 新能源汽车产业链可分为哪几个部分？
4. 在美国州政府层面的所有政策措施中，最系统和有影响力是哪个城市？
5. 决定汽车销售业绩的三个方面是什么？
6. 根据我国汽车营销市场的现状，什么是摆在汽车经销企业面前的重要任务？

参考文献

[1] 中华人民共和国统计局.中华人民共和国 2018 年国民经济和社会发展统计公报[N].人民日报,2019-03-01(010).

[2] 刘振亚.美国高校创业教育生态化对我国的启示[J].中国高教研究,2014,(2):52-55.

[3] 李正,项聪.实践驱动的工程教育课程体系探索与思考[J].高等工程教育研究,2016,(2):74-79.

[4] 谢笑珍.再造“知行合一”的大课程观[J].高等工程教育研究,2014,(3):130-134.

[5] 徐小洲,梅伟惠.高校创业教育的战略选择:美国模式与欧盟模式[J].高等教育研究,2010,(6):98-103.

[6] 阎国华.现代工程范式下高等工程教育目标调适[J].现代教育管理,2011,(3):68-71.

[7] 赵中建.创建创新创业型大学——来自美国商务部的报告[M].上海:上海科技教育出版社,2016.

[8] 李伟铭,黎春燕,杜晓华.产学研协同创新中的主体差异与交互策略研究[J].黑龙江高教研究,2019,(301):41-44.

[9] 瞿振元.推动高等工程教育向更高水平迈进[J].高等工程教育研究,2017,(1):12-16.

[10] 钟秉林.中国大学改革与创新人才教育[M].北京:北京师范大学出版社,2008.

[11] 张干清,郭磊,向阳辉.新工科双创人才培养的实践教学范式[J].高教探索,2018,(8):55-60.

[12] 约瑟夫·熊彼特.经济发展理论[M].北京:商务印书馆,1990.

[13] 王成端.地方院校转型背景下人才培养模式改革与实践[J].中国大学教学,2018,(10):50-53.

[14] 夏伟.基于深度强化学习的自动驾驶决策仿真[D].深圳:中国科学院大学(中国科学院深圳先进技术研究院),2017.

[15] 叶刚.城市环境基于三维激光雷达的自动驾驶车辆多目标检测及跟踪算法研究[D].北京:北京理工大学,2016.